シリーズ こころとからだの処方箋

不登校
——学校に背を向ける子どもたち

監修●上里一郎
編●相馬誠一
（東京家政大学文学部）

ゆまに書房

監修にあたって

二十一世紀は心の時代だと言われる。いわゆる先進国では、物質的には充足されているが、生きる意味や目標を見つけることができずにいる人々が少なくない。

グローバル化や科学技術の著しい進歩により社会は激しく変動しており、将来を予測することが困難になっている。例えば、労働環境一つを取ってみても、企業は好収益を上げていても、働く者個々で見るとその労働環境は著しく厳しいものになっている。それは、過重な労働条件・リストラの進行・パート社員の増加などに見ることができる。極端な表現をすれば、〝個人の受難の時代〟の到来と言えるかもしれない。労働・地域・社会・家族など、私たちの生活の中に、このようなめまぐるしい変化は影を落としている。自殺者・心身症・うつ・犯罪の若年化や粗暴化などといった社会病現象の増加はその影の具現化でもある。

このシリーズ「こころとからだの処方箋」はこれらの問題に向き合い、これを改善するため、メンタルヘルスの諸問題を多角的に取り上げ、その解決と具体的なメンタルヘルス増進を図ることを主眼として企画された。

テーマの選定にあたっては、人間のライフサイクルを念頭に、年代別（青少年期、壮年期、老年期など）に生じやすい諸問題や、ドメスティック・バイオレンスや事故被害、犯罪被害といった今日的なテーマ、不眠や抑うつなど新たな展開を見せる問題などを取り上げ、第一線の気鋭の研究者、臨床家に編集をお願いした。一冊一冊は独立したテーマであるが、それぞれの問題は相互に深く関連しており、より多くの巻を手に取ることが、読者のより深い理解へと繋がると確信している。

なお、理解を助けるため、症例の紹介、引用・参考文献などを充実させ、また、専門用語にはわかりやすいよう注記を施すなどの工夫をした。本書は、医学・心理学・看護・保健・学校教育・福祉・企業などの関係者はもとより、学生や一般の人々に至るまでを読者対象としており、これら各層の方々に積極的に活用されることを願っている。

上里一郎（あがり・いちろう　広島国際大学学長）

はじめに

不登校は減少したとマスコミなどで報道されていたが、文部科学省（文部省も含め、以下文科省）の二〇〇七年発表の報値では、二〇〇六年度の不登校児童生徒数は、調査開始以来最高の出現率を示した。とりわけ中学校生徒は2.86％の出現率となっている。

文科省の不登校の定義は、「何らかの心理的、情緒的、身体的、あるいは社会的要因・背景により、児童生徒が登校しないあるいはしたくてもできない状況にあること（ただし、病気や経済的な理由によるものを除く）」として、国・公・私立の小中学校（二〇〇六年度より公立高等学校）に年度中三〇日以上欠席した児童生徒を指している。二〇〇二年度では、一三一、二五二人（対前年度比5.4％減）で調査開始以来はじめて減少した。

しかし、一九九一年度と比較すると、二〇〇二年度の人数では約二倍、出現率では約二・六倍になっている（**図1**）。学校種別に見ると、小学校二五、八六九人で、中学校一〇五、三八三人であり、在籍児童生徒数全体に占める割合は小学校0.36％、中学校2.73％となっている。公立小中学校で、不登校児童

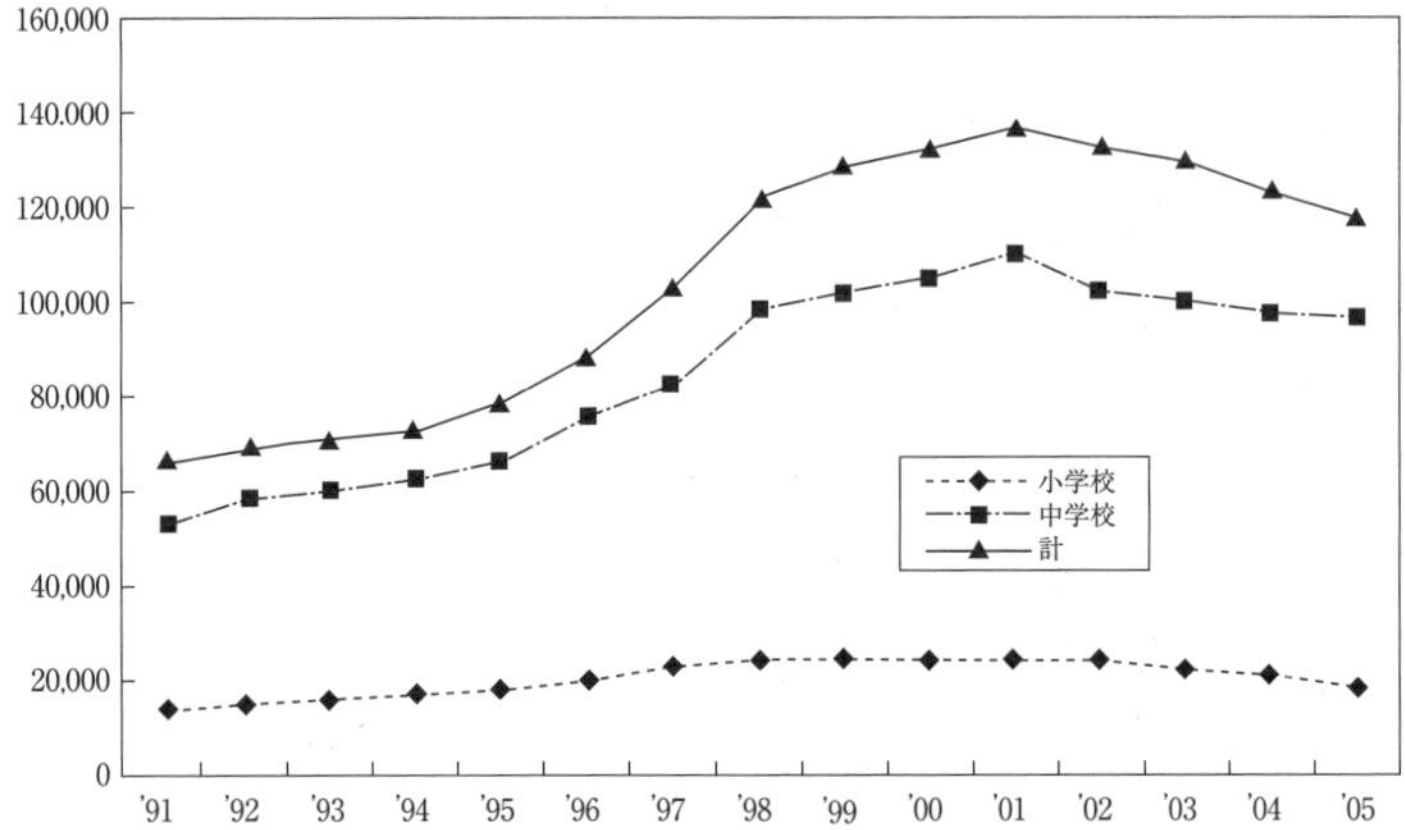

図１　不登校児童生徒数の推移　［文科省、2007］

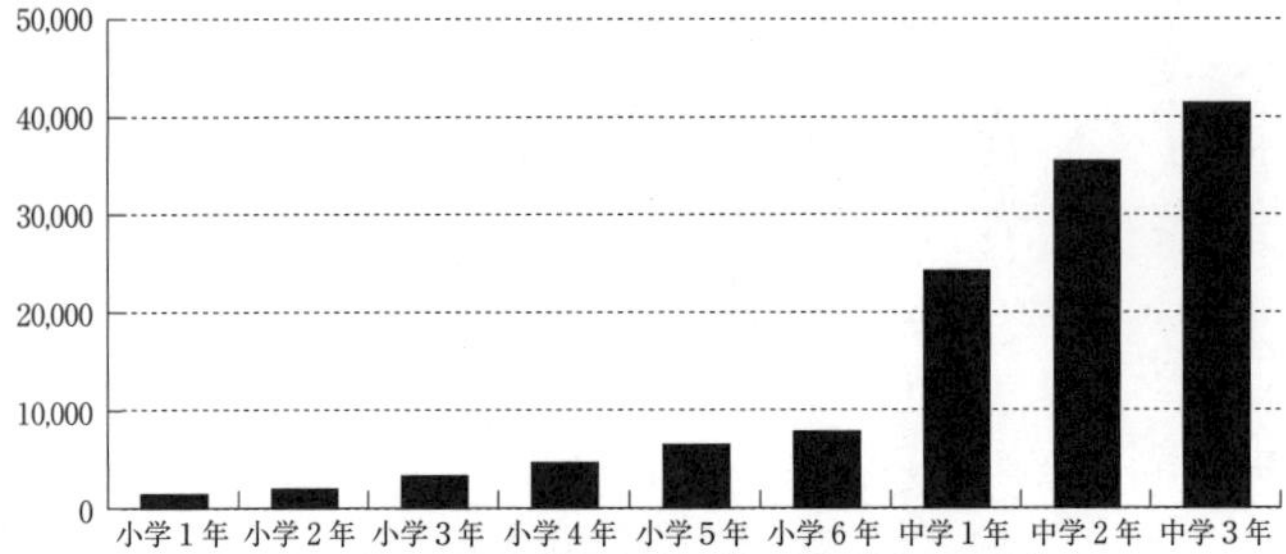

図２　学年別不登校児童生徒数　［文科省、2007］

表１　学年別不登校児童生徒数　［文科省、2007］

小学校　（人）

区分	１年	２年	３年	４年	５年	６年	計
国立	2	3	8	11	16	23	63
公立	1,059	1,731	2,610	3,856	5,872	7,438	22,566
私立	1	7	7	18	25	22	80
計	1,062	1,741	2,625	3,885	5,913	7,483	22,709

中学校　（人）

区分	１年	２年	３年	計
国立	64	102	122	288
公立	22,002	34,987	39,983	96,972
私立	500	865	953	2,318
計	22,566	35,954	41,058	99,578

（注）調査対象：国公私立小・中学校

生徒が在籍する学校は一九、四二五校あり、全体に占める割合は57.2％である。また、二〇〇五年度の文科省調査を学年別に見ると、小中学生とも学年が進むにつれて多くなり、特に小学校六年生から中学校一年生にかけて、約三・〇倍、一五、〇八三人増と増加が顕著となっている（図2、表1）。また、指導の結果、「登校する又はできるようになった児童生徒」は30.1％、「登校に至らないものの好ましい変化が見られるようになった児童生徒」は13.7％となっており、約44％近くは改善傾向を示しているが、半数はそのままの状態である［文科省、2007］。こうした数字を詳細に見ると、不登校問題は相変わらず大きな問題であり、減少していると手放しで見ることはできない。

そこで問題になるのは、不登校をした子どもたちへの支援の現状である。当然のように支援が適切になされていて、不登校からの回復が高ければ、不登校を問題にする必要がない。二〇〇七年度調査の小中学校で不登校児童生徒（小学生二三、七〇九人・中学生九九、五七八人）が、学校外施設を利用した者は35.1％（四二、九〇五人）であった。約三割程度しか相談・指導・治療機関を利用していないのである。不登校児童生徒が支援を受けた施設で、最も利用が多かったのは「教育支援センター（適応指導教室）」で利用者は全不登校児童生徒の12.9％、一五、七九九人になっている。最も利用が多い教育支援センターの場合でも、全体の約一割程度しか利用していない。教育支援センターのスタッフの状況は、一施設当たりの指導員数が平均して三・四九七七人（一日あたりの指導員数は調査していないので不明だが、多くの施設では二名程度）で、常勤職員人（24.9％）非常勤職員二、九五二人（75.1％）で、圧倒的に非常勤職員が多くなっている。専門的な常勤職員の配置がないことから、心理的な援助やカウンセリング活動が充分なされているとは言えない状況である。また、非常勤職員も退職教員が多く、中には建物の一室を「教育支援センター」として、カウンセリング活動経験のない退職校長などを一人だけ配置しているような施設もあり、支援体制が整備されているとは言いがたい。

文科省による「教育支援センター」（適応指導教室）の名称使用は二〇〇四年からである。不登校児を適応指導させるための施設ではないといった意見やスクーリング・サポート・ネットワーク整備事業の中核的な施設名称であるべきとの意見をふまえて、不登校児への教育支援をする場所として名称を変更した。二〇〇五年以降は、教育支援センターの名称使用が多くなっているが、まだ地方では適応指導教室の名称が多い状況である。本書での表記は原則として「教育支援センター」を使用する。

次に支援が多い機関は、教育センター・教育研究所（教員研修・専門的研究・教育相談などの活動を行う総合的機関）であるが、二〇〇五年度に都道府県・政令指定都市の教育相談機関は一九三ヶ所（行財政改革の影響か、前年度比一八ヶ所減）であり、このうち教育センター・教育研究所の教育相談員数は、六一ヶ所で常勤三七七人（36.7％）、非常勤六五一人（63.3％）で、ここでも非常勤の比率が高い。教育相談所・相談室（主として教育相談を行う機関）は一三二ヶ所（前年度比二四ヶ所減）で、常勤七一人（10.7％）、非常勤五八二人（89.1％）と圧倒的に非常勤の比率が高い。一機関あたりの平均教育相談員数は常勤二・三人、非常勤六・四人であった。

比較的、財政に余裕がある都道府県・政令指定都市でこのありさまである。市町村の状況はさらに厳しい体制である。市町村教育委員会が所管する教育相談機関は一、四九八ヶ所、教育相談員数は四、八八〇人で常勤相談員23.6％、非常勤相談員76.4％であり、一機関あたりの相談員数は常勤〇・八人、非常勤二・五人である。しかも、多くの市町村機関で常勤とされている相談員の多くは、指導主事の兼務で、他の職務（教育研修・特別支援教育など）と併せて担っている現状である。したがって、専門的に指導が可能な施設は多くなく、日本の相談機関はきわめて貧弱な現状である。

アメリカ合衆国の場合を例にすれば、公立学校の生徒数約二〇〇〜四〇〇名前後に一人のスクールカウンセラーが学校教育に従事する専門教育者の一人として、すべての小学校・中学校・高等学校に常勤配置され、法的にも整備されている。しかし、日本のようにスクールカウンセラーが中学校に週一日の勤務のような貧弱な相談体制では、不登校は微減したとしても、今後も大きな教育問題であることに変わりはない。

不登校の個別支援については、心理的、情緒的、身体的な支援で個別対応を徹底し、社会的要因・背景については、社会病理としてとらえ、具体的な政策をともなう上での行財政政策が必要である。また、不登校問題を若者の無業者の増加に対する社会保障との関連からも考え、不登校対応についてのマンパワーと施設設備を充実させ、より具体的対応をしなければ、国家存亡に関わると危惧している。

こうしたことを踏まえて、本書の構成だが、

第1章　不登校とは何か

第2章　データから見る不登校の子どもたちの心理

第3章　不登校の子どもたちの声
第4章　不登校支援に関わる人たちの声
第5章　アメリカ合衆国の不登校への対応
第6章　不登校の子どもたちへの支援の現状
第7章　学校での支援について
おわりに　不登校の子どもたちへの支援制度の確立に向けて

とまとめている。どの章も欄外に基本用語解説、また詳しいデータ、文献などを紹介し、わかりやすくまとめるように心がけた。執筆者は、いずれも不登校問題に正面から取り組んでいる実践的研究者であり、とりわけ、二〇〇二年から二〇〇五年の「不登校児童生徒の『適応の場』に関する総合的研究会」（文部科学省科学研究費補助金特別研究促進費（1）課題番号14800006）の主要メンバーである。

本書が、不登校問題に関心がある方に、また、子どもたちへの支援に取り組んでいる方に読まれ、何よりも、学校に背を向ける子どもたちへの支援の一助になることを心より期待している。

最後に、本書の出版にあたり、ゆまに書房編集部の高井健氏にたいへんお世話になった。心よりお礼を申し上げたい。

相馬誠一

【目　次】

第1章　不登校とは何か

1　不登校の概念

不登校の概念とその呼称について概観する。

イギリスでは、ブロードウィン［Broadwin, 1932］が怠学者の中に神経症的症状を示す子どもがいることを指摘し、アメリカのジョンソン［Johnson et al., 1941］は、子どもの情緒障害の一形態に、大きな不安があって学校を欠席する臨床群があることを指摘して、これを「学校恐怖症*（school-phobia）」と名づけた。

その後、クライン［Klein, 1945］によって、これらが精神分析学的立場から裏づけられ、「学校恐怖症」とみなすことをあらためて、「学校ぎらい（reluctance to go to school）」と名づけられた。さらに、ウォレン［Warren, 1948］は、非行退学群の中から神経症的な登校拒否群を取り出し、これらを「登校拒否（refusal to go to school）」と呼んだ。また、カーン［Kahn, 1958］、クーパー［Cooper, 1960］は「登校拒否（school refusal）」、ミラー［Millar, 1961］は「登校拒否（refusal to go to school）」、ハーゾフ［Hersov, 1960］は「不登校（non-attendance at school）」という名称を用いた*。

わが国においては、佐藤［1959］が「神経症的登校拒否行動の研究」と題する論文で、登校拒否のケース研究、治療理念、症状の心理機制などを紹介しているのが最初である。

恐怖症（phobia）
神経症の一類型であって、たいして危険でも脅威でもない事物・動物・場面などに対して激しいおそれを覚える症状。例えば、不登校児には対人恐怖、広場恐怖、不潔恐怖などが見られる。

名称の変遷
学級恐怖症（School-phobia）
↓
登校拒否（School-refusal）
↓
不登校（non-attendance at school）

その後、高木［1959］、鷲見［1960］らが「長欠児の精神医学」「学校恐怖症」に関する論文を発表した。一九六〇年代前半においては、論文の題名として「学校恐怖症」が多く見られ、主に児童相談所所員や精神科医などによって、アメリカの報告と同じような事例が日本においても見られたとの報告が多くなされた。一九七〇年代においては、「神経症的登校拒否」「登校拒否症」という呼称がほとんどである。

一九八〇年代では、「不登校」という言葉も一部出はじめている。一九八六年「いじめ」で自殺した東京都のS君の事例のように「いじめ」による「登校拒否」も増大した。

一九九〇年代になると、児童生徒数に対する長期欠席者の割合は、小学校0.10％台、中学校1.00％台と急増してくる。また、学校不適応対策調査研究協力者会議［1992］の「登校拒否はどの子にも起こりうる」という報告は大きな反響を呼んだ。二〇〇〇年代は、小学校0.36％、中学校2.63％～とさらに増加の一途をたどっている。

文科省は、学校基本調査に、一九六六年度の長期欠席理由別に「学校ぎらい：他に特別な理由はなく、心理的な理由などから登校をきらって長期欠席をした者」を追加し、一九八八年度から「学校ぎらい」の定義から「他に特別な理由はなく」を削除し、一九九八年度から「学校ぎらい」を「不登校」に名称変更した。文科省において「不登校」と表現したのは、一九九二年の「学校不適応対策調査研究協力者会議」の中間報告において、「登校拒否（不登校）」という表記を使用したのがはじめてである。文科省による調査対象は、一九六六年度～一九九〇年度間は「学校ぎらい」で五〇日以上欠席した児童生徒、一九九一年度～一九九八年度間では「学校ぎらい」で五〇日以上・三〇日以上欠席した児童生徒、一九九九年度からは「不登校」で三〇日以上を欠席した児童生徒を調査対象とし、一九九九年度で五〇日以上の調査は終了した。

2　不登校の定義の変遷

以上のような不登校の概念をふまえて、不登校の変遷を、杉山［1990］、清原［1992］、稲村［1994］を参考にして図式化してみると**図1**のようになる。次より、先行研究をもとに図式を解説する。

(1)　一九五〇年代まで（分離不安説を中心とする時期）

ジョンソンら［Johnson et al., 1941］は、学校恐怖症（school-phobia）の治療的対応について、「非常に集中的な治療を行ない、その臨床経験から治療についてのより明白な洞察を得た」ことを示している。ジョンソンらは、まず、罪意識の悪循環を断つことを第一の目標にあげ、そのために、母親と子どもへの共同の力動的接近を行った。それは二人の治療者によって行われ、母と子の罪意識と緊張をほぐす試みをする。また、積極的依存転移を強め、母と子に自由に甘えさせ、同時に治療者との関わりで敵意を表現させる。これによって、登校拒否の発症時に母と子の二人を急性不安に導いた特別な葛藤は、基底の神経症性依存問題と同様に解消され、母と子に緊張と不安の究極の解放を導くと考えるのである。母親の治療は、子どもへの態度に、より穏やかでより安全な確かさをもたらし、子どもは、母親の中に新たな確かさを認め、これは子ども自身の治療にプラスされて、以前の葛藤を解消するとした。

わが国においては、佐藤［1959］や鷲見［1960］の論文が、この時期の登校拒否に対する支援の中核となるものである。両論文は、わが国ではじめて登校拒否を取り上げたも

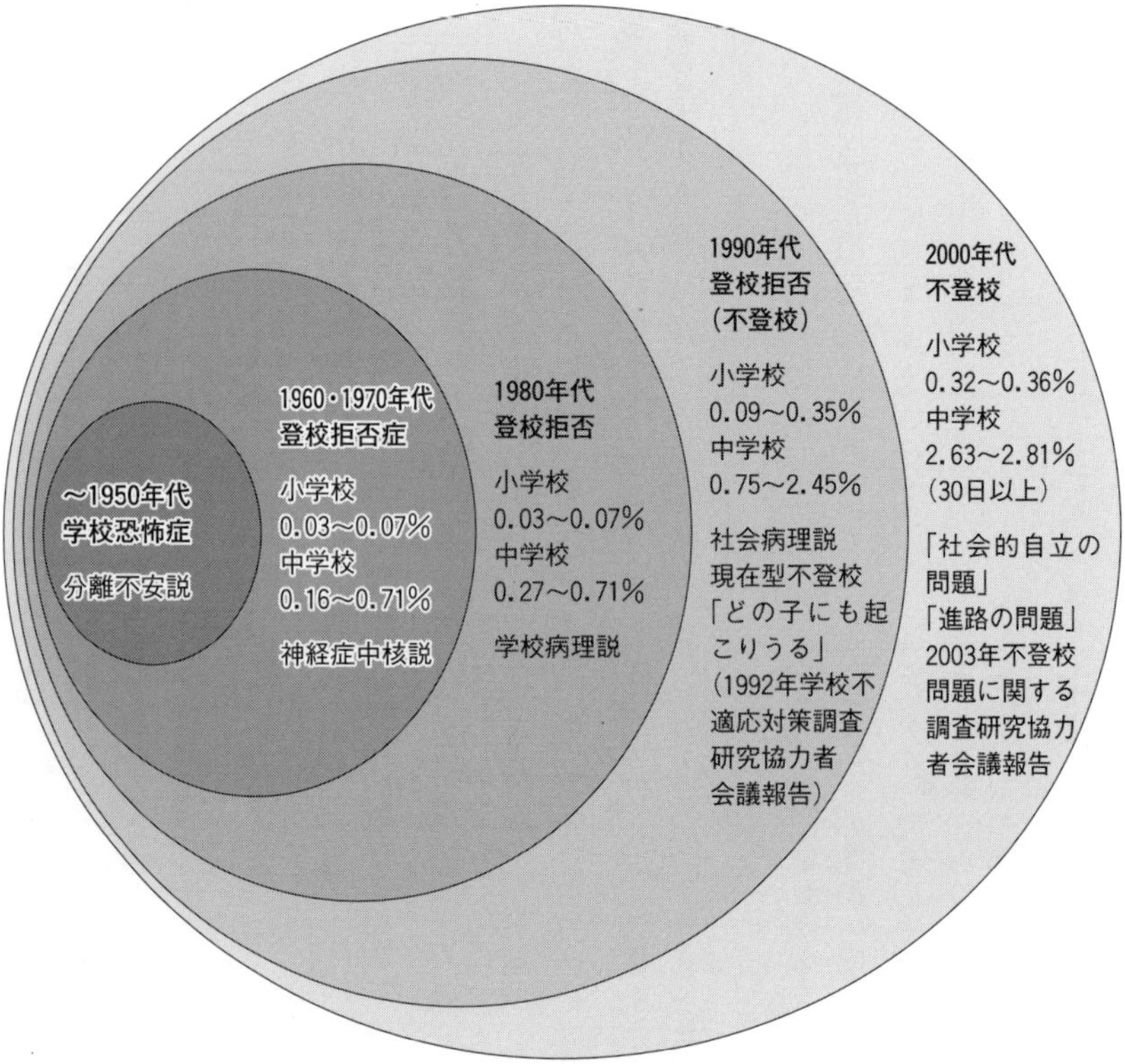

1988年度までは50日以上。1999年度以降は30日以上の出現率

図1　不登校の変遷

ので、ここではアメリカの精神分析的な考え方が取り入れられ、登校拒否の本質は分離不安にあるとしている。特に母と子の関係——依存的・共生的関係——に焦点が当てられ、臨床心理学的支援も母子関係に焦点を当てた精神病理学的支援が行われている。

(2) 一九六〇・一九七〇年代（神経症中核説を中心とする時期）（表1参照）

ジェイビス［Javis, 1964］は、学校恐怖症の治療は学校へ帰すのが最も大きな方策ではあるが、強制には時として無意識の加虐的意図があると述べている。もしそうだとすれば、推奨されるべきでないし、「防御の最初の戦略はこの症候群の基礎の表示と考えられるべきではない」としている。また、学校恐怖症児は脱感作*ないし自我支援によく反応するので、治療者から学校へ帰ることの強い要求は効果をあげるが、かといって成因の証明にはならないとしている。

マクドナルドとシェパード［McDonald & Sheperd, 1976］は、学校恐怖症の治療について、「治療方法の選択は、学校恐怖症の性質や重篤さと、治療者の理論的立場による。臨床家の理論的信条ないし治療方法に関係なく、すべての人は子どもをできるだけ早く学校へ帰すことが必要であるということで同意している」と述べている。さらに、子どもが回復ないし学校へ復帰するのを避けることが許されるときには、治療はより複雑になり長期化し、予後はより悪くなる。これらの子どもを速やかに見つけ、問題を是正ないし恐怖症を軽減するために専門家に依頼することが必要であると強調している。同じような早期学校復帰の典型的な主張者には、ベイデムら［Baideme et al., 1979］がいる。彼は、原因はともあれ、大部分の精神保健の専門家たちが、子どもをできるだけ早く学校へ帰すことに重点をおくべきだと信じていると述べている。そのために、薬物療法*、行動療法、個人精

脱感作
例えば、不登校の反応を軽減させるため、学校へ行くように支援しつづけ、反応を起こさせなくすること。それを利用した治療法。

薬物療法
精神機能に対する作用を主とする向精神薬を用いて、精神症状を改善させる精神科の治療を言う。最近では向精神薬、抗うつ薬、抗不安定薬が開発され、不安焦燥、抑うつ気分、興奮、幻覚妄想などの急性期の症状が改善できるようになった。

表１　不登校児童生徒（50日以上欠席者）数の推移

区分	小学校				中学校				
	(A)全児童数(人)	(B)不登校児童数(人)	不登校児童数の増▲減率(%)	B/A×100(%)	(A)全児童数(人)	(B)不登校児童数(人)	不登校児童数の増▲減率(%)	B/A×100(%)	不登校児童生徒数の合計(人)
1966	9,584,061	4,430	−	0.05	5,555,762	12,286	−	0.22	16,716
1967	9,452,071	4,111	▲7.2	0.04	5,270,854	11,255	▲8.4	0.21	15,366
1968	9,383,182	3,875	▲5.7	0.04	5,043,069	9,631	▲14.4	0.19	13,506
1969	9,403,193	3,807	▲1.8	0.04	4,865,196	9,239	▲4.1	0.19	13,046
1970	9,493,485	3,626	▲4.8	0.04	4,716,833	8,357	▲9.5	0.18	11,983
1971	9,595,021	3,292	▲9.2	0.03	4,694,250	7,522	▲10.0	0.16	10,814
1972	9,696,133	2,958	▲10.1	0.03	4,688,444	7,066	▲6.1	0.15	10,024
1973	9,816,536	3,017	2.0	0.03	4,779,593	7,880	11.5	0.16	10,897
1974	10,088,776	2,651	12.1	0.03	4,735,705	7,310	▲7.2	0.15	9,961
1975	10,364,846	2,830	6.8	0.03	4,762,442	7,704	5.4	0.16	10,534
1976	10,609,985	2,951	4.3	0.03	4,833,902	8,362	8.5	0.17	11,313
1977	10,819,651	2,965	0.5	0.03	4,977,119	9,808	17.3	0.20	12,773
1978	11,146,874	3,211	8.3	0.03	5,048,296	10,429	6.3	0.21	13,640
1979	11,629,110	3,434	6.9	0.03	4,966,972	12,002	15.1	0.24	15,436
1980	11,826,573	3,679	7.1	0.03	5,094,402	13,536	12.8	0.27	17,215
1981	11,924,653	3,625	▲1.4	0.03	5,299,282	15,912	17.6	0.30	19,537
1982	11,901,520	3,624	▲0.0	0.03	5,623,975	20,165	26.7	0.36	23,789
1983	11,739,452	3,840	6.0	0.03	5,706,810	24,059	19.3	0.42	27,899
1984	11,464,221	3,976	3.5	0.03	5,828,867	26,215	9.0	0.45	30,191
1985	11,095,372	4,071	2.4	0.04	5,990,183	27,926	6.5	0.47	31,997
1986	10,665,404	4,407	8.3	0.04	6,105,749	29,673	6.3	0.49	34,080
1987	10,226,323	5,293	20.1	0.05	6,081,330	32,748	10.4	0.54	38,041
1988	9,872,520	6,291	18.9	0.06	5,896,080	36,110	10.3	0.61	42,401
1989	9,606,627	7,179	14.1	0.07	5,619,297	40,087	11.0	0.71	47,266
1990	9,373,295	8,014	11.6	0.09	5,369,162	40,223	0.3	0.75	48,237
1991	9,157,429	9,652	20.4	0.11	5,188,314	43,796	8.9	0.84	53,448
1992	8,947,226	10,449	8.3	0.12	5,036,840	47,526	8.5	0.94	57,975
1993	8,768,881	11,469	9.8	0.13	4,850,137	49,212	3.5	1.01	60,681
1994	8,582,871	12,240	6.7	0.14	4,681,166	51,365	4.4	1.10	63,605
1995	8,370,246	12,782	4.4	0.15	4,570,390	54,092	5.3	1.18	66,874
1996	8,105,629	15,314	19.8	0.19	4,527,400	62,228	15.0	1.37	77,542
1997	7,855,387	16,383	7.0	0.21	4,481,480	71,127	14.3	1.59	87,510
1998	7,663,533	20,724	26.5	0.27	4,380,604	85,942	20.8	1.96	106,666

（注）1991年度以降の不登校児童生徒数は表１の内数

神療法、サイコドラマ*などを用いているのだという。この時期の海外の研究者の多くは、神経症的症状に着目し、早期学校復帰に重点をおいている。

わが国では、臨床心理学的支援について多様な考え方があると言える。梅垣［1974］は、精神衛生センターで多くの「登校拒否児への処遇」を扱ったが、その処遇について、「ラポール*づくり」を重要視した。そのために、「ラポールづくり」が困難の場合にそれを補うためにも、登校拒否児が訴える「相談事項」の中に、あるいは登校拒否児が惹起し呈示している「問題行動」の中に、「ラポールづくり」は秘められている場合が多いとした。

さらに梅垣［1978］は、援助の目標として、次の三点をあげている。①本児の心身の安定と家族内人間関係の改善、②本児の学校復帰、③本児の自律心向上と人格の成熟、である。また、同じように、小泉［1973］は、「登校拒否の原因が、誘因としては学校にあるにしても、真因は、本人のパーソナリティおよびそのようなパーソナリティをつくりあげた親子関係ないし、親の養育態度に求められるならば、登校拒否がなおったかどうかは、登校できるようになる（症状の解消）かどうかより、真因が除去され、改善されたかどうか、さらにその後の経過によって、本人のパーソナリティや行動が従来とちがって動けるようになったかどうかによって判定されなければならない」としている。

このように梅垣や小泉は、「家族関係の改善」や「パーソナリティの成熟」をあげ、登校拒否の援助が、ただ単なる「分離不安説」では解消できず、神経症的症状の克服が必要なことを指摘している。また、分離不安説を批判した高木［1962］は、「母親からの分離状態が進んだ状態での不登校・登校拒否状態の発見ないし解消をあげ、分離不安説だけでは説明しきれない」とし、完全主義的傾向という神経症的性格と、これを形成した家庭の特有の人間関係を指摘している。

サイコドラマ
モレノ（Moreno, J. L.）によって創始された集団心理療法の一種で、自発性と役割理論を中核概念とする。

ラポール
心理療法において、治療者と相談者（この場合は登校拒否児）との間に存在する人間関係。

この時期は、わが国においても、神経的症状を重視し、神経症に対する心理支援が行われてきた。

(3) 一九八〇年代（学校病理説を中心とする時期）（表1参照）

稲村［1980］は、「登校拒否の治療の目標」として、次の諸点をあげた。①本人および家族系の病理の解消、②本人の個性と能力の開発、③本人の自主性・自立性の獲得、④本人に目標と生き甲斐を発見させる、⑤家族系の新たな方向の獲得、である。また、高江州［1981］は、登校拒否への接し方の原則として、次の三点をあげている。①「登校刺激」をやめる、②「内的成熟」を待つ、③「窓」を開かせる、である。

これに対して、高木［1983］は、登校拒否の治療には特別な名案はないとし、「行動療法的接近や精神療法など、書物にはいろいろ書き並べられているが、特殊な例を除いては役に立つものではない」とした。そして「矛盾するようだが、登校拒否の唯一の特効薬は『登校』することなのである。登校さえすれば、不登校のために派生する二次的な症状は一挙に氷解することは事実である」とし、「初期の心気症的な段階で、それが心理的な原因だと分かった時には、治療者は強く叱ってでも早い学校復帰を図るべきである」、「だが、二期の攻撃的時期に入ってからは、むしろ登校圧力を加えることは賢明ではなかろう」としている。

このように、稲村や高江洲は、神経症の支援よりも内的成熟を課題とし、高木も名案はないとしながらも、二次的症状の困難さを指摘している。

さらに、この時期の特徴として渡辺［1984］は次のように述べている。渡辺は、登校拒否への対応について、「決して登校を促すような発言や態度を一切しないこと」「子どもの学校へのこだわりをできるだけ早く取り除くこと」「登校拒否を否定的行動とみなさないこと」の三点を、治療者として関わる者はもちろん、教師や家族の登校拒否への対応として重要としている。同じように芹川［1984］は、「登校拒否の本質は不登校そのものにあるわけではない。よって治療の目標を登校再開におくのは誤りであろうし、予後を考えるさいにも、再登校例の多少によって判定されるものでもない」と主張し、「われわれがこれまで過ごしてきた物質主義、一律な価値志向の世の中から、今、再び精神主義、価値の多様化の時代を迎えようとしていることを考えると、これまでの社会背景を基に生まれてきた不登校の問題が社会に投げかけてきた問題提起は、効を奏しつつあると言えるのかもしれない」とし、「その意味からすると、不登校は社会文化からくるまったくの犠牲者とはいえず、開拓者とも思われてくるのである」と論じている。

松本ら［1986］は、わが国における従来の登校拒否の療法を、その姿勢から四つに分類している。①再登校という変化に最大の価値をおいて進められる治療、②当面の不登校を黙認しながら再登校をも目標としている治療、③登校拒否を社会病理現象の発露とする立場で再登校の有無については扱わない治療、④不登校を個人の病理としてとらえず、家族システムの危険信号としてとらえる立場の治療、である。

一九八〇年代中頃から「学校嫌い」の子ども（心理的な理由から長期欠席する児童生徒）が急増するに及んで、不登校は本人の性格傾向に起因するものという認識の変換を迫られるとともに、学校教育の在り方にも関わる教育問題とみなされるようになった。このような状況の中で文科省においては、生徒指導資料として「生徒の健全育成をめぐる諸問題―登校拒否問題を中心に―」が一九八三年一二月に刊行された。文科省の本格的な不登校の取り組みはこれが起点であると考えられる。

しかし、この時期の不登校施策は、その認識を促すための生徒指導担当者講座やカウンセリングの知識技術の獲得・向上のための研修講座、関係資料集の作成・配布などを中心とするものであって、もっぱら学校・教師の啓発を主たる狙いとするものであった。また学校の支援のため相談指導員の配置や教員加配の措置もとられたが、直接子どもを支援するような取り組みはなされていない。

こうした施策が中心となった背景には、不登校について必ずしも十分な理解がなかった学校や教師の意識啓発を必要としたこともあるが、当時「荒れる学校」と評されるような校内暴力やいじめなどの問題行動が多発し、こうした学校運営を阻害するような「力」の問題への対処に学校・教師のエネルギーが振り向けられていたという状況があったことも指摘しておきたい。

その後、校内暴力やいじめの問題が一応の落ち着きを見せると、民間施設入所の子どもをめぐる痛ましい事件の発生を契機に、不登校問題は社会問題として一気に顕在化することとなった。このため、文科省は一九八九年に、不登校を中心課題に据えた「学校不適応対策の推進」事業を施策化し、各地域での積極的な取り組みを要請した。同時に不登校問題への対応を総合的に調査研究する「協力者会議」を設置し、総合的な検討を開始した。

このような背景のなかで、渡辺や芹川、松本らは、再登校を治療目標にすることに異議を唱え、学校や社会背景を論じた。とりわけ渡辺［1984］は、「登校拒否は子どもの拒否の対象が学校である限り、主舞台である学校の場面や状況など学校教育に関する要因の検討もなおざりにすべきでなく、むしろ、その要因こそ登校拒否発現に重大な役割を演じている」と、学校状況が直線的、直接的に不登校・登校拒否を生み出しているということを指摘した。

渡辺の視点は一九五〇年代の「母親」の分離不安を「学校」に変えただけであるが、一九六〇年代、一九七〇年代における登校拒否の臨床や研究では、子どもの性格、家族関係などの、個人病理的な心理機制論が支配的であったのに対し、一九八〇年代から登校拒否(不登校)児の圧倒的増加のもとで、学校状況との関連の中でこれを見直す必要が生まれ、「学校」を問題にせざるをえなくなった。この時期の特色を「学校病理説」と呼称できよう。

アメリカ合衆国においては、一九七五年に制定した「障害者教育法」で不登校児に含めて特別なニーズのある生徒への学校適応を援助し、一九八八年には「児童虐待に関する法律」を制定し、不登校状態を「教育ネグレクト」として位置づけて、積極的な支援体制を整備した。このように、アメリカ合衆国では一九七〇・一九八〇年代に法制度を整備したことから、その後、不登校について特筆するような研究は報告されていない。

(4) 一九九〇年代(社会病理説を中心とする時期)(表1、表2、図2参照)

一九九〇年代に入ると不登校の取り組みが変化してくる。その代表は森田ら[1989]である。森田らは、社会学的手法で中学二年の生徒を調査し、その結果を『「不登校」現象の社会学』[1991]にまとめて注目された。このなかで森田は、登校してはいるが登校回避感情を持つ生徒、いわゆる「潜在群」を明らかにし、調査対象の42.0%がこれに入るとしており、そしてこれに欠席・遅刻・早退という顕在化したものを加えると、66.2%の生徒に不登校現象が見られるという。この登校回避感情を「もはや不登校現象が、特別な傾向を持ったごく一部の子どもたちに起こる現象ではなく、中学生活の日常的な身のまわりの出来事として現われていることを示している」とした。

表２　不登校児童生徒（30日以上欠席者）数の推移［文科省、2007］

区分	小学校				中学校				
	(A)全児童数(人)	(B)不登校児童数(人)	不登校児童数の増▲減率(%)	B/A×100(%)	(A)全児童数(人)	(B)不登校児童数(人)	不登校児童数の増▲減率(%)	B/A×100(%)	不登校児童生徒数の合計(人)
1991	9,157,429	12,645	—	0.14	5,188,314	54,172	—	1.04	66,817
1992	8,947,226	13,710	8	0.15	5,036,840	58,421	8	1.16	72,131
1993	8,768,881	14,769	8	0.17	4,850,137	60,039	3	1.24	74,808
1994	8,582,871	15,786	7	0.18	4,681,166	61,663	3	1.32	77,449
1995	8,370,246	16,569	5	0.20	4,570,390	65,022	5	1.42	81,591
1996	8,105,629	19,498	18	0.24	4,527,400	74,853	15	1.66	94,351
1997	7,855,387	20,765	7	0.26	4,481,480	84,701	13	1.89	105,466
1998	7,663,533	26,017	25	0.34	4,380,604	101,675	20	2.32	127,692
1999	7,500,317	26,047	0	0.35	4,243,762	104,180	3	2.45	130,227
2000	7,366,079	26,373	1	0.36	4,103,717	107,913	4	2.63	134,286
2001	7,296,920	26,511	1	0.36	3,991,911	112,211	4	2.81	138,722
2002	7,239,327	25,869	▲2.4	0.36	3,862,849	105,383	▲6.1	2.73	131,252
2003	7,226,910	24,077	▲6.9	0.33	3,748,319	102,149	▲3.1	2.73	126,226
2004	7,200,933	23,318	▲3.2	0.32	3,663,513	100,040	▲2.1	2.73	123,358
2005	7,197,458	22,709	▲2.6	0.32	3,626,415	99,578	▲0.5	2.75	122.287

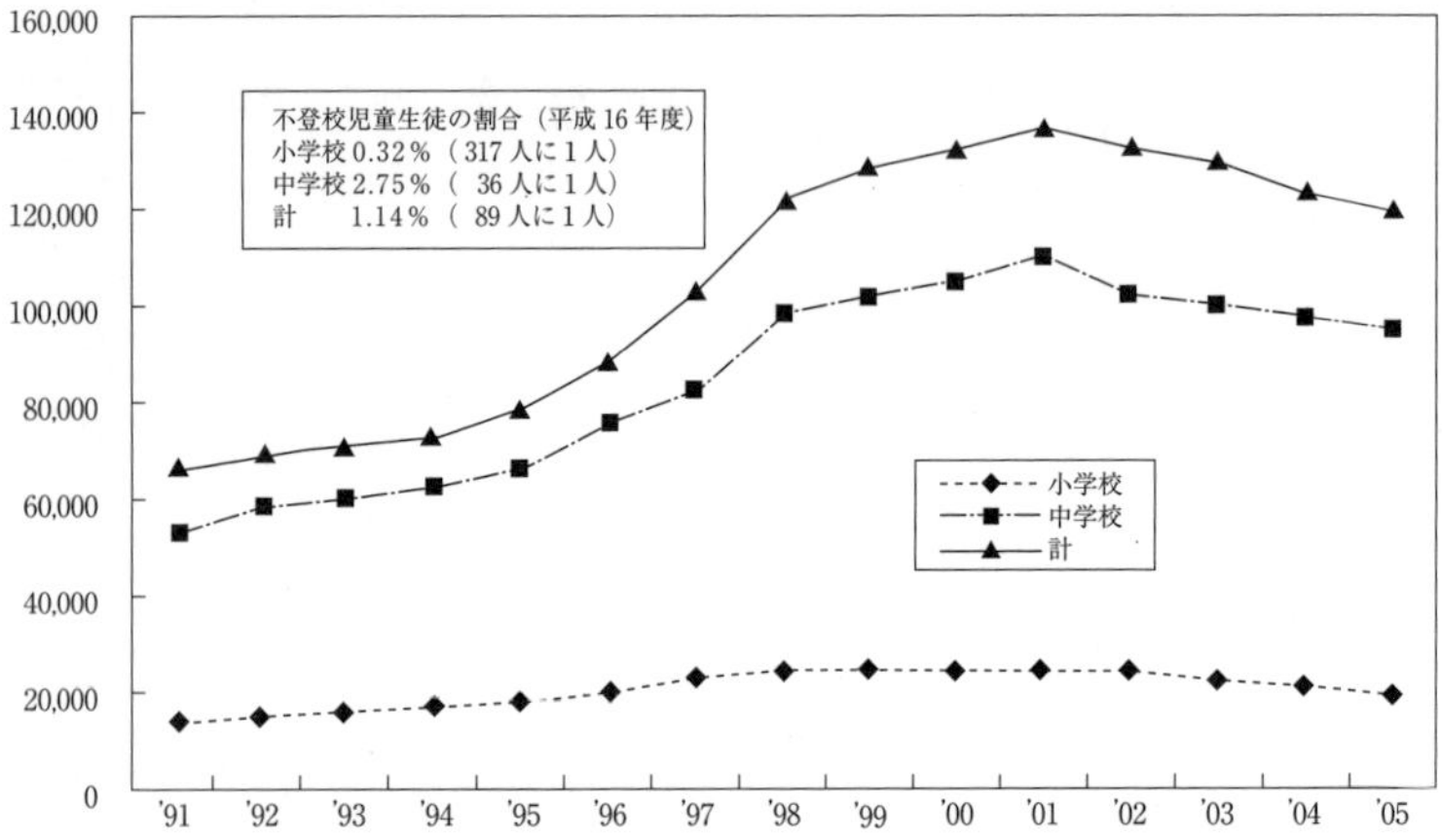

図２　不登校児童生徒数の推移（30日以上）［文科省、2007］

森田［1991］はこのような認識に立って、不登校現象を説明するために、私事化理論とボンド理論を展開している。私事化には、第一次私事化と第二次私事化があって、前者では、学校教育が国家有為の人材の養成といった社会的・公的価値を持たなくなり、個人レベルでの学歴や地位の達成をめざした私的な欲求充足の手段の場として意識されるようになっている。そして第二次私事化になると、学校の外部によって提供される充足資源や生活空間が限りなく拡張された結果、「学校社会が献身に価する報酬性を生徒に与えることができなくなった状態にいたっている。すなわち、〈よい成績―社会的地位の向上―幸福な生活〉という〈人生のチェーン連鎖神話〉が揺らいでいる」と指摘している。

さらに、森田［1991］は、このような社会認識の背景をふまえて、学校が生徒たちを引きつけるだけの吸引力を失っていると見ている。ボンド理論では、人々を結びつける要素として、①アタッチメント：大切な人に抱く愛情や尊敬、②コミットメント：同調行動をとった場合の利害得失の判断、③インボルブメント：合法的な生活に使っている時間とエネルギー、④ビリーフ：法の威信に対する信念、をあげている。これらの要因が働いて、子どもは学校に結びついていたが、私事化現象という社会的動向によってこの要素の力が弱化し、子どもを学校に引きつけるだけの力も同時に弱化した。ここに不登校現象の社会的背景があるという。

以上のような諸研究をふまえて、佐藤［1996］は、不登校が個人病理→家族病理→学校病理→社会病理へと推移していると指摘している。白橋ら［1989］も、「登校拒否はかつての個人の精神病理から家族全体を含む家族病理、さらに社会病理を考慮せざるをえない現象として問題が提起されるようになった」と肯定する見解を述べている。

この個人・家族病理だけでは登校拒否を十分に理解できないという視点は、一九九一年の六万人、一九九七年の一〇万人を超える不登校の増加から生まれた。確かに、このような状況下では、不登校を個人・家族病理だけでとらえることはできない。ここに学校病理・社会病理としての不登校の見方が登場し、文科省が一九九二年に登校拒否問題への基本的視点の一つに、「登校拒否はどの子にも起こりうるものである」との視点を提起したのも当然であろう。さらに、森田［1991］は「現代型不登校」の存在を明らかにし、欠席しても別段なんとも思わない生徒が多く、さりとて学校に意義を認めず、反学校価値をかかげるほどの積極的な訴えもない子どもたちが多くいることを明らかにしている。鑪［1989］のいう「無関心型」の登校拒否である。こういった子どもの存在や、森田［1991］による七割の子どもに不登校またはその感情が見られる事態からは、社会病理の考え方が登場せざるをえない背景であると言える。

文科省の「協力者会議」は一九九二年三月に報告書をとりまとめ、不登校問題についての基本的考え方および取り組みの指針を提言した。この報告において不登校の定義は、心理的・情緒的・身体的要因のみならず社会的要因も含めて登校できない状態とされている。前節ではこれを「社会病理」ととらえた。不登校をこのようにとらえるときには自ずと、それらの要因に対応した問題解決の手だてと同時に、一人一人の子どものニーズに応じた支援のための広範な取り組みが要請されることとなる。文科省は、この報告を基にさまざまな施策を打ち出すこととなる。具体的には、不登校の子どもが学校に出席していない間の受け入れの場として民間の施設が各地に見られるようになるなかで、文科省は、公的な「適応の場」として一九九〇年に「適応指導教室」設置の推進を施策化した。

文科省が講じた教育支援センター（適応指導教室）事業は、上記の報告書でも重要な取り組みとしてその充実が指摘されており、不登校対応の中核的施策として現在に至っている。文科省の支援の結果、当初は全国で一〇ヶ所にも満たなかったが二〇〇五年で一、一六一ヶ所を超える設置状況となっている。

しかしながら、学校現場では「学校外」の教育支援センターや民間施設などでの子どもの指導を指導要録上どのように取り扱うか、義務教育履行との関わりから苦悩していた。一九九二年九月、文科省は各県教育委員会あてに通知を発し、一定要件を満たせば「指導要録上の出席扱い」にできることを通知した。このことは「学び」とは何かということに関わって、学校のパラダイムの変換を意味するものともなった。

また、この報告では「不登校はどの子にも起こりうる」などの画期的視点が打ち出されたが、それらの意味するところが必ずしも関係者に理解されず、不登校は成長の一過程であるとか、登校を強制せず見守るべきであるといった誤った理解も生じた。

このような不登校対応の考え方の相違は今日なお関係者間に見られるところであり、問題の複雑化の要因となっているように思われる。このような経過をふまえて、文科省の不登校の定義は、一九九八年度以降、「不登校とは、『何らかの心理的、情緒的、身体的、あるいは社会的要因・背景により、児童生徒が登校しないあるいはしたくてもできない状況にあること（ただし、「病気」や「経済的な理由」によるものを除く）』とされた。なお、不登校については、「従来、学校基本調査において、三〇日以上欠席した児童生徒について、その理由区分として、『病気』、『経済的理由』、『学校ぎらい』、『その他』として調査していたところ、近年、『不登校』という名称が一般的に使用されるようになったことに鑑み、一九九八年度の調査から、上記区分のうち、『学校ぎらい』を『不登校』に名称変更した」とし、不登校の定義を、「何らかの心理的、情緒的、身体的、あるいは社会的要因・背景により、児童生徒が登校しないあるいはしたくてもできない状況にあること（ただし、『病気』や『経済的な理由』によるものを除く）」としている。

また、文科省の特筆すべき施策として、スクールカウンセラーの配置がある。不登校の個別対応に当たって、この間、主に教師が役割を担ってきたが、一人一人の教師の取り組みにも限界がある。例えば情緒不安タイプの不登校の場合には、より高度なカウンセリングの技量が求められるため、学校関係者らの間から長年その専門家としてスクールカウンセラーの配置が切望されてきた。

こうした要望に対応して文科省は、一九九五年五月に各県の中学校を中心にスクールカウンセラーの配置を開始した。こうした施策がとられた背景には、臨床心理士の資格制度が創出され、カウンセラーの人材育成が増大するようになったことがあげられる。

(5) 二〇〇〇年代（社会的自立・進路の問題）（表2、図2参照）

文科省が一九九二年に不登校問題への提言をしたが、十分に理解されず、「登校拒否はどの子にも起こりうるものである」「登校刺激を与えてはいけない」「待っていればいいのだ」といった誤解が一人歩きをし、適切な支援がなされなかった。二〇〇二年に、文科省は不登校問題に関する調査研究協力者会議を招集し、二〇〇三年三月に「今後の不登校への対応の在り方について」の報告書を発表した（表3）。この報告は、一九九二年の協力者会議報告を基調としつつ、将来の社会的自立に向けた支援や連携ネットワークによる支援などについての方策を提言している。その概要は次のようになる。

① 働きかけることや関わりを持つことの重要性
② 将来の社会的自立に向けた支援の視点
③ 将来の社会的自立のための学校教育の意義・役割

表3　文科省における主な不登校施策の推移

（注）文科省白書及び生徒指導関係資料を基に作成。

年　月	事　項
1983年12月	生徒指導資料として「生徒の健全育成をめぐる諸問題―登校拒否問題を中心に―」を刊行
1989年４月	「学校不適応対策の推進」事業を開始。学校不適応対策調査研究協力者会議」を設置し、検討開始
1990年４月	「登校拒否児の適応指導教室実践研究」事業開始。以降毎年拡充
1992年３月 ９月	学校不適応対策調査研究協力者会議は「登校拒否（不登校）問題について」報告 「登校拒否問題への対応について」各県教育委員会あて通知。 （指導要録上の出席扱いについて指導）
1995年５月	スクールカウンセラーの配置の開始 （1995年度から2000年度まで調査研究委託事業、2001年度から補助事業化）
1998年10月	「心の教室相談員」の配置の開始（2003年度まで）
1999年11月	「不登校児童生徒の適応指導総合調査研究委託（スクーリング・サポート・プログラム［SSP］）事業」開始
2002年８月	「不登校問題に関する調査研究協力者会議」を設置し、検討開始
2003年３月 ４月 ５月	不登校問題に関する調査研究協力者会議は「今後の不登校への対応の在り方について」報告 教育支援センターの整備。「スクーリング・サポート・ネットワーク（SSN）整備事業」開始 「不登校への対応の在り方について」各教育委員会あて通知
2004年３月 ４月	不登校への対応におけるNPOなどの活用に関する実践研究授業 ITを活用した不登校対策についての調査研究
2006年10月	子どもを守り育てる体制づくり推進本部の設置
2007年４月	問題を抱える子ども等の自立支援事業

④　連携ネットワークによる支援
⑤　保護者の役割と家庭への支援

また、新たに、不登校との関連で指摘されているＬＤ、ＡＤＨＤ、児童虐待などの課題、「ひきこもり」問題との関連、不登校問題は「心の問題」のみならず「進路の問題」であること、教育支援センターの整備指針の策定、訪問型支援の取り組みなどが提言されている。

さらに、スクールカウンセラーの配置は年々その規模を拡大し、二〇〇六年度には約一〇、〇〇〇校の学校（全国の三学級以上の中学校）に、スクールカウンセラーが配置されるに至っている。なお、スクールカウンセラーが配置されない中学校については、一九九八年度から学生や教職経験者らによる「心の教室相談員」が配置されてきたが、この措置は二〇〇三年度限りで打ち切られている。また、不登校対応の中核である教育支援センターの取り組みが拡大するにつれ、指導員の配置や設備などを含め活動の充実が大きな課題となってきた。このため、文科省は一九九九年度から、民間施設を含め教育支援センターの活動支援をはかるため、「不登校児童生徒の適応指導総合調査研究委託（スクーリング・サポート・プログラム（ＳＳＰ））事業」を実施した。この事業は個々の教育支援センターなどの活動を支援するものであったが、さまざまな適応指導の場が連携して不登校対応に当たることがより効果的なことから、二〇〇三年度にＳＳＰ事業を拡充するかたちで「スクーリング・サポート・ネットワーク（ＳＳＮ）整備事業」が実施されることとなった。そこでは、不登校児童生徒の早期発見・早期対応をはじめ、より一層きめ細かい支援を行うため、教員や教育支援センター指導員の研修、家庭への訪問指導など、教育支援センターなどを中心とした不登校対策に関する中核的機能（スクーリング・サポート・センター：SSC）の充実をめざし、さらに、都道府県下で不登校対策に関する中核的機能を担う広域SSC、より具体的に不登校への支援を担う地域SSCを設定している。とりわけ、注目すべきことはスーパーバイザーの配置や教員の効果的配置などの人的措置に関する留意事項、民間施設・NPOとの連携があげられる。

また、二〇〇七年度より「問題を抱える子ども等の自立支援事業」を開始し、より効果的な支援を中心に関係機関のネットワークを構築する事業を展開中である。

アメリカ合衆国による不登校の対応は前述したが、子どもが学校に行けないのは子どもの権利侵害ととらえ、子どもの権利を守るのは社会の義務であると考えている。不登校に対する法的整備は一九七五年に制定された「障害者教育法」に始まり二〇〇二年に「誰も置き去りにしない教育」法案（No Child Left Behind Act）につながっている。

（相馬誠一）

引用・参考文献

Baideme, S. M. et al. 1979 The use of Adleran family therapy in a case of school phobia. *Journal. Individual Psychology,* 35 (1), 58-69.

Broadwin, I. T. 1932 A contribution to the study of truancy. *American. Journal. of Orthopsychiatry,* 2, 253-259.

Cooper, M. G. 1960 School refusal. *Educational Researrch,* 8, 115-127.

不登校問題に関する調査研究協力者会議 2003 『今後の不登校への対応の在り方について』文部

科学省
学校不適応対策調査研究協力者会議　1992　『登校拒否（不登校）問題について』文部科学省
Hersov, L. A.　1960　Persistent non attendace at school. *Journal. Child Psychology and Psychiatry,* 1, 130-136.
稲村 博　1980　「海外日本人学校になぜ登校拒否が少ないか」詫摩武俊・稲村 博（編）『登校拒否』有斐閣選書
稲村 博　1994　『不登校の研究』新曜社
Javis, V.　1964　Countertransference in the management of school phobia. *Psychoanalytic Quarterly,* 33, 411-419.
Johnson, A. M. et al.　1941　School phobia. *American. Journal. Orthopsychiatry,* 11（4）, 702-711.
Kahn, J. H.　1958　School refusal. *Medical officer,* 100, 337-340.
清原 浩　1992　「不登校・登校拒否に関する系譜―概念規定をめぐる歴史的展開を中心に―」『障害者問題研究』694p.
Klein, E.　1945　The relucatance to go to school. *Psychoanalytic Study of Child,* 1, 263-279.
小泉英二　1973　『登校拒否』学事出版
松本英夫ほか　1986　「わが国における登校拒否の治療」『社会精神医学』第９巻第１号 43-48p.
McDonald, J. E. & Sheperd, G.　1976　School phobia : An overview. *Journal. School Psychology,* 14（4）, 291-305.
Millar, J. P.　1961　The child who refuses to attend school. *American. Journal. Psychiatry,* 118, 398-404.
森田洋司・池島徳大・川嵜克哲・小林正幸・島 和弘・相馬誠一・滝 充・牟田武生・山登敬之　2001　『不登校に関する実態調査』文部科学省
森田洋司ほか　1989　「『不登校』問題に関する社会学的研究」昭和六三年度・平成元年度科学研究

成果報告書
森田洋司　1991　『「不登校」現象の社会学』学文社
文部科学省　2004　「生徒指導上の諸問題の現状と文部科学省の施策について」
鑪幹八郎　1989　「登校拒否と不登校―神経症的発現から境界例および登校無関心型」『児童青年精医と近接領域』第30巻第3号　260-264p.
佐藤修策　1959　「神経症的登校拒否行動の研究―ケース分析による―」『岡山中央児相紀要』第4号　1-15p.
佐藤修策　1996　『登校拒否研究ノート』北大路書房
芹川正樹　1984　「不登校の治療・教育と予後」『小児看護』第7巻第9号 1088-1094p.
白橋宏一郎ほか　1989　「児童・思春期の精神障害の診断カテゴリーの再検討」昭和六三年度厚生省研究報告書　99-107p.
杉山信作　1990　『登校拒否と家庭内暴力』新興医学出版社
高江洲義英　1981　「栃木県における登校拒否対策―教育と医療との連携」『栃木医会誌』第12号　38-40p.
高木隆郎　1959　「長欠児の精神医学的実態調査」『精神医学』第1号　403-409p.
高木隆郎　1962　「学校恐怖症の問題点」『児童青年精医と近接領域』第3号　43p.
高木隆郎　1983　「登校拒否の心理と病理」内山喜久雄（編）『登校拒否』金剛出版　11-58p.
Warren, W. 1948 Acute neurotic breakdown in children with refusal to go to school. *Archives of Diseases in Childhood*, 23, 266-272p.
鷲見たえ子　1960　「学校恐怖症の研究」『精神衛生研究』第8号　27-56p.
渡辺位　1984　「『登校拒否』の指導」『臨床のあゆみ』第4巻第11号　23-24p.
梅垣弘　1978　「登校拒否へのアプローチ―理解と援助をめぐって」『小児の精神と神経』第18巻第1号　17-23p.

梅垣　弘ほか　1974　「登校拒否への処遇に関する検討—処遇目標と処遇操作の問題をめぐって」『小児の精神と神経』第14巻第3号　149-147p.

第2章　データから見る不登校の子どもたちの心理

1　最近の不登校をめぐって

日本社会で不登校が話題にされてから、早くも五〇年近い歳月が流れた。「(学校に)行きたくても行けない。無理していこうと思ったら、お腹が痛くなり……」という神経症的不登校に加えて、さまざまな不登校のタイプ*の出現が指摘されてきた。

不登校の子どもたちは、学校に行けなくなった原因をはじめ、自分の気持ちや状況について的確に言葉にできない場合も多く、その気持ちを理解するのは簡単なことではない。しかし、不登校が多様化し、一般論で一括りにはできない状況が広がるなか、子どもたち一人一人の思いを的確に把握することは重要である。そのための手法としては、一つのケースをていねいに分析する方法(ケース・スタディ)もあるが、今回は不登校の子どもたちの声を広く収集したいという思いから実施された大規模調査結果をもとに、子どもたちの意識や支援方法について検討することを目的とする。

この調査は、二〇〇三年一一～一二月に全国の教育支援センター*(適応指導教室)を対象に行われたもので、通室している児童生徒向けの内容と、指導員(スタッフ)対象の調査からなっている。通室している子どもたちはすべて不登校経験者であり、調査を行うことが決していい影響をもたらさない(調査そのものに耐えられない)ケースもある。そこ

*学校要因や家庭要因などいろいろな要素を併せ持つ「複合型不登校」に加え、虐待や非行、軽度発達障害などを背景に持つ不登校が増えている。

*第6章第2節を参照のこと。

で、調査対象者は指導員の選定にゆだねた。さらに指導員による聞き取り形式でていねいに尋ねてもらうか、子ども自身が直接回答するかは指導員の判断に任せた。回収されたのは、男子五三四人、女子六二二人であり、学年別に見ると、小学生一八一人、中学一年一五四人、中学二年三三七人、中学三年四八八人となった。指導員の選別によるためもあり、これら集められたデータは通室日数も多く、情緒面・行動面でも比較的安定した子どもたちが大半を占めた。その点で調査対象者の制約や方法上の限界はあるが、千人を越える子どもたちの回答は貴重である。データから見えてきた子どもたちの気持ちについて紹介してみよう。

2　不登校をめぐる子どもの気持ち

まず、学校に行っていないということについて、子ども自身はどのように感じているのだろうか。一見したところ悩んでいないように見えても、ふとした瞬間に（例えば、同じ学校の制服を着た子どもとすれ違うだけで、緊張が走る場面を目撃したときなど）心の中では大きな不安や葛藤を抱えているんだなあ、と気づかされることがある。しかしその反面で、こちらが配慮しすぎて先延ばしにしていた進路のことを恐る恐る聞いてみると、案外しっかりと自分の将来のことを考えていたという場面に出くわすこともある。

学校に対する子どもたちの気持ちにズバリ切り込むことは難しい。しかし、腫れ物に触るように遠慮するのでなく、あるいは「不登校はこうなんだ」と一般論で決めつけるのでもなく、目の前の子どもの気持ちをそのままの形で理解する努力は必要だと言える。

まず、先にあげた調査結果から、「不登校をめぐる子どもの意識」に関するデータを紹介する。**図1**に示したのは、不登校をめぐる五項目に対する子どもたちの回答である。「大いにそう思う（二点）」「少しそう思う（一点）」「そう思わない（〇点）」の三択で回答を求めた。不登校の子どもたちは、先生にどんな対応を望んでいるのだろうか。また、不登校をしている自分自身に対し、どんな気持ちを抱いているのだろうか。

学校に対する相反する二つの意見「学校に行きたくなければ行かなくていいと思う」「学校には行けるものなら行きたい」については、回答が三分された。不登校の子どもたちがすべて再登校を拒否しているわけではないし、すべての子どもたちが学校復帰を切望しているわけでもない。一括りにできないくらい、登校をめぐる気持ちは一人一人さまざまであり、一人の中でもその思いはゆれ動く。「学校なんて（行かなくても）……」と言いつつも、心の奥では悶々とこだわっている場合もある。子どもたちの気持ちを大人が勝手に一般化し、わかったような気になってはいけない理由もここにある。

他方、肯定の回答（「大いにそう思う」「少しそう思う」）が九割近かったのは「学校についてはそっとしておいてほしい」という項目であった。学校でも家庭でも、「どうして行けないの？」「学校に行きなさい」と繰り返しプレッシャーをかけられることが多い子どもたちにとって、「自分でも（どうして行けないのか）よくわからないのだから、今は何も聞かずそっとしておいて」というのが本音だろう。それを裏付けるように、「先生に家庭訪問や電話連絡をもっとしてほしい」に対しては「そう思わない」が半数を超えている。

やはり不登校の子どもたちは、登校刺激*に対しては否定的な気持ちが強いのだろうか。たしかに、不登校の子どもたちから「先生に会いたくない」「学校のことなんて考えたくない」という訴えを聞くことは多い。この言葉は担任教師にすると、非常につらい言葉な

登校刺激
不登校の子どもに対し、電話連絡をしたり家庭訪問をしたりという形で、登校を促すようなかかわりのこと。

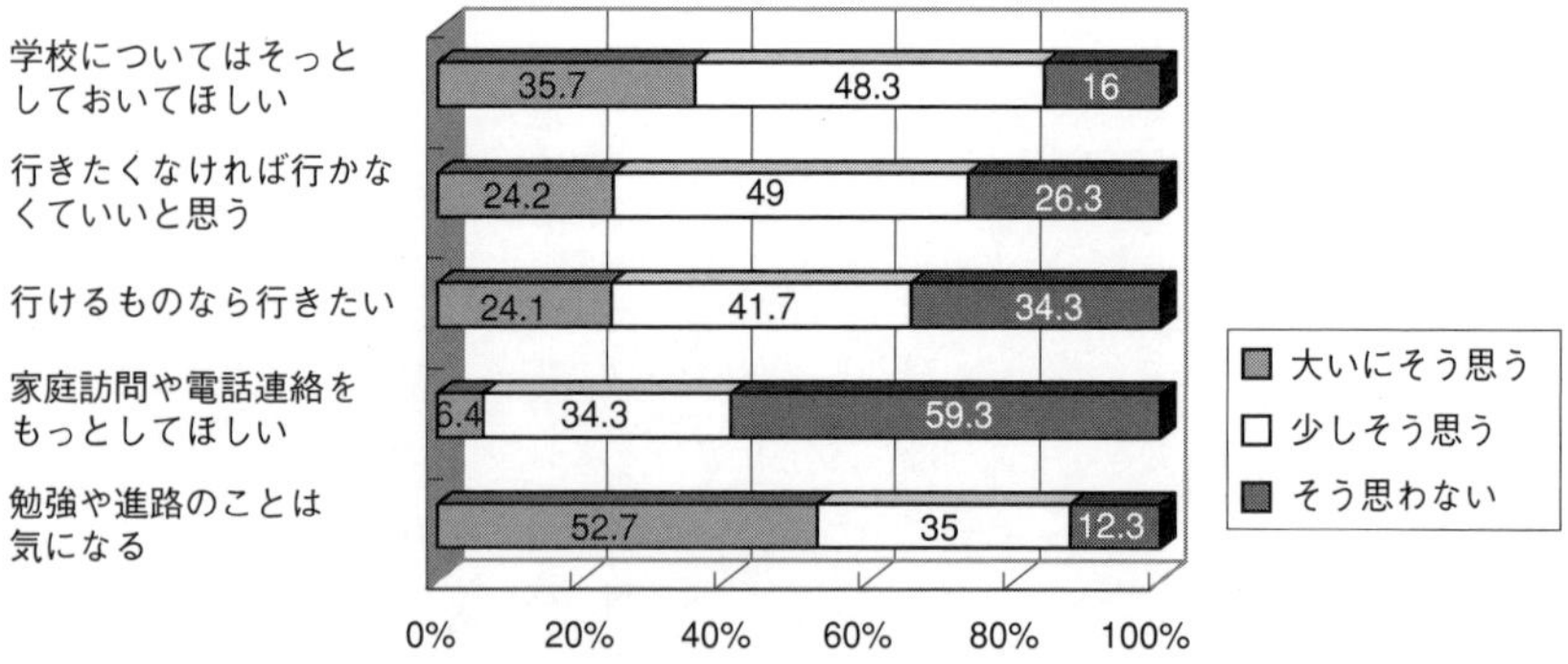

図１　不登校をめぐる子どもの意識

表１　「学校には行きたい」と「そっとしておいてほしい」のクロス集計

		学校のことについてはそっとしておいてほしい	
		そう思う	そう思わない
学校には行けるなら行きたい	そう思う	660(55.0)	127(10.6)
	そう思わない	349(29.1)	65(5.4)

のではないだろうか。「こんなにまでしているのに報われないなあ」と落ち込む教師もいるだろう。「そんなこと言うなら、もう何もしない」と放り出したくなる教師の気持ちも理解できる。ただケースを担当していると、子どもたちの「そっとしておいて」「訪問や連絡はしないで」という言葉の裏にあるのは、決して〈教師への一方的な嫌悪や拒否〉ではないということに気づくこともある。むしろ、「先生が心配してくれるのはうれしい。でも、今の私には先生に会う勇気がない。もし、先生から学校においでと言われたらどう返事をしていいかわからない。だから今は会えない。そっとしておいて」とゆれ動いている場合が多いように思う。実際、「学校のことについてはそっとしておいてほしい」と「学校には行けるなら行きたい」という項目に対する回答をクロス集計してみると（「大いにそう思う」と「少しそう思う」を合計したものを「そう思う」として合算した）、〈学校には行きたい〉と思いつつも〈そっとしておいて〉と感じているアンビバレントな揺れの中にいる子どもたちが全体の半数余りを占めることがわかる（**表1**）。

また、将来に対する情報を求める気持ちの強さは、「勉強や進路のことは気になる」という項目に対する回答結果（肯定意見の多さ）にはっきりあらわれている。学校を拒否し、教師を拒否しているように見える子どもたちも、勉強のことや進路のことは気になるものである。現籍校に復帰するのは難しくても、〈（大半の子どもたちが進む）高校には行ってみたい〉〈私も楽しい高校生活を経験してみたい〉というのが多くの本音だろう。しかし不登校の子どもたちの中には、とりわけ進路について後ろ向きな発言をする子どもが少なくない。「高校なんて行かなくていい」「学校だけがすべてではない」、そんな言葉で面談を閉じようとする子どももいる。しかしその心の奥底にあるのは、「全然勉強していないから、こんな自分の学力では行ける高校はないだろうなあ」「人間関係がへたくそだから、また学校に戻ってもすぐに不登校になってしまうんじゃないか」という不安であり、自信のなさである。こうした子どもたちが抱えるアンビバレントな気持ちを理解し、その心のゆれに寄り添うような対応が求められている。

3 不登校が始まった時期

次に、不登校になった時期について見てみよう。**図2**によると、小学生（人数が少ないので学年に分けなかった）については、不登校になった時期は低学年と高学年とに二分された。中学一年では、中学校に入ってから不登校になったものが43.8％と最も多かったが、小学生から不登校を継続しているものも56.2％と半数を超えている。中学二年については、小学校から継続しているものは減り、中学校に入ってから行けなくなったというものが76.7％を占めた。とりわけ中学一年で不登校になったものが半数を越えている。中学三年では、中三になって初めて不登校になったものはそれほど多くない反面で、中学一年、中学二年から継続しているものの比率がともに三割を超えていた。

以上のデータから見えてきた特徴の一つとして、小学校から中学校に進学するという移行期に不登校になる子どもたちが多いという点があげられる。これは従来から言われているように、小学校と中学校の違い（中一ギャップ）が背景にあるものと思われる。小学生の間は担任教師との関係も密で、クラスが家族的な雰囲気を持つことも多いが、中学校になるといくつかの小学校から進学してくるため、人間関係が複雑化する。また教科担当制に変わることで、担任教師との関係が希薄になることもある。学習内容も難しくなり、定期考査や受験というプレッシャーもかかってくる。部活動における先輩・後輩関係

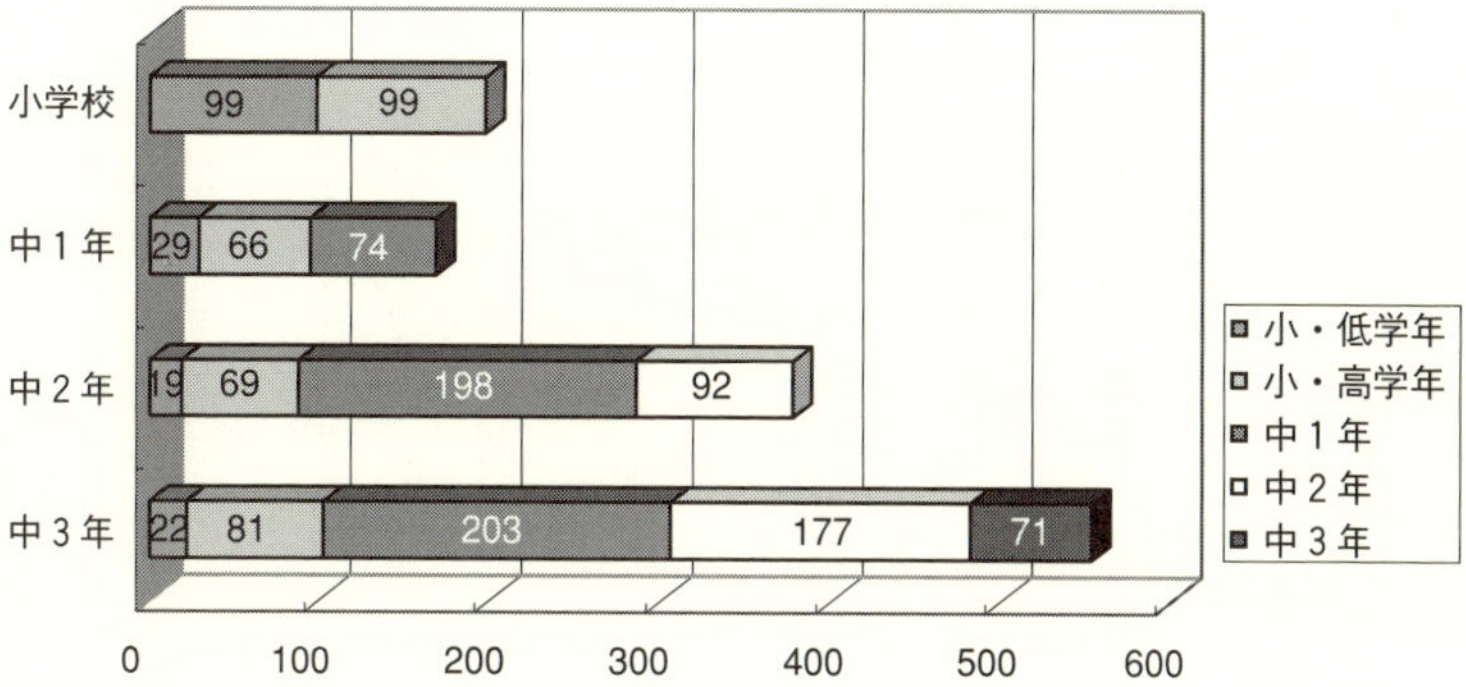

図２　不登校が始まった時期

が複雑になるのも中学校の特徴であろう。それに加えて、思春期的な自分探しのテーマや友人関係をめぐる悩みも増えてくる。小学校から中学校に上がるというのは、子どもたちにとって大きな環境の変化を強いることになるのかもしれない。

またさらに、中学二年進級時、中学三年進級時に教室復帰がかなわずそのまま不登校を続けるケースが多いことも**図2**は示している。その結果、中学に入ると、学年が上がっても不登校状態が継続される慢性タイプが増えてくる。学校における節目（学期や年度の変わり目）は再登校の一つのきっかけとなることもあるが、適切な関わりができずチャンスを活かせないまま長期化してしまうケースも少なくないのである。

4　学年による比較

ここで、いろいろな変数について学年による特徴を検討してみたい。

本調査では、教育支援センターに通うことによる不登校の子どもたちの変化・成長についていくつかの項目で尋ねている。そのうち「安定した気持ちになった」「心の居場所と感じられるようになった」「安心してつきあえる友だちができた」など五項目を〈情緒安定〉因子、「将来の進路について考えるようになった」「学習への興味・関心が高くなった」「生活のリズムが整えられるようになった」の三項目を〈登校準備〉因子とし、それぞれの項目得点の合計を項目数で割った値を算出した。人数の少なかった小学生をひとまとめにし、中学一年、中学二年、中学三年との比較を図示したのが**図3**である。小学生は〈情緒安定〉〈登校準備〉の両面で変化・成長が大きいが、これは年齢が低いケースの中には比較的「軽症」の者が多いためと考えられる。中学生になると〈情緒安定〉についての変化は小さくなり、しかも三年生まで横ばい傾向を示す。他方、中学生において学年差が大きく見られたのが、〈登校準備〉得点である。高校進学が近づくにつれて、どうしても登校に対するプレッシャーが強まり、多少無理をしても進路や学習という現実問題に向き合わざるをえない実態がうかがえる。

次に、不登校に対する意識のうち、学校に対する親和性を意味する「接近願望」三項目に対する回答の学年差を調べたところ（**図4**）、「訪問や連絡をもっとしてほしい」については全体的に低い得点であるが、中学三年になると少しだけ上昇が見られる。一方「学校には行けるものなら行きたい」は全学年を通してほぼ横ばいであるのに対し、「勉強や進路は気になる」については年齢が高まるとともに上昇することがわかる。やはり中学三年になると高校受験という現実が目の前に迫り「行きたくないけど、気になる」というジレンマも強まっていくようである。

これに対し、学校から逃避する気持ちを意味する「回避願望」三項目の学年平均点を比べてみよう（**図5**）。「そっとしておいてほしい」は学年を通して高いのに比して、「人の目が気になる」については中学一年を最高とし、その後低下していく。他方、学年の高まりとともに強まってくるのが「学校には行かなくていい」という意識であった。これら不登校をめぐる意識からうかがえるのは、中学生では学年が上がるにつれて、現籍校に戻らねばならないという意識が弱まり、人の目を気にする傾向もやや緩和される。しかし高校進学が近づくとともに、勉強や進路のことは気になり始め、（進路相談や受験情報を聞くため）教師との連絡を求めるような変化も見せる。

さらに、抑うつや身体症状、昼夜逆転、非行など随伴症状の強さについて、〇点（ない）、一点（少しある）、二点（よくある）で回答を求めた。それらの平均値について学年差が

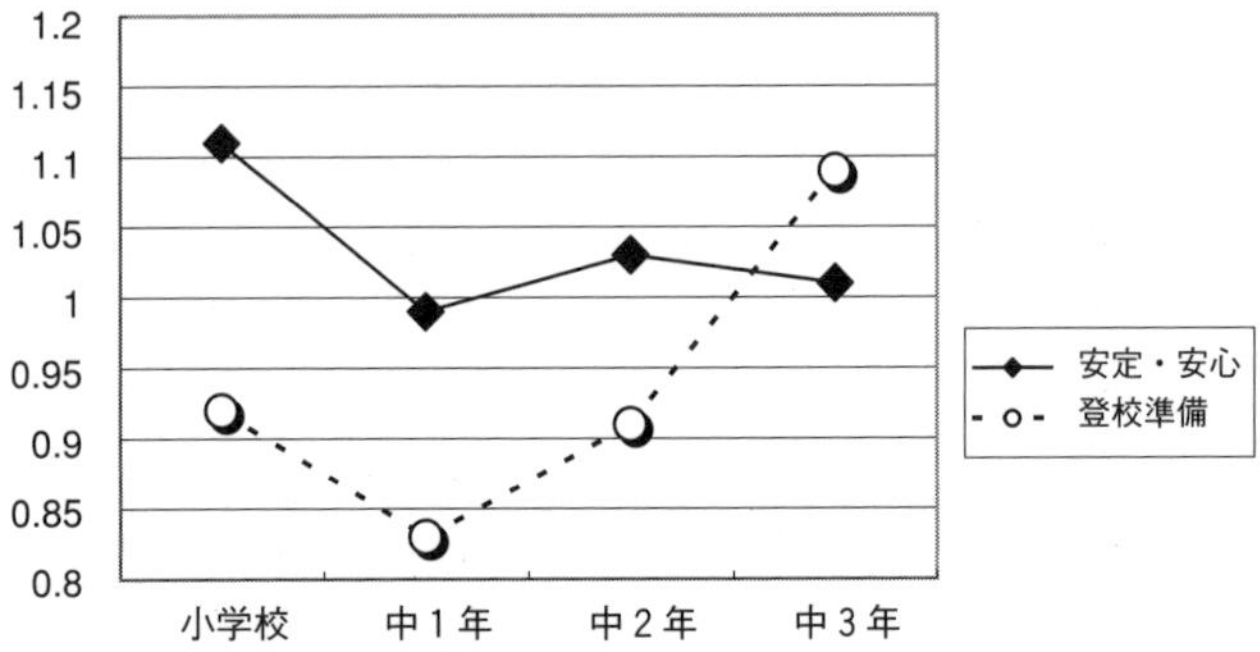

図３　学年比較「通級による変化・成長」

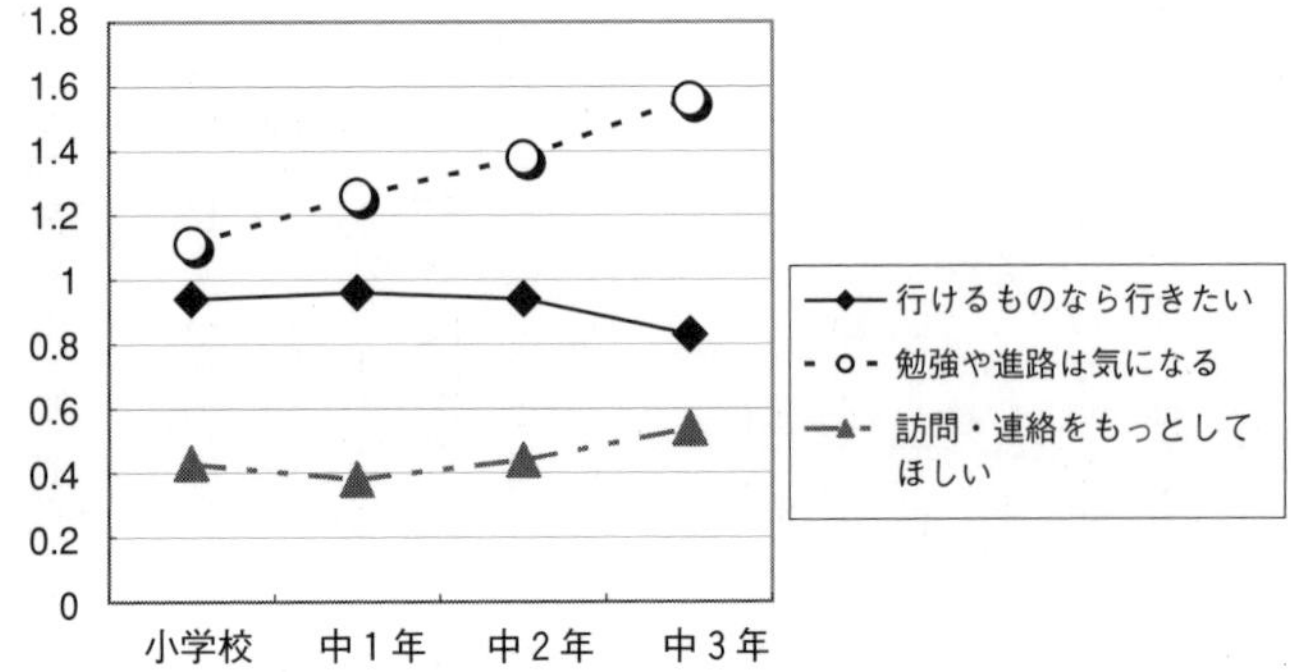

図４　学年比較「接近願望３項目」

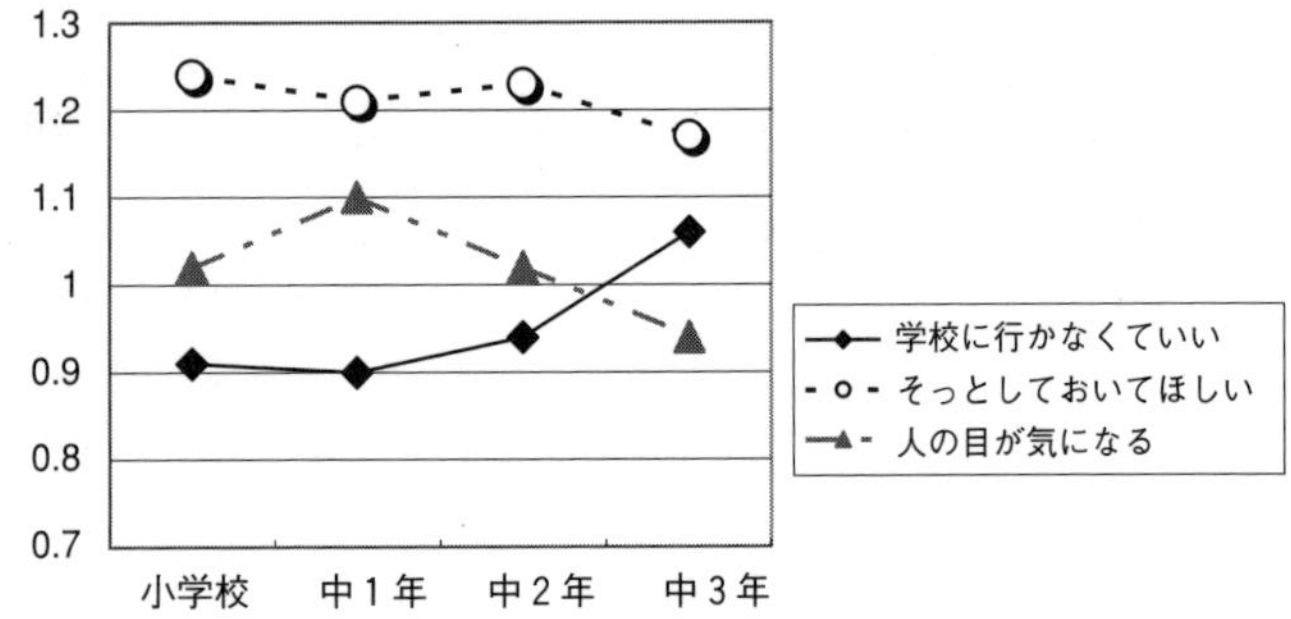

図５　学年比較「回避願望３項目」

有意であったのが昼夜逆転で、学年とともに昼夜逆転が強まる傾向が見出された（**図6**）。また、不登校の長さや通級期間については中学二年までは大きな差はないが、中学三年で長くなる傾向が見出された（**図7**）。中学三年になると不登校が長期化する一方、昼夜逆転も進み、ますます復帰が困難になるという悪循環を背景として不登校が慢性化・遷延化するようすが示唆された。

5 タイプによる比較

不登校をめぐる意識のうち、〈学校に行けるものなら行きたい〉〈勉強や進路のことは気になる〉のいずれかに対し「大いにそう思う」と回答したものを「接近願望あり群」、それ以外を「接近願望なし群」とする。〈行きたくなければ行かなくていいと思う〉〈そっとしておいてほしい〉のいずれかに「大いにそう思う」と回答したものを「回避願望あり群」、それ以外を「回避願望なし群」とする。この二つの願望の有無を組み合わせて人数分布を調べたのが**表2**である。願望がともにある三一四人を「アンビバレント群」、接近願望のみがある三九六人を「接近願望群」、回避願望のみがある二四四人を「回避願望群」、どちらの願望もない二六二人を「願望なし群」と命名した。

まずは、願望の四タイプ間で各得点を比較したところ（**図8**）、子どもの変化のうち〈情緒安定〉〈登校準備〉ともにタイプによる差が見られた。詳しく見てみると、〈情緒安定〉では、最も低かった願望なし群とそれ以外の三群との間に有意な差が見られた。また〈登校準備〉では、願望なし群と回避願望群が低く、アンビバレント群、接近願望群との間に有意な差が見られた。以上をまとめておく。まず登校準備については、回避願望がない二

表2　願望の有無によるクロス集計（人）

		回避願望	
		あり	なし
接近願望	あり	314	396
	なし	244	262

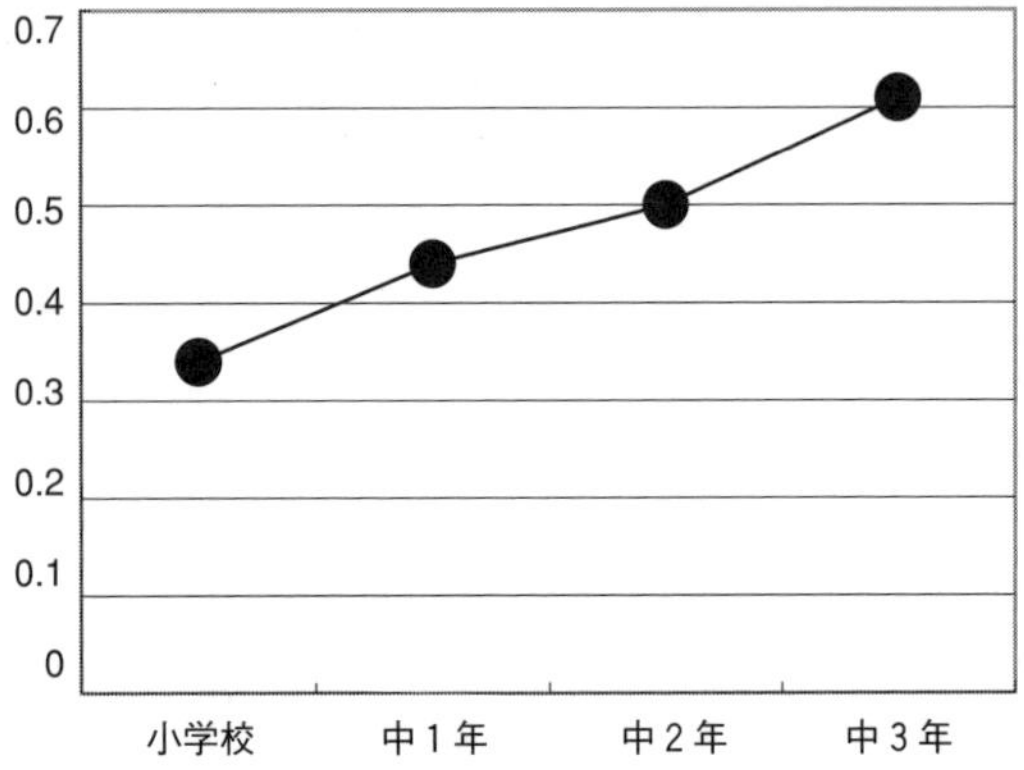

図６　学年比較「昼夜逆転」

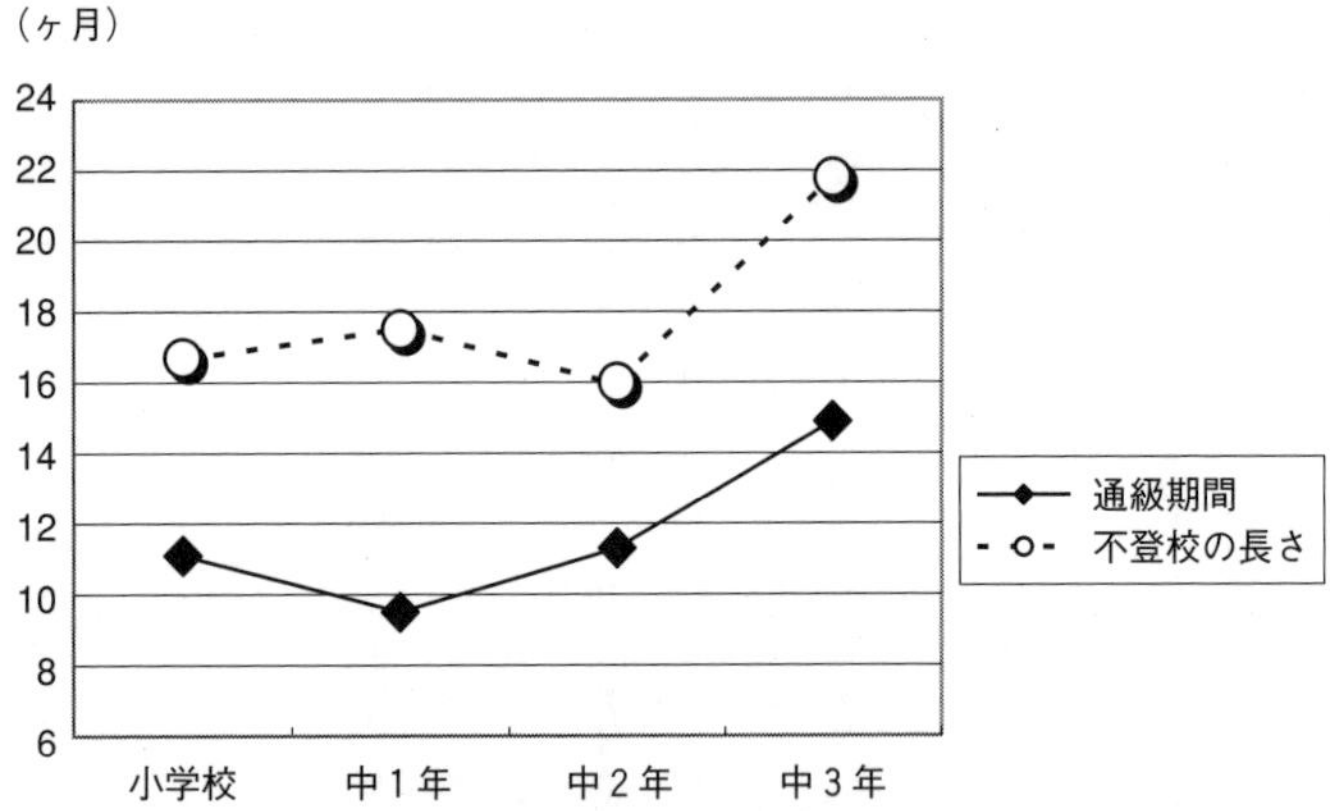

図７　学年比較「不登校の長さ」と「通級期間」

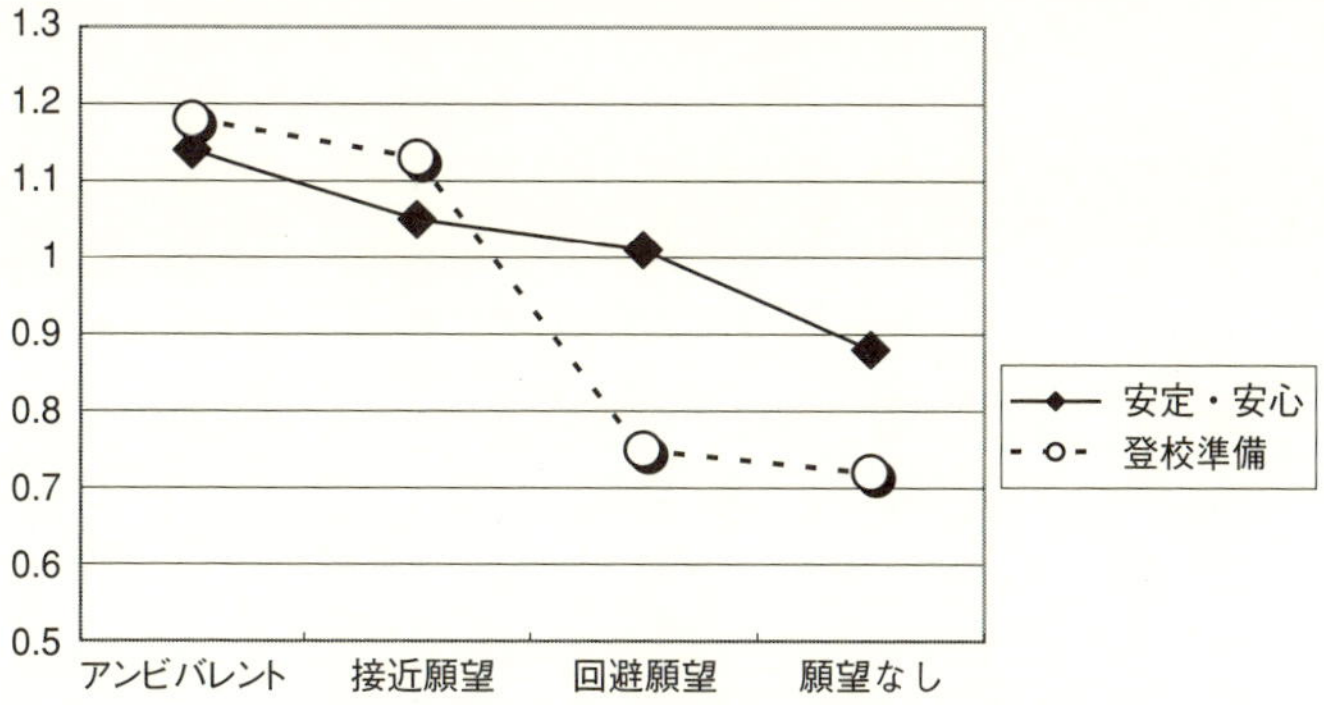

図 8　タイプ比較「通級による変化・成長」

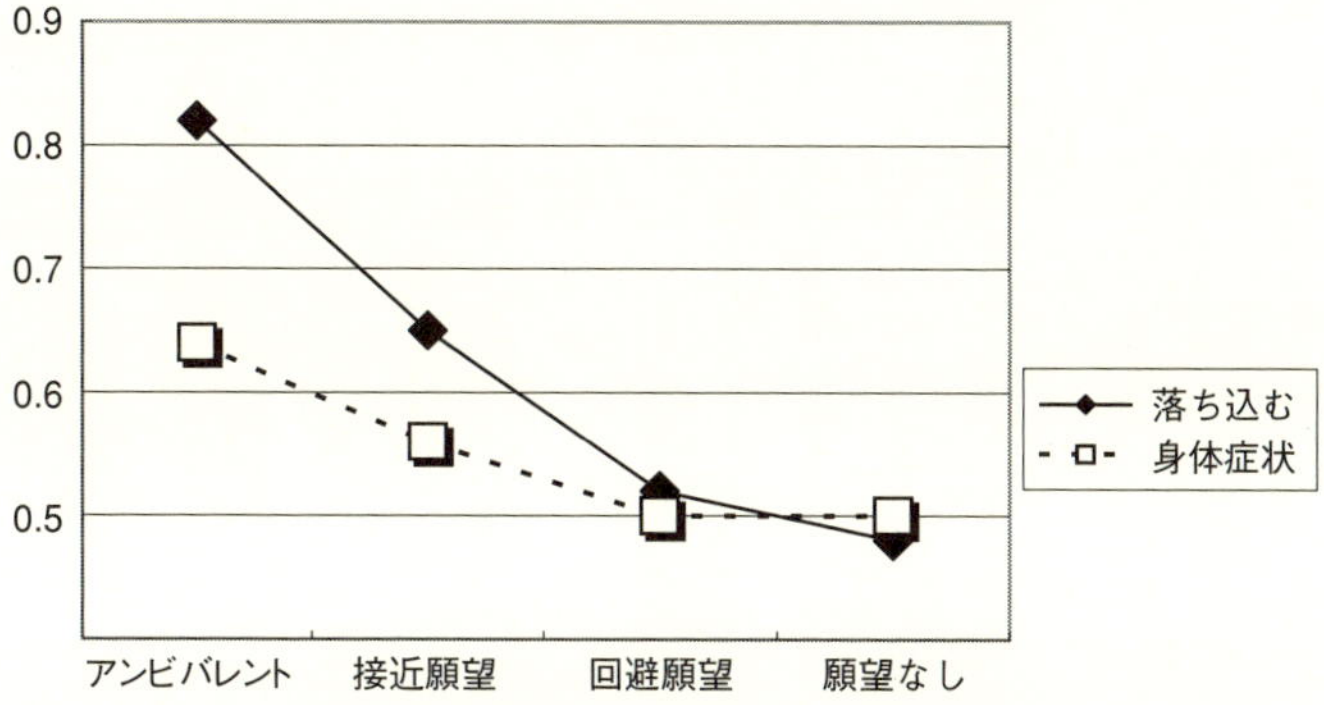

図 9　タイプ比較「落ち込む」と「身体症状」

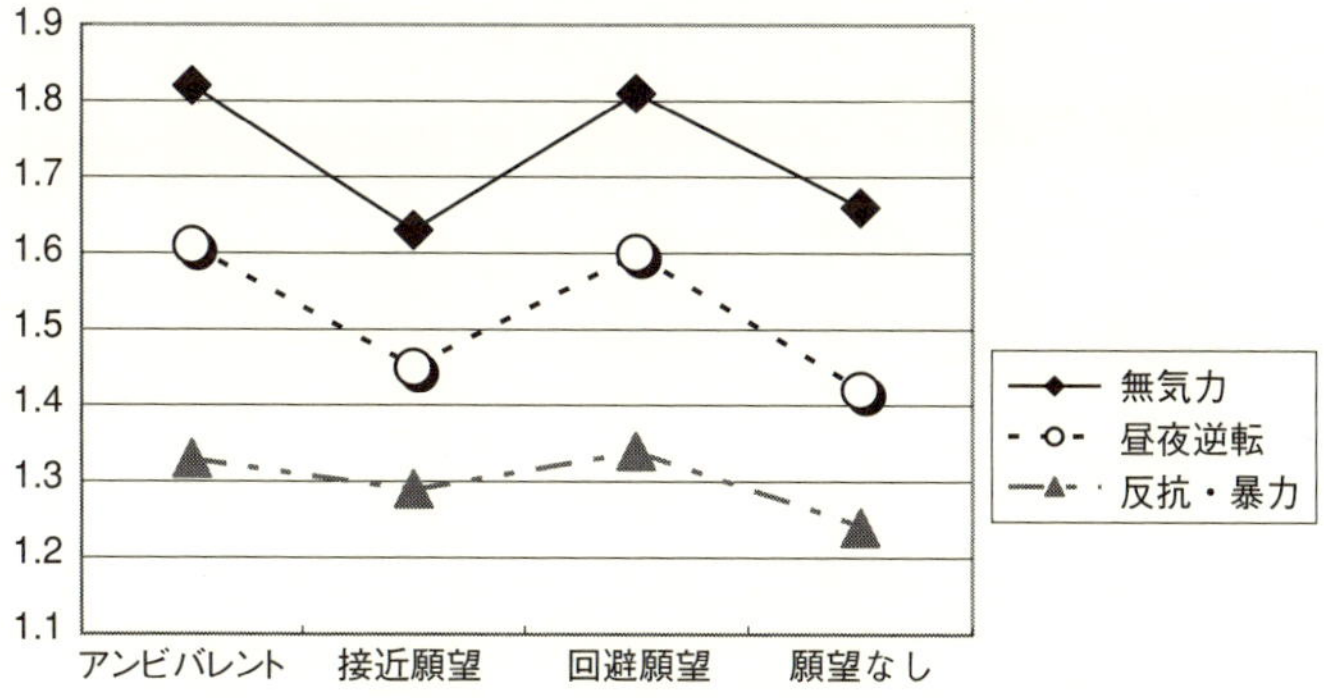

図10　タイプ比較「無気力」「昼夜逆転」「反抗・暴力」

群（アンビバレント群と接近願望群）の変化が大きいことより、登校に向かうには学校を回避する気持ちが改善されることが重要であると言える。一方、情緒面の変化については、回避願望あるいは接近願望のうちいずれかが強ければ安定する傾向にあるが、願望も葛藤も感じていない子ども（願望なし群）については、情緒面でも登校面でも改善が見られにくいことがわかる。「学校に行きたい」にせよ、「そっとしておいて」にせよ、強い願望の裏にはそうならない（学校に行けない、そっとしておいてもらえない）現実があるのであり、そこに苦しみの源泉がある。しかし、そこで苦しみ悩むことが子どもの変化・成長を促す契機となることも示唆された。

次に、身体症状・問題行動のうち、「ひどく落ち込む」「頭痛・腹痛・発熱・吐き気など」ではタイプによる差が見られた（**図9**）。詳しく見ると、アンビバレント群が最も高く、それに続くのが接近願望群で、接近願望の弱い回避願望群と願望なし群ではこれらの症状は認められにくい。一方「家庭へのひどい反抗や暴力」では全体に低かったが、「何もやる気がしない（無気力）」と「夜眠れずに、昼まで寝てしまう（昼夜逆転）」はタイプ間差が見られた（**図10**）。これら二項目については、回避願望の強いアンビバレント群と回避願望群が高く、回避願望が弱い接近願望群と願望なし群は低かった。つまり、身体症状や問題行動については、両方向の願望を併せ持つアンビバレント群はさまざまな問題を複合的に示すのに対し、願望なし群はどの問題についても発現率は低いことがわかる。また接近願望群は、うつ傾向や身体症状が高めであるのに対し、回避願望群は無気力や昼夜逆転という問題が表面化しやすいという点で、差異が見られた。学校に行きたい・学校のことが気になるという気持ちが自らを追いつめるような神経症的な状態につながりやすく、学校を避けたいという気持ちは無気力や昼夜逆転と関連することがわかる。

以上の結果をまとめると、〈学校に行きたい〉という「接近願望」は、身体症状や抑うつ傾向という自罰的・内向的問題を生むことになるが、その一方で精神的な成長や生活面での改善をもたらすことが確認された。他方、〈そっとしておいてほしい〉という「回避願望」は、情緒面での変化とは関連するものの、生活の乱れや無気力・反抗という形での問題につながりやすい傾向が見出された。そして、この相反する願望を共存させたアンビバレント群では、身体症状や抑うつ、無気力や反抗という両方の問題を抱えつつも、変化・成長は四タイプの中で最も大きいことが確認された。接近願望であれ、回避願望であれ、学校に対して強い意識を持つ子どもほど、変化・成長の跡も大きいことがわかる。ただし、その成長の影には苦しみをともなうことも多い。葛藤に直面する機会を作ると同時に、葛藤に潰れないケアという、両面的なサポート体制が必要とされるゆえんである。

6　まとめ

調査データをもとに、不登校の子どもが抱える心理について検討をしてきた。その結果からうかがえたのは、学校に行っていないことによる心のゆれ動きである。学校に対してもアンビバレントな気持ちを抱え、自分の気持ちを持てあましているようすも推察された。「不登校の子どもたちは……」と一括りにするのではなく、一人一人の声にならない心の叫びやつぶやきに耳を傾け、微妙なゆれ動きを理解するような関わりが、教師にも保護者にも求められるのであろう。

とくに、中学三年生になると、進路選択という現実問題を控え、心の振幅は大きくなる。「今の学校（現籍校）には戻れないかもしれない、でも、高校には行きたい」、そんな思いを抱える子どもたちが増えてくる。教師としては、そういう子どもたちの本音を聞くと自分たち（そして自分たちの学校）が、拒否されたような淋しさを味わうこともあるだろうが、一人一人の〝今〟よりも〝将来〟を見据えて卒業後の進路も含めた関わりを続けることが求められる。また、小学校から中学校、さらに学年が移る時期は学校復帰に向けてのチャンスとなる。長期化・慢性化を防ぐためにも、学校と家庭が連携協力しながら対応できるような〝関係の糸〟をつなぐ作業も不可欠である。

さらに、学校に対する接近願望・回避願望のあり方から、不登校にもいくつかのタイプのあることが見えてきた。学校に行きたいという気持ちは再登校を促進するエネルギーとなるが、その反面で、学校に行けない自分と直面する中で苦しみも深まることになる。他方、「学校なんて」と忌避する気持ちは、一種の開き直りとなり気持ちの安定につながる可能性はあるが、その一方で、生活リズムを狂わせたり無気力に陥る危険性をはらむことになる。その意味で、不登校の子どもたちが抱える学校に対する葛藤は、成長を促す契機となることが見えてきた。ただ、その成長の裏には苦しみやつらさが隠されている。ひとつひとつのハードルを乗り越え「学校を休んだことが決して挫折や失敗ではなかった」と思えるような日が来るよう、その子どもたちを支える大人の存在が必要であると言えよう。

（伊藤美奈子）

引用・参考文献

伊藤美奈子　2005　『「適応の場」に関する総合調査から見る現状と課題』不登校児童生徒の「適応の場」に関する総合的研究研究会（研究代表　相馬誠一）　44-96p.

第3章　不登校の子どもたちの声

本章では不登校の子どもたちの声を自由記述からまとめていくが、本章の内容を理解するためにも事前に不登校に対する支援の現状をふまえておきたい。

1　不登校に対する支援の現状

(1)　不登校支援をとりまく状況の推移

不登校への支援については、現在さまざまな施策が実施され、その充実が進められているが（詳細は第1章を参照）、その始まりは不登校児童生徒数の増加を受け、一九八三年に生徒指導資料として取り上げられたところにある。その後、一九九二年度には学校不適応対策調査協力研究者会議が「登校拒否問題について」の報告書を示し、「不登校はどの子にも起こりうる」との見解を発表し、教育相談機関の適切な利用や、教育支援センター（適応指導教室）の設置の推進など、不登校への取組みについての指針を示した。また、義務教育学校時の不登校については、学校外の公的機関や民間施設における一定の要件を満たす相談・指導が指導要録上の出席扱いとできることとなった。一九九五年にはスクールカウンセラー調査研究委託事業が始まり、現在もスクールカウンセラーの配置が進められている。さらに、二〇〇三年には不登校問題に関する調査研究協力者会議から「今後の不登校への対応の在り方について」の報告書が示され、不登校の現状に合わせた対応の指針が示されることになった。そのなかで、適応指導教室の整備充実と整備指針の策定が示され、適応指導教室についてはその役割や機能に照らし、適切な呼び方として、「教育支援センター」という名称を適宜併用することが提案された。

また、こうした取組みの充実とともに、一九九九年度から民間施設を含めた教育支援センター（適応指導教室）の活動支援をはかるために行われていた不登校児童生徒の適応指導総合調査研究委託（ＳＳＰ：スクーリング・サポート・プログラム）事業が、教育センターや適応指導教室を不登校対策の中核的なセンター（教育支援センター）として位置付け、学校および関係機関をネットワーク化する、スクーリング・サポート・ネットワーク（ＳＳＮ）整備事業*として拡充され、教育支援センターなどの各施設の整備とともにその連携、ネットワーク化が進められている。

(2) 不登校支援機関の取組み

① 不登校支援機関の種類と主な支援内容

不登校への支援においては、(1)で述べたように、数多くの事業や施設の整備が進められると同時に、学校が中心的な役割を担うことも必要であり、学校内にある保健室や相談室、スクールカウンセラーなどの人材の活用、また校内協力体制の整備の上で、学校内だからこその連携のとりやすさや日常生活の延長での支援という敷居の低さを活かし、学校における支援を充実させていくことも重要であると思われる。しかし、児童生徒の状況によっては、学校内での支援とともに学校外の支援機関の活用・連携の検討が必要となることも

スクーリング・サポート・ネットワーク（ＳＳＮ）整備事業
各地域の教育センターや適応指導教室などを「教育支援センター」として位置づけ、地域における不登校支援の中核機関としての機能を担うことを目指した文科省の事業である。「教育支援センター」の役割としては、不登校児童生徒への自立に向けた支援はもちろんのこと、不登校の早期発見と早期対応、教師や適応指導教室指導員の研修、ひきこもりへの訪問指導体制の整備、保護者支援など、多岐に渡る不登校支援を中心的に担うことが期待されている。

ある。不登校に対する主な学校外の支援機関名とその支援内容について、**表1**にまとめた。学校外の支援機関には、大きく分けて公的機関によるものと民間機関によるものがあるが、代表的なものには、公的機関である教育センター、教育相談所、教育支援センター、民間機関による相談室、フリースクールなどがある。各機関の詳しい利用状況については、後述の「②不登校支援機関の利用状況」でまとめるが、学校外の不登校支援機関に対する情報不足、認知不足が多くの調査研究から指摘されており［金子・張替・相馬、2004／こども教育支援財団、2006］、不登校支援機関に関する情報提供、および児童生徒への支援に当たっての連携の在り方についてはさらなる改善が求められている。

② 不登校支援機関の利用状況

前述のような不登校への支援機関の中でも、特に不登校児童生徒に対する支援機関の一つとして大きな役割を果たしているのが教育支援センターである。相馬［2004］によれば、二〇〇二年度において不登校児童生徒とその保護者のうち相談・指導・治療機関を利用した者は全体の34.5％であり、その中でも最も利用が多かったのが教育支援センターであるが、その利用率も不登校児童生徒全体の約一割であることが指摘されている。これについては、その後、二〇〇五年度に至っても、相談・指導・治療機関を利用した者は全体の35.1％であり、最も利用の多かった教育支援センターの利用率も約一割と大きな変化は見られていない。一方で、森田［2003］の調査では、中学三年生時の施設・機関利用の満足度についてたずねているが、教育支援センターの利用について「役に立った」と回答しているものは約七割、教育センター、フリースクール、病院が約五割、児童相談所、民間心理相談が約四割と成果をあげている。

表1　不登校に対する主な学校外支援機関

	機関名	支　援　内　容
公的機関	教育センター・教育相談所（名称は多様）	児童生徒に関する相談を受ける相談室、適応指導教室などの運営、スクールカウンセラーなど学校訪問相談事業の運営など、多様な不登校対策事業の運営や教職員に対する研修などを行う。
	教育支援センター（適応指導教室）	多くは学校外の場所に教室を設け、児童生徒の在籍校と連携をとりつつ、不登校児童生徒への教科指導、体験活動、カウンセリングなどを行い、学校復帰のための指導・援助を行う。
	精神保健福祉センター	精神保健に関する相談・指導・支援などを行う。いじめ、不登校などにともなう精神症状や薬物乱用などについての相談を受ける。精神科医や精神保健福祉司、保健師などが配置されている。
	保健所・保健センター	児童の健康相談、保健指導などを行う。医師、保健師などが配置されている。
	児童相談所	児童虐待への対応とともに、18歳未満の子どもに対する、養護・保健・障害・育成・非行相談など多様な相談活動を行う。
	病院等医療機関（公立の指定病院）	心療内科、精神科などで、薬物療法、心理療法（カウンセリング）などを用いて対応する。
	民生・児童委員など地域関係者	厚生労働大臣から委嘱された委員が、児童らの生活環境の状況把握、指導・援助など、児童の健全育成のための活動を行う。
民間機関	相談室（NPO 法人、大学など）	広く子どもに関する相談を受ける。カウンセラーなどが配置されていることが多い。
	フリースクール（NPO 法人、財団など）	公的機関の教育支援センター（適応指導教室）と同様に、教室を設け、児童生徒の在籍校と連携をとりつつ、不登校児童生徒への学習支援、集団活動体験、個別カウンセリングなどを行い、学校復帰のための指導・援助を行っているところが多い。しかし、なかには学校復帰を目標としないところもある。
	病院等医療機関	心療内科、精神科などで、薬物療法、心理療法（カウンセリング）などを用いて対応する。

※学校と関係機関との行動連携に関する研究会［2004／相馬・花井・倉淵編著、1998］を参考にした。

これまで、教育支援センターは不登校児童生徒を支援する場として、学校以外の場や学校の空き教室を利用して校内に設置されるようになり、一九八九年度には四二ヶ所だったものが一九九六年度には六九八ヶ所となり、一九九二年度からは毎年五〇～一〇〇ヶ所以上増加するなど、不登校対策事業として各自治体で活動が行われてきた［相馬・花井・倉淵、1998］。しかし、地域により教育支援センターの設置数に差が見られること、施設あたりの指導員数は多いとは言えず、非常勤職員が約八割と圧倒的に多くなっていることも指摘され［相馬、2004］、不登校児童生徒への支援のために十分な場が整備されているとは言いがたい状況である。また、その歴史がまだ浅いことからその実践や実態に関する調査研究も多くはなく、さらに不登校の類型化に見られるような多様な不登校の存在があり、教育支援センターの環境や活動状況、児童生徒へのより有効な支援の在り方などについては模索している状況が続いてきた。近年になって教育支援センターに通う児童生徒の変化［伊藤、2004］や、各自治体での実践［花井、2004］についての調査が進むにつれて、教育支援センターの役割や不登校児童生徒への支援の成果、今後の教育支援センターの在り方に関する課題などが徐々に明らかになってきた。また、教育支援センターについては、二〇〇三年三月に文科省から発表された「今後の不登校への対応の在り方について」の報告書のなかでも、その整備指針の策定が提言されており、不登校児童生徒支援のさらなる充実のためにもその活動の充実が急務となっている。

以上のことを前提に、本章では、教育支援センターに実際に通う児童生徒の自由記述の回答をもとに児童生徒からの要望や願い、教育支援センターの成果と課題について考えたい。さらに、教育支援センターなどの支援機関における、より充実した不登校支援の在り方についても論じたい。

2　不登校の子どもたちの声――子どもへのアンケート調査から――

不登校児童生徒の「適応の場」に関する総合的研究研究会［2005］は、教育支援センターなどの公的施設や民間のフリースクールといった学校以外の不登校支援施設（以下、学校外施設と記述）を利用している子どもたちに対して、全国規模のアンケート調査*を行った。ここでは、そのアンケートの自由記述欄に寄せられた内容を紹介する。子どもたちの回答内容を整理したところ、四種類の大カテゴリーに分類され、それぞれの大カテゴリーはさらにいくつかの小カテゴリーに分類された。分類の詳細をまとめたものが、**表2**である。以下に、自由記述の具体例を提示する。なお、自由記述の内容については、プライバシーの保護などに配慮し、本質を損なわない範囲で変更を加えている。

*アンケート調査の自由記述欄は、学校外施設の実態に関する選択式質問項目の後に設けられ、「今、こうしてほしいといった希望があればお書きください」という質問により回答を求めた。調査対象となった子どものうち、約二割（二五〇人）が自由記述欄に回答した。

(1)　学校外施設に関する意見

①　友人関係

子どもたちの意見からは、子どもたちが学校外施設を、「友達とかかわる場」として位置付けており、友人関係の問題が大きな関心事となっていることがわかる。また、友人を求める一方で、友人関係に不満を感じたり、友人関係の難しさに悩む様子がうかがえる。

・もっとたくさん友達を増やしたい。／同年代の友達がほしい。
・もっと男の友達がいるといい。／女の子が入ってきてほしい。
・陰口や悪口を言わないでほしい。

表2　子どもの自由記述に寄せられた意見の分類

(1)学校外施設（教育支援センターなど）に関する意見	①友人関係
	②スタッフとの関係
	③設備面への要望
	④活動内容への要望
	⑤体制・環境面への要望
(2)学校に関する意見	①学校体制への要望
	②教師の関わり方への要望
	③進路・学力についての要望
(3)自分自身に関する意見	①意欲・肯定的変化
	②失望・援助不要
	③現状満足
	④葛藤
(4)その他	①家族への要望
	②社会への要望

・友達関係が複雑なので、困っている。

② スタッフとの関係

学校外施設のスタッフには、個々の状況に応じた配慮、画一的ではない対応が子どもたちから求められているようだ。また、学習支援という面でのスタッフへの期待は大きく、多様な人材がスタッフとして求められていた。

・先生にもっと関わってほしい。
・指示ばかりしてほしくない。／先生たちが強制的なところがある。
・一人一人が違うので、もっと生徒と向き合って、一人一人のペースで勉強を教えてもらいたい。
・先生が少なくて勉強ができない。
・若い先生を入れてほしい。／教科ごとに専門の先生がいてほしい。

③ 設備面への要望

子どもたちが学校外施設への設置を要望した用具設備は、通常の小中学校には備えられているものがほとんどであった。学校に登校していれば普通に使用できる用具設備であっても、学校から離れている不登校の子どもにとっては、それらに触れる機会を得ることは難しいようだ。

・バスケットゴール／サッカーゴール／卓球台がほしい。
・パソコン（インターネット）がしたい。
・もっとたくさんの本を置いてほしい。

・一人で安心して過ごせる個室がほしい。／部屋を広くしてほしい。

④ **活動内容への要望**

子どもたちが希望する活動は、学習、運動、行事（体験活動）の三つに集約された。これらの、子どもたちが学校外施設に求めている活動内容には、不登校支援の方策を考える際の重要な視点が含まれているだろう。

・同じ教科ばかりでなく、バランスよく勉強したい。／勉強時間を増やしてほしい。
・運動を増やしてほしい。
・広いところで、動けなくなるまで思いきり遊びたい。
・行事を増やしてほしい。／旅行がしたい。
・ゲームがしたい。／将棋がしたい。／調理実習をしたい。

⑤ **体制・環境面への要望**

子どもたちの意見からは、学校外施設の設置条件や体制*が重要視されていることがわかる。設置場所、開設時間、経済的負担などの条件が配慮された、「利用しやすい場」が、子どもたちから求められている。

・学校から離れたところに建ててほしい。／○○学級（教育支援センター）が家のそばにあるといい。
・毎日開いてほしい／時間を長くしてほしい。
・お金があまりかからないといい。／教材、実習費などの負担を少なくしてほしい。
・本当に学校へ行きたくても行けない人だけが来るようにしてほしい。

＊教育支援センターの設置場所としては、多くの場合、教育センターや公民館といった公共施設の一部分が利用されており、独立した建物を持っているのは一割程度である［谷井・沢崎、2002］。学校外施設の利用にかかる費用は、教育支援センターではほぼゼロであるのに対し、民間施設では平均約三三万円（年額）となっている［オルタナティブ教育研究会、2003］。

(2) 学校に関する意見

① 学校体制への要望

学校に対しては、いじめや学校の「荒れ」などの学校状況の改善、相談室などの物理的環境整備が求められていた。また、学校外施設への出席を在籍校への出席日数に換算することや通信教育といった、多様な学校・教育制度を期待する意見も見られた。

・学校のいじめや（暴走）族がなくなってほしい。
・学校が楽しい場所になってほしい。
・騒がしく荒れた雰囲気でない、落ち着いた環境の学校になってほしい。
・いつでも開放されている、生徒のための部屋が学校にあるといい。
・相談室が学校にもう一部屋あるといい。
・適応教室への登校を、学校の出席日数に加えてほしい。
・パソコンの通信教育（年齢制限なし）を使えば、学校はなくていい。

② 教師の関わり方への要望

教師に対しては、関わりを求める意見と、関わりを求めない意見の両方があった。これらの意見は、子どもの個別性・多様性を示すと同時に、「学校に行きたいけれど、行けない」といった子どもの両価的な心情を表しているとも考えられる。また、別室登校*時や学校復帰時の教師の配慮を期待する意見も見られた。

・学校の先生には、もっと不登校に関心を持ってもらいたい。

別室登校
　不登校の子どもの保健室や相談室といった別室への登校については、その意義や成果が報告されている［張替、2004／西村、2000］。しかし、学習の遅れの問題や、不登校のタイプによっては必ずしも有効でないといった課題点も指摘されている［木南、2005］。別室登校における不登校支援のあり方については、今後さらなる知見の蓄積が必要と思われる。

・先生から学校のことを教えてもらいたい。／先生に家に来てもらって勉強したい。
・学校からの連絡はほしくない。
・試験や勉強などについてはまだ聞かれたくない。
・相談室に先生が誰も来てくれず、相談室には給食も運ばれてこなくて、つらかった。
・登校した時には連絡事項をちゃんと教えてほしい。

③ 進路・学力についての要望

子どもたちからは、進路選択や自立に向けての必要な情報提供を求める意見が寄せられた。また、現実的な進路先の拡大や学力維持のための援助が求められていた。不登校経験者にとって進路や学力の問題が切実であることがわかる。

・高校まで義務教育にしてほしい。
・不登校だと高校進学が普通の人よりとても大変。不登校の子が行ける普通の（制服、部活）高校がもっとあるといい。
・学校に行っていなくても学力が落ちないような支えがほしい。
・高校進学するにはどうしたらいいか教えてほしい。
・不登校の人が中学校卒業後どんな進路を選べば、自立して働いていけるようになるのか（高校進学か、手に職をつけたほうがいいのか）生の情報を知りたい。

(3) 自分自身に関する意見

① 意欲・肯定的変化

学校外施設を利用しながら、自己変革、自己成長をとげている子どもたちの様子がうかがわれる意見が寄せられた。また、学校外施設の存在やそこで出会った仲間がいかに心の支えとなりえたかということを述べた意見もあった。これらの意見は、学校外施設での不登校支援の成果*を示すものと言えるだろう。

・学校（教室）に行けるようにしたい。
・過去にこだわらないで、学校に行けるようになりたい。
・カウンセラーに相談したり、同じ体験をした仲間の意見を聞くと、自分だけがこういう立場でないことがわかって心強い。
・私は〇〇教室（教育支援センター）に来て前向きになりました。自分だけでなく周りの人のことも心配できるようになり、不登校の問題全体についても考えるようになりました。

*学校外施設での不登校支援の成果は、学校復帰という観点から見ることもできる。適応指導教室に通う生徒の半年間の変化を調査した谷井・沢崎［2002］によれば、約28％の生徒が、半年間の間に何らかの形で（授業または保健室、継続登校および断続登校）学校に通うことができるようになったという。

② 失望・援助不要

子どもたちからは、現状への不信や失望を表明する意見もあげられていた。しかし、このような意見を表明すること自体を、子どもの援助希求の一つの形ととらえることもできるかもしれない。これらの意見を表面的にのみ受け取らず、その背景にある子どもの状況や心情を理解することが必要だろう。

・夢も希望もない。
・他人を信用できないから、他人に望むことはない。
・学校に行っていないと、いつも人から隠れなければならない気持ち。こういう子がいることを皆が知って、そっとしておいてほしい。
・して欲しいと思うことはない。自分が変わらなければいけないだけ。

③　現状満足

現状に対する満足を述べた意見からは、学校外施設が不登校の子どもたちにとって、安心できる居場所となっていることがうかがわれた。しかし、先の見通しが立たず、現実に向き合うことが困難な状況で、子どもたちが消極的に「とりあえず現状には満足」しているという観点から理解することも必要かもしれない。

・今のままが一番いい。
・○○学級（教育支援センター）は、十分いいところだと思う。
・○○教室（教育支援センター）にずっといたい。

④　葛藤

「学校に行きたくても行けない」「自信がない」という意見からは、学校や登校行動に対する子どもたちの葛藤や不安がうかがえる。このような、悩み、葛藤した体験が、子ども自身の成長や自己実現につながるような援助が求められている。

・学校にも少しずつ行きたいが、まだここにいたい。
・学校に行きたいと思うが、今は行けない。

・新学期には学校へ行こうと思うが、自信がない。
・安定した気持ちで安定した生活を送りたい。どうすればよいのだろうか。

(4) その他

① 家族への要望

不登校支援を考える際には、子どもだけでなく家族を支援*するという視点も必要となる。子どもたちからは、家族の理解を求める意見が寄せられており、家族の不登校への理解を促し、家庭の安定を支援することは、間接的に子どもを援助することにつながるだろう。

・親には黙っていて欲しい。干渉しないでほしい。
・家族に○○学級（教育支援センター）のことを理解してほしい。
・家で将来について話す時間がほしい。

② 社会への要望

子どもたちからは、同じ不登校の子どもたちに対するはげましや応援、不登校に対する社会の理解を求める意見があげられた。これらの意見からは、不登校の子どもたちが、さまざまな制約や不利益を被りやすく、社会の理解と支援を求めているという現状がうかがわれた。

・私たちみたいな不登校の生徒についての理解を世間が深めてほしい。
・学校に行かないことも選択肢の一つとして認めてほしい。
・学校で嫌な思いをしたり、学校に行きたくない子は、カラにこもらないで、無理せ

*不登校の家族支援方法としては、親のみとの面接、親のグループカウンセリング、各種の家族療法、家族の会・親の会などがある［稲村、1994］。

ず気楽にフリースクールに来てほしいと思います。
・苦しんでいる子たちに手を差し伸べてあげてほしい。
・自分が学校に行っていない分の教育費を返してほしい。
・偏差値や勉強だけがすべてじゃない。給料は安くてもいいから、中学生から働ける法律を作ってほしい。

3 子どもたちの声から見た不登校支援の成果と課題
――子どもたちが求める不登校支援とは？――

アンケートに寄せられた子どもたちの声には、子どもたちが現在の不登校支援をどのように受け止めているか、ということが反映されている。子どもたちの声に耳を傾け、その願いや要望を知ることは、不登校支援を考える上での大きなヒントとなるだろう。ここでは、支援を受ける側である子どもたちの声から見えてくる、不登校支援の現状について考えてみたい。

(1) 学校外施設が果たす役割

子どもたちの意見から、学校外施設に子どもたちが求めるものは、人間関係（友人関係、スタッフの対応）と活動内容（学習、行事など）の二点に集約されると考えられる。

不登校の子どもたちは、学校外施設において友人を求めながら、そこでの友人関係に悩んでもいる。子どもにとって、友人間の葛藤やトラブルは必ずしもマイナスに作用するとは限らず、対人関係学習の機会となりプラスの作用をもたらすこともありうる。学校外施設では小集団活動が行われている場合が多く、そこでの人間関係を支援に生かすことが可能である。子どもたちの友人関係の悩みを単に取り除くための援助ではなく、友人間での葛藤体験を子ども自身の成長に役立てていけるような援助が目指されるべきであろう。また、スタッフについては、画一的な対応ではなく、子どもの個性や状態によって、一人一人異なる対応が求められる。不登校になってからの経過によっても子どもの心境は変化することが予想される。こういった子どもたちの個別性や変化を見きわめた上での対応が、不登校支援の際には不可欠だと言える。

多くの学校外施設は、設備、設置条件などの面でさまざまな制約がある。設備がないために活動内容が限られる（運動ができないなど）、通学距離が遠い、利用できる曜日時間が限られる、経済的負担が大きい（主に民間施設の場合）、などの制約があるなかで、スタッフの努力と工夫によって活動が行われているのが現状である。これらの物理的な制約に対して、人材という面での制約もある。子どもたちは、とくに学習支援のためのスタッフの充実を求めていたが、子どもたちが求める学習機会の提供を学校外施設で達成するためには、スタッフの量・質ともにさらなる充実が必要だろう。

子どもたちは学校外施設での活動として、学習、運動、行事（体験活動）を要望していた。[*] 援助活動の内容は環境条件によっても制約されるが、逆にどのような活動を行おうとするかによって、必要とされる環境が決定されるという面もある。学校外施設の環境条件の整備に当たっては、そこでどのような援助活動を行おうとしているのかという、不登校支援の理念や目標[*]が明確にされることが不可欠と言える。

(2) 学校・教師への期待

アンケート結果からは、不登校の子どもたちが学校や教師に対して、学校環境の整備、

*学校外施設では、教科学習、運動、自然体験・野外活動といったプログラムが高頻度に実施されている［不登校児童生徒の「適応の場」に関する総合的研究研究会、2005］。これらの高頻度に実施されているプログラムは、アンケートに寄せられた子どもたちの希望（学習、運動、行事や体験活動）ともほぼ一致しており、多くの学校外施設で、子どものニーズにそった活動が目指されている結果と言えるだろう。

*オルタナティブ教育研究会［2003］によれば、学校外の不登校支援施設の約六割が開設当初から理念・目標を持っているという。進学塾系の支援施設やフリースクールでは、「はじめから理念・目標を持っている」割合が高い（約八割）のに対して、補習塾系の支援施設では「理念・目標を持たない」とする施設が三分の一以上であるなど、施設によっても、理念や目標のあり方は異なるようである。

教師の対応、進路・学力についての支援、といった点で期待を抱いていることが示された。

子どもたちからは、いじめや学校の「荒れ」の問題があげられていた。「いじめをなくしてほしい」「学校が楽しいところになってほしい」といった願いは、不登校の子どもに限らず、すべての子どもに共通するものである。不登校の子どもたちにとっての魅力ある学校について考えることは、それ以外の多くの子どもにとっての魅力ある学校の姿を明らかにすることにもつながるだろう。また、学校外施設への出席の取り扱い、学校外施設での定期試験の受験の可否といった点は、不登校の子どもにとっては切実な問題である。学校と学校外施設の連携については、近年ではかなり柔軟な対応がなされるようになってきているが、子どもを中心にした連携体制が今後さらに充実されることが必要である。

教師の対応については、関わりを求める意見と関わりを求めない意見の両方があった。これらの意見は、子どもたちの個別性とも理解できるし、教師や学校に対する子どもの両価的感情の表れととらえることもできるだろう。子ども一人一人の心情や葛藤を理解し、それに応じた対応を工夫することが、教師に求められている。また、学校復帰を目指したり、別室登校をしている子どもたちが求めているものは、「連絡事項を伝える」「子どもがいる別室（相談室など）に給食を届ける」といった、日常的なちょっとした教師の配慮である。アンケートに寄せられた意見からは、このような教師のちょっとした配慮の重要性と同時に、それが学校現場で実践されることの困難さが示されたと言えるだろう。

アンケート結果からは、子どもたちは不登校であることによって、学力や進路選択の面で不利益を被ることが多いと認識し、進路や学力に対する不安を持っていることがうかがえた。進路についての情報提供や学習支援といった点で、不登校の子どもたちの学校・教師への期待は大きい。進路や学習支援の問題については、その改善を各学校や教師個人の努力に委ねるだけでは不十分だろう。不登校の子どもの進路や学習機会の面での不利益が少なくなるような体制の整備が必要である。

(3) 子どもの理解と子どもを支える援助

アンケートに寄せられた子どもたち自身についての意見には、「学校に行けるようになりたい」というものもあれば、失望を表明したり、援助を拒む意見もあった。また、「今のままが一番いい」という現状への満足、「学校に行きたいが行かれない」といった葛藤を示した意見もあり、子どもたちの願望や自己認識が一様ではないことがわかる。一人の子どものなかに、「学校に行きたい、援助がほしい」という気持ちと、「学校には行きたくない、援助は不要」という気持ちの両方があり、ゆれ動いているということもあるだろう。「夢も希望もない」「他人を信じることができない」といった意見の裏側には、「夢や希望を持ちたい」「他人を信じたい」という願いが込められているかもしれない。子どもの意見を表面的にのみ受け取ったり、先入観で判断したりするのではなく、そのように考えるに至った過程、その間の周囲の対応なども考慮して子どもを理解したいものである。このような、子どもを理解しようとする試みが、子どもを支える援助の前提となるだろう。

子どもを支える援助には、さまざまな方法がある。子どもを心の面から支えようとする場合には、カウンセリングなどの相談機会の提供も方法として考えられるだろう。また、不登校に対する家族の理解や社会的関心の高まりを希望する子どもたちの意見があったように、家族や社会などの環境面から子どもを支えるということもできるだろう。適切な支え方を選択するためには、その子どもが何を求め、どのような援助を必要としているかということの理解が不可欠であろう。

4　子どもたちの声から考える不登校支援のあり方

(1)　複合的で多面的な支援

子どもたちが必要としている支援は、学習や進路選択に対する援助、対人関係や心理的問題に対する援助、家族や社会といった環境に対する働きかけなど、非常に多岐にわたっている。これらの子どもたちのニーズを満たすためには、多様な支援メニューと人材確保が必要となる。学習支援の充実のためには教育の専門家が求められるであろうし、子どもの対人関係や心理的問題を理解する上では、カウンセリングや臨床心理学の専門家の活用が考えられるだろう。不登校支援を担うスタッフとして、専門性、年代、性別などを考慮した適切な人材が配置され、スタッフそれぞれの特徴を生かした支援が行える体制が望まれる。

しかし、さまざまな制約*や人材不足のなかで、各施設の工夫と努力によって支援が行われているというのが実態である。例えば、教育支援センターの職員は、六〇代以上が半数近くを占めており、臨床心理士などの心理学の専門資格を持つ職員は5％程度であるという［河本、2002］。また、学習活動については、教育支援センターの約七割が、自学自習中心の学習形態をとっていることが報告されている［太田・夏野・佐藤・濱名、1994］。こういった課題点に対しては、社会・行政による後援が求められるところでもあるだろう。

子どもが求める多様な支援を提供する設備やスタッフを一機関が備えることは困難な面もあり、また一機関のみで対応することが必ずしも適切とは言えない。そこで重要となる

＊学校外施設のスタッフは、スタッフの不足、財政状況の厳しさ、ネットワークの不十分さといったことを、とくに課題点として認識していることが報告されている［オルタナティブ教育研究会、2003］。

のが、関係機関の連携体制の強化である。教育、福祉、医療、不登校民間施設などの諸機関が、それぞれの特徴や専門性を生かして協力し、子どもやその家族が必要とする援助を提供していく体制作りが必要だろう。文科省が行っているスクーリング・サポート・ネットワーク（ＳＳＮ）整備事業は、関係機関の連携を推進し、不登校に対する複合的で多面的な支援体制の確立を目指す方策の一例であり、今後の成果が期待されるところである。

(2) 魅力的な学校づくり

子どもからは学校や教師に対して、連絡はしないでほしいという意見があるいっぽうで、教師に不登校について関心を持って欲しい、登校の際にはもっと配慮してほしい、という要望もあった。下山・須々木［1999］によれば、適応指導教室を利用した子どものうち、定期的に登校できるようになった者は、そうでない者と比べて学校や担任との関わりが持てていたという。学校復帰の際には、学校や教師の受け入れ態勢が重要となることは言うまでもない。しかし、そのような受け入れ態勢は急につくれるものではない。子どもとの関係づくりを積み重ね、日頃から学校での受け入れ態勢を整えていくという教師の地道な対応があってこそ可能となるものだろう。

子どもからの学校への希望として、いじめや学校の「荒れ」の改善を求める意見があった。いじめや「荒れ」といった学校環境の問題は、不登校支援を考える際にも重要な視点であるのと同時に、不登校ではない子どもたちにとっても重要な支援の観点である。このように、不登校の子どもたちの声は、不登校に限らず、すべての子どもにとって魅力ある学校を目指すには何が必要かということをも示しているように思われる。魅力ある学校づくりは、不登校の子どもに対する学校復帰支援でもあり、すべての子どもに対する不登校予防対策でもある。不登校支援から得られた知見が積極的に学校に還元されることで、すべての子どもにとっての魅力的な学校づくりを促進することができるのではないだろうか。

(3) 子どもの「社会的自立」を目指して

不登校支援の観点には、学校復帰、学力補充、進路に対する支援、子どもの心の成長などさまざまなものがある。不登校支援の方法論も、支援を行う人や施設の立場や役割によって異なる。これらの、不登校の支援の観点や方法論は、子どもの「社会的自立」というキーワードでつなぐことができるのではないだろうか。子ども自身の成長や、進路や学力の問題は「社会的自立」と深く関わっているだろうし、学校復帰が「社会的自立」につながる場合もあるだろう。また、一人の子どもに対して多くの人や機関が関わり、連携して支援が行われる場合には、「社会的自立」を目指すという支援の方向性が確認されることで、各援助者や各施設の役割や専門性をよりよく生かすことが可能となるのではないだろうか。

不登校の原因は決して単一ではなく、「学校の問題」「家庭の問題」「子ども自身の心の問題」など、さまざまな要素が影響を与えている。子どもは家族や教師、その他の援助者や社会状況の影響を受け、それらに支えられてもいる。一人の不登校の子どもは、適応指導教室などの学校外施設を利用しながら個別面接も受けていたり、時々は別室登校をしているかもしれない。子どもの「社会的自立」を目指すために、まずわれわれがすべきことは、このような子どものありのままの姿を、きちんととらえることではないだろうか。一人一人の子どもの状態を適切にとらえることができてこそ、その子が「社会的自立」を達成するために必要としている援助が見えてくる。目の前にいる子どもの様子をよく見ること、子どもの声に耳を傾けることが、不登校支援の出発点となるだろう。

最後に、アンケート調査に協力し、貴重な意見を寄せてくれた多くの子どもたちに感謝して、この章を閉じたい。

（1 金子恵美子／2～4 張替裕子）

引用・参考文献

不登校児童生徒の「適応の場」に関する総合的研究研究会　2005　『不登校児童生徒の「適応の場」に関する総合的研究』

不登校問題に関する調査研究協力者会議　2003　『今後の不登校への対応の在り方について』文部科学省

学校と関係機関との行動連携に関する研究会　2004　『学校と関係機関との行動連携を一層推進するために』

花井正樹　2004　「現地調査からの報告」『日本カウンセリング学会第37回大会発表論文集』51-52p.

張替裕子　2004　「中学校における別室登校生徒への援助―公立中学校での取り組みから―」『目白大学人間社会学部紀要』第4号　91-100p.

稲村　博　1994　『不登校の研究』新曜社

伊藤美奈子　2004　「教育支援センター（適応指導教室）通室児童生徒の意識と変化」『日本カウンセリング学会第37回大会発表論文集』47-48p.

金子恵美子・張替裕子・相馬誠一　2004　「教育支援センター（適応指導教室）における不登校児童生徒支援の現状と課題―スタッフ・児童生徒の自由記述から―」『日本生徒指導学会第5回大会

発表要旨集録』24-27p.
河本 肇 2002 「適応指導教室の目的と援助活動に関する指導員の意識」『カウンセリング研究』第35号 97-104p.
木南千枝 2005 「学校内適応指導教室としての別室登校の試み」『臨床心理学』第5巻第1号 27-33p.
こども教育支援財団 2006 『「児童・生徒の不登校克服 のための支援連携基盤強化等推進事業」に関する調査研究』
町沢静夫 1999 「不登校の類型」河合隼雄（編）『不登校』 金剛出版
文部科学省 1992 『登校拒否問題への対応について』
文部科学省 2004 『生徒指導上の諸問題の現状と文部科学省の施策について』
文部科学省 2005 『生徒指導上の諸問題の現状について』
森田洋司（編著） 2003 『不登校―その後 不登校経験者が語る心理と行動の軌跡』 教育開発研究所
西村則昭 2000 「二人の別室登校の女子中学生」『心理臨床学研究』 第18巻第3号 254-265p.
大田智子・夏野良司・佐藤修策・濱名昭子 1994 「学校不適応問題に対する適応指導教室の全国実態調査」『生徒指導研究（兵庫教育大学）』 第5号 85-95p.
オルタナティブ教育研究会 2003 『オルタナティブな学び舎の教育に関する実態調査報告書』
下山寿子・須々木真紀子 1999 「適応指導教室における相談活動―通級生徒（中学生）の在籍校とのかかわりと特徴から―」『カウンセリング研究』 第32号 163-172p.
相馬誠一 2004 「不登校に関する最近の動向」『日本カウンセリング学会第37回大会発表論文集』44-46p.
相馬誠一・花井正樹・倉淵泰祐（編著） 1998 『適応指導教室 よみがえる「登校拒否」の子どもたち』 学事出版
谷井淳一・沢崎達夫 2002 『適応指導教室における体験的活動が不登校児童生徒の回復過程に果

たす役割についての研究』国立オリンピック記念青少年総合センター

第4章　不登校に関わる人々の声

——教育支援センター指導員対象の調査より——

1　はじめに

不登校の子どもたちをめぐって居場所の必要性が叫ばれて久しい。さまざまな居場所がつくられつつある現在、不登校の子どもたちに最も利用されている機関の一つに教育支援センター（適応指導教室）がある。センターへの通級が「出席扱い」になるという施策も後押しし、地域に根付いた不登校の居場所として「教育支援センター」に期待される役割は大きい。

本稿では、教育支援センターや民間のフリースクールなど、不登校の子どもたちにとっての居場所（以下「居場所」）を支えるスタッフの「声」を中心に、不登校を支える居場所の現実と、そこで子どもたちに直接関わる人々の思いについて検討してみたい。

以下に紹介するデータは、第2章で紹介した子ども対象の調査と同時に実施したスタッフ対象の調査によるものである。具体的な方法については、以下に示す。

調査時期　二〇〇二年九月～一一月。
調査方法　全国の教育支援センターと民間機関（フリースクール、塾など）一、一八四ヶ所に調査票を送付した。返送のあった三一四ヶ所（回収率27％）のデータ

調査内容　について以下の分析を行った。
①公的・民間の区別、②開設年度、③記入者の勤務年数、④通室者の人数と不登校の類型、⑤職員構成（人数と年齢）、⑥教室の援助目的とその成果、⑦プログラム、⑧教室運営に関する問題点、⑨連絡回答の開催状況、⑩昨年度在籍生の人数と進路。⑥と⑧は四件法（1〜4点に換算）

2　基礎データが語る「居場所」の現状

まず、「居場所」はどのようなメンバーで構成されているのだろうか。

表1に見るように、生徒数を見ると、小学生は在籍していないという教室が三分の一を越えていた。一方、中学生は数人から一〇人程度の在籍が多くを占めていることがわかる。それぞれの平均人数を調べた結果、小学生は二・一二（SD＝3.81）人、中学生は八・九五（SD＝8.19）人、合計で一一・一（SD＝10.1）人となった。

では次に、スタッフの方に目を向けてみる。スタッフ数は「二人」が最も多く全体の25.9％を占めた。ついで「三人」が18.3％、「一人」が13.8％となり、少ないスタッフで対応している現状が明らかになった（**表2**）。そのうち常勤スタッフの人数はさらに少なくなり、66.6％の教室で常勤はいないことがわかる。

「居場所」が目指すものの一つが「小さな学校」であり、通室児童・生徒数もたしかに少ない。しかしそれ以上に、職員の人数が少なく、とりわけ常勤職が対応している教室がごくわずかであるという現実も見えてきた。対応に配慮を要する子どもたちに対し、少ない人数で奮闘しているスタッフの現状がうかがえる。

表1　現在在籍者数の分布

	小学校	中学校	合　計
0人	101（35.4）	19（ 6.7）	11（ 3.9）
1〜3人	133（46.7）	62（21.8）	38（13.6）
4〜6人	32（11.2）	59（20.8）	57（20.4）
7〜10人	12（ 4.2）	58（20.4）	65（23.2）
11〜19人	4（ 1.4）	54（19.0）	64（22.9）
20人以上	3（ 1.1）	32（11.3）	45（16.1）

表2　職員の人数

	全　体	うち常勤数
0人	1（ .3）	193（66.6）
1人	40（13.8）	31（10.7）
2人	75（25.9）	37（12.8）
3人	53（18.3）	11（ 3.8）
4人	28（ 9.7）	4（ 1.4）
5人	25（ 8.6）	5（ 1.7）
6〜9人	40（13.8）	5（ 1.7）
10人以上	28（ 9.7）	4（ 1.4）

また、教室（教育支援センター）はどのような目標を掲げて運営されているのであろうか。**表3**によると、第一の目標とされたのは「学校復帰」が39.2％と最も多く、次いで「居場所の提供」（29.2％）、「自主・自発性」（13.7％）であった。一方、それぞれの目標についての達成度（どのくらい達成できたかについて四件法で尋ねた。レンジは1～4点）については、「居場所の提供」についての評価が最も高く（3.62点）、ついで「自信・自尊感情」（2.91点）であった。第一の目標とされた「学校復帰」については、全体の中でも低い評価であった。

教育支援センターが、設置された当初の目標である「学校復帰」をめざしながらも、その点では十分に目標達成ができていないと感じている教室が多いと言える。その反面で、学校にも家庭にも居場所を持たない不登校の子どもたちの「居場所」を提供していると自認する教室は少なくない。

では、それぞれの教室ではどんなプログラムが展開されているのだろうか（**表4**）。実施上位には「教科学習」（90.2％）、「運動」（78.5％）、「自然体験・野外活動」（75.9％）、「料理」（73.4％）があがった。また「遠足」（61.3％）、「季節行事」（55.1％）も過半数の教室で実施されている。さらに、「カウンセリング」（61.3％）を取り入れている教室も六割を超えた。教室での活動内容が、教科学習を中心としながらも、体験活動や料理実習など、集団である点を生かしたプログラムを中心に多様に広がっていることが示唆された。

ここで、「教室の評価」八項目について、その項目得点に関して因子分析を行い、次のような因子（項目のまとまり）が見出された（**表5**）。その内容から、「自信・自尊感情」「生活習慣獲得」「自主・自発性」の三項目は〈自己の自立〉因子、「居場所の提供」「協調性・社会性」「対人関係改善」で構成される〈関係性〉因子、「学校復帰」「学力面の補償」

表3　教室の目標（教育支援センター）

	1位選択教室数（%）	達成度（レンジ：1〜4点）
1. 学校復帰	109（39.2）	2.61（.69）
2. 学力面の補償	3（1.1）	2.41（.70）
3. 自主・自発性	38（13.7）	2.80（.63）
4. 対人関係改善	10（3.6）	2.88（.59）
5. 生活習慣獲得	7（2.5）	2.76（.64）
6. 居場所の提供	82（29.2）	3.62（.54）
7. 協調性・社会性	7（2.5）	2.79（.55）
8. 自信・自尊感情	20（7.1）	2.91（.61）
9. そのほか	2（.7）	

表4　プログラムの実施状況

	教室数（%）
1. 教科学習	247（90.2）
2. 遠足	168（61.3）
3. 自然体験・野外活動	208（75.9）
4. 奉仕（ボランティア）活動	75（27.4）
5. 運動	215（78.5）
6. 農園作業	104（38.0）
7. 季節行事（クリスマス会など）	151（55.1）
8. 宿泊行事	99（36.1）
9. 演奏・合唱	46（16.8）
10. 手芸	109（39.8）
11. 陶芸	83（30.3）
12. 料理	201（73.4）
13. カウンセリング	168（61.3）

の二項目については〈学校・学力〉因子と命名した。

また同様に、「教室の課題」についても、負荷の小さい二項目「非行傾向の子どもへの対応が難しい」「新旧通室者を一緒に活動させるのが難しい」を除いた九項目で因子分析を行った結果、二因子が得られた（表6）。「長期通室者の学校復帰が難しい」「適応しすぎる子どもへの対応が難しい」「卒業後のアフターケアができない」「スタッフ対象の研修制度が十分ではない」「閉じこもりへのアプローチができていない」からなる〈対応困難〉因子、「スタッフの人数が不足」「予算により活動が限られる」「精神科医等の専門家がほしい」「一人一人にあわせた対応がしにくい」からなる〈人材・予算不足〉因子であった。

この課題について、項目ごとの平均得点に注目すると、長期通室者がなかなか学校復帰できないことに悩んでいる教室が多いことがわかる。また、閉じこもり・ひきこもりへのアプローチも課題視されている。他方、スタッフ対象の研修を希望する声や、専門家の存在を求める声も比較的多かった。こうしたニーズはすべて、通室してくる子どもたちの幅の広さや問題の根深さを裏づけるものと考えられる。

3　教育支援センターにおける規模による比較

次に、教育支援センターのデータのみで、児童生徒数による三つの規模間で比較を行った。

まず教室の評価については（表7）、三因子それぞれの得点を教室の規模による三群間で比較した結果、〈自己の自立〉、〈人との関わり〉の二因子で差が見られ、規模が大きいほど評価も高いことがわかった。一方、教室の課題については、〈対応困難〉、〈人材不足〉

表5　教室の評価の因子分析結果

		Fac.1	Fac.2	Fac.3
自己の自立因子	8. 自信・自尊感情	.805	−.012	−.074
	5. 生活習慣獲得	.715	.111	−.034
	3. 自主・自発性	.607	.329	.179
関係性因子	6. 居場所の提供	.063	.841	−.197
	7. 協調性・社会性	.139	.669	.420
	4. 対人関係改善	.478	.585	.175
学校・学力因子	1. 学校復帰	.124	−.141	.792
	2. 学力面の補償	-.130	.233	.711
	寄　与　率	31.3	17.2	13.0

表6　教室の課題についての因子分析結果と平均得点

		Fac.1	Fac.2	平均（SD）
対応困難因子	9. 長期通室者の学校復帰が難しい	.804	−.070	2.91（ .92）
	7.「適応しすぎる」子どもへの対応が難しい	.727	.033	2.56（ .91）
	8. 卒業後のアフターケアができない	.642	.076	2.60（ .93）
	10. スタッフ対象の研修制度が十分でない	.511	.430	2.66（ .95）
	4.閉じこもりへのアプローチができていない	.411	.277	2.71（1.11）
人材・予算不足因子	1. スタッフ（指導員）の人数が不足	−.045	.824	2.59（ .99）
	2. 予算により活動が限られる	−.027	.747	2.51（ .97）
	11. 精神科医などの専門家がほしい	.395	.528	2.66（ .95）
	2. 一人ひとりにあわせた対応がしにくい	.476	.522	2.51（ .97）
	寄　与　率	33.4	16.3	

削除項目　「非行傾向の子どもへの対応が難しい」「新旧通室者を一緒に活動させるのが難しい」

ともに、規模が大きいほど課題も大きいという結果になった。実施されているプログラムは、小規模よりも、中・大規模教室で多様であることがわかる。また、学校復帰の児童生徒数については規模が大きいほど多いが、復帰率（復帰人数を在籍人数で除し100かけた数値）に換算すると、規模による差は見られない。

4 まとめ

不登校に関わるスタッフの声から見えてきた現状と課題についてまとめておく。

(1) 人的環境

まず、通室児童生徒の人数に注目すると、小学生がいない教室が全体の三分の一を超えることより、全国的には中学生中心に運営されている教室が多いことがわかる。小学生と中学生が混在している場合、異なる年齢の友だちと付き合う社会性を身につける機会となることも期待されるが、その一方、発達的な問題の違いや体力・学力の違いにより、同じプログラムで活動するのには難しい面もあるのだろう。

他方、在籍者の規模としては一〇人あまりで運営されている教室が多い。ただし二〇人以上在籍している教室も16%を超えた。全国的に見ても、教室の規模に大きな差があることが予想される。これに対しスタッフの人数は「二人」が最も多く、しかもその多くが非常勤である（常勤スタッフがいない教室が全体の三分の二を占める)。「一人」で運営している教室も一割を超えている。こうした教室では、教室で実施するプログラムにも限界があることがうかがえる。このように、スタッフ不足という現状のなか、子どもたちのニ

表７　児童生徒の規模による三分類間の比較（教育支援センターのデータのみ）

	小規模	中規模	大規模	分散分析F値	多重比較
評価					
学校学力	2.51(　.55)	2.47(.53)	2.52(　.51)	n.s.	
自己の自立	2.72(　.46)	2.82(.52)	2.90(　.43)	3.20*	小<大
人との関わり	2.92(　.42)	3.08(.38)	3.23(　.38)	13.20**	小<中<大
課　題					
対応困難	2.55(　.64)	2.79(.58)	2.76(　.55)	4.23*	小<中,大
人材不足	2.51(　.76)	2.70(.53)	2.86(　.66)	6.39**	小<大
プログラム総数	3.84(2.34)	6.05(2.20)	6.22(2.72)	27.40**	小<中,大
学校復帰数	2.59(5.49)	3.51(3.82)	7.52(10.3)	11.60**	小,中<大
復帰率	33.94(30.2)	30.48(22.7)	28.47(21.7)	n.s.	

**p<.01 *p<.05 +p<.1

ーズを受け入れつつ展開に苦労している教室は多いと言える。

(2) 活動内容

教室で実施されているプログラムとしては、「教科学習」が最も多く、九割の教室で実施されている。これ以外にも、「野外体験」「運動・スポーツ」「料理」というプログラムは七割を超える教室が実施していた。これに対し、「陶芸」や「演奏・合唱」のように特別な道具が必要なプログラムは実施できる教室は限られてくる。また「宿泊行事」も不登校対応としては効果があると期待されているが、施設の有無やスタッフの少なさにより実施している教室は四割に満たなかった。他方、「カウンセリング」を取り入れている教室は六割と、比較的多かった。子どもと保護者それぞれに担当スタッフを決めて、定期的に面接をしている教室も見られるが、そのためには心理系のスタッフがいることが望ましい。スタッフ数の問題と絡んで、これからの課題であると言える。

教室としての目標としては、「学校復帰」を掲げる教室が全体の四割近くを占めた。もともと「教育支援センター」は「学校復帰」を目標として設置されたという経緯があるため、それを主目標と考えているところが多いと言える。ただ、それに次いで多かったものに「居場所の提供」がある。学校に居場所がない子どもたちの「適応の場」として、教育支援センターが機能しようとしていることがうかがえる。これらの目標に対し、どの程度、目標が達成できたかを尋ねた結果によると、「居場所の提供」という点では多くの教室が高い評価をあげていることがわかる。それに次ぐものとして「自信・自尊感情」「対人関係改善」がある。不登校になることで失われることが多い自信や自尊感情が、教室に通うことで回復していくことへの期待の大きさが示された。また、対人関係の改善については、教室での小集団活動により対人関係の練習ができた成果であると考えられる。これらに対し、評価が低かったのが「学校復帰」「学力面の補償」であった。教育支援センターでは個別指導を中心に学習の時間をもうけているところが多いが、それだけで学力が補償されるということはあまり期待されず、また通室がすぐに登校につながるものではないという現実もうかがえた。ただし、教育支援センターに通うことで学習への興味が出てきたり、学びの方法がわかったり、次の学習への一つの契機を提供することも少なくない。

また、教室が抱える課題としては、長期通室者がなかなか学校復帰できない現状に悩む声が多いという結果に象徴される。その一方、家庭にひきこもって教室に出てこない子どもへの対応についても悩みが多かった。そうした子どもの対応についての不安が、スタッフ対象の研修を希望する声につながり、精神科医などの専門家を求める意見を生んでいると考えられる。退職校長先生はじめ教職経験者がスタッフになることが多いという現状のなか、通室してくる子どもたちはすべて特別な配慮を必要とするため、その対応に悩むスタッフは少なくないのであろう。今後、スタッフ対象の研修の機会を増やすとともに、スタッフ数の増加、とりわけ臨床心理の専門スタッフを導入することが大きな課題となってくると言える。

(3) 教育支援センターの規模による比較

規模が大きいほど、活動プログラムも多様で、「自己の自立」や「人との関わり」などの目標達成という点でより高く評価される傾向がある。ただその一方、子どもが多いほど「対応困難」「人材不足」といった課題も大きい。

センターの規模が小さいとスタッフの人数も限られ、また活動内容にも制限がある。そのため、活動の質が高まらず、センターの自己評価は低くなる傾向にある。ただし、規模が大きい教育支援センターには、さまざまな子どもが通っており、その対応も多様に展開されている。そのため、評価も高いが、その一方で子どもたちへのきめ細かい対応という点で課題も強く認識される傾向にあると言える。

(4) スタッフの要望について（自由記述より）

調査データ以外の自由記述内容からも、教育支援センターのスタッフが抱える困難な状況が見えてきた。とりわけ大きな課題とされるのが、児童生徒への対応についての悩みであろう。具体的には、長期通室者への対応（活動プログラムの工夫や教室での居心地の良さが学校復帰をかえって妨げているのではないかという心配）、閉じこもり・ひきこもりへの対応、あそび・非行型不登校への対応、発達障害などへの対応、一人一人に応じた対応、設置目的と現状との葛藤などに悩むスタッフは多い。より有効な支援を実施するためにも、こうしたスタッフ自身への援助も必要になるだろう。

また、学校や家庭に対しては「連携」の必要性を指摘する意見が多く聞かれた。保護者に対する面接相談やネットワークづくりへの支援、学校への積極的な広報（機関紙の発行や学校訪問など）など、日頃からの連携活動による関係づくりの必要性がうかがえる。

不登校の子どもたちの居場所となるセンターのスタッフ自身に対しても、それぞれのセンターが自らの居場所となり、自分の仕事に自信とやりがいを持って当たれるような支援体制も今後ますます必要になると考えられる。

（伊藤美奈子）

引用・参考文献

伊藤美奈子 2005a 「『適応の場』に関する総合調査から見る現状と課題」『不登校児童生徒の「適応の場」に関する総合的研究研究会』（研究代表：相馬誠一）44-96 p.
伊藤美奈子 2005b 「不登校児童・生徒への支援—教育支援センター（適応指導教室）中心に」下司昌一（編）『カウンセリングの展望』ブレーン出版 315-328p.
相馬誠一・花井正樹・倉淵泰佑 1998 『適応指導教室—よみがえる「登校拒否」の子どもたち』学事出版

第5章　アメリカ合衆国の不登校への対応

——SARB——

日本では、不登校への対応は、教育における大きな課題のひとつであるが、海外においても、学齢期の子どもが学校に行くことに関して何らかの課題を抱えていることは想像に難くない。ではどのような方法でその課題を解決しようとしているのであろうか？

1　アメリカ社会と学校教育

アメリカは、さまざまな国からの移民によって形成された国である。そうした人々の共存という意味でも、一人一人の国民がアメリカという国の在り様に影響を与えていると考えられている。ケネディ第三五代大統領の就任演説にも象徴されるように、一人一人が「国家のために何ができるか」を考えることが大切にされている。アメリカにおいては、将来を担う若い世代に対する教育は、すべての人々に対して効果のあがる教育でなければならず、多くの価値観を持つ人々が集まる社会のなかで共通に理解される方法で明確に示されねばならない。そのために必然的に行われるようになった体系的な学校運営は、当然であるが日本のような同一民族による文化を中心とした国とは大きく異なっている。

現在の日本では価値観が多様化し、旧来の倫理観などが通用しにくくなってきている。教育現場においてもその傾向は顕著であり、「しつけは家庭と学校のどちらが責任を負うべきか」などが論点にさえなっている。多くの教師が、児童生徒やその家族との間に共通の視点を持つことが難しくなっていると感じているのが現状である。そこで、本章ではその内容について、アメリカの不登校への対応を例にあげて検討する。

（1）アメリカの教育

「人種のるつぼ」「サラダボール」などと称されるアメリカは、さまざまな文化を背景とした人々の集まる社会であり、初等・中等教育を担う学校は、そうした相違と共存し、国家を支えられる人材を世に送り出していくというのが命題である。そのため、アメリカでは、どのような教育を行うかは、国の将来に影響を及ぼすほどに重要であると考えられている。その意識は、「私たちの子どもたち」として教育の行く末に強い興味を示していることでもわかる通り、各家庭のレベルに至るまで行きわたっているように感じられる。

（2）アメリカのスクールカウンセリングとは

アメリカのスクールカウンセラー（以下ＳＣ）は、中等教育課程においてはそれぞれの州で設置が義務づけられている。したがって、ＳＣは、私立学校や生徒数の少ない小規模の学校に非常勤で勤務するケースを除いては、常勤の立場で学校でのカウンセリングおよびガイダンス業務に当たるのである。アメリカのＳＣは教育者というアイデンティティのもとに活動し、また周囲もそう認知している場合がほとんどであり、多くのＳＣが加入している職能機関であるアメリカスクールカウンセラー協会（ＡＳＣＡ）で行われた調査でも、彼らが自分自身を「教育者」であるととらえている場合が多いとされている。

そのＳＣを中心にして展開されるのが、「スクールカウンセリングプログラム」である。学区の採用にあたっては、「カウンセリングおよび関連教育プログラム認定協会（ＣＡＣ

①連邦法＞②州法＞③カウンティ（郡）＞④市町村・学校区＞⑤学校

表１　アメリカにおける法的拘束力の分布

REP)」とよばれるカウンセラー養成プログラムの管理・推進を請けおう全国規模の認定機関の監督により、設置基準に合致したプログラムを運営している大学院のSC養成課程修了生またはそれと同等かそれ以上の資格（スクールサイコロジストや認定スクールソーシャルワーカー）が求められる。学校は、その学区が掲げる教育目標に沿って学校のミッションを示し、SCを採用する際には、どのようにそれの実現に貢献できる人物かという観点で審査がなされる。

日本の文科省がリードするスクールカウンセリングが、むしろ教育の領域を理解した心理の専門家の外部性に援助を託しているのに対して、アメリカの場合は、常勤スタッフが内部性の強みを発揮して、心理の領域を理解した教育の専門家にゆだねられていると言うことができよう。

(3) アメリカの学校のシステム

アメリカの学校は、それぞれの領域ごとに、国全体がリードする部分と、州が指示する部分と、市町村、学校区や学校の裁量によるものに分かれており、**表1**のような順序で法的な拘束力をもって活動が規定されているが、その管理が各地方行政区に任される部分が多く、各レベルで統括する領域が異なっている。それを裏付ける支出の点でも、日本と比較して大きな違いがある（**図1**）。アメリカの学校歳入は、連邦政府からの支出が6％前後、そして州からの支出によるものが約47％前後、そして地方行政区からの支出が46％前後となっている。公立小・中・高校教員給与を例に日本の場合と比較すると、義務教育費国庫負担制度により、都道府県の支出となっているもののうちの半分の額は国庫からの歳出であるため、アメリカでいえば①と②に相当するところからの支出によって支えられ

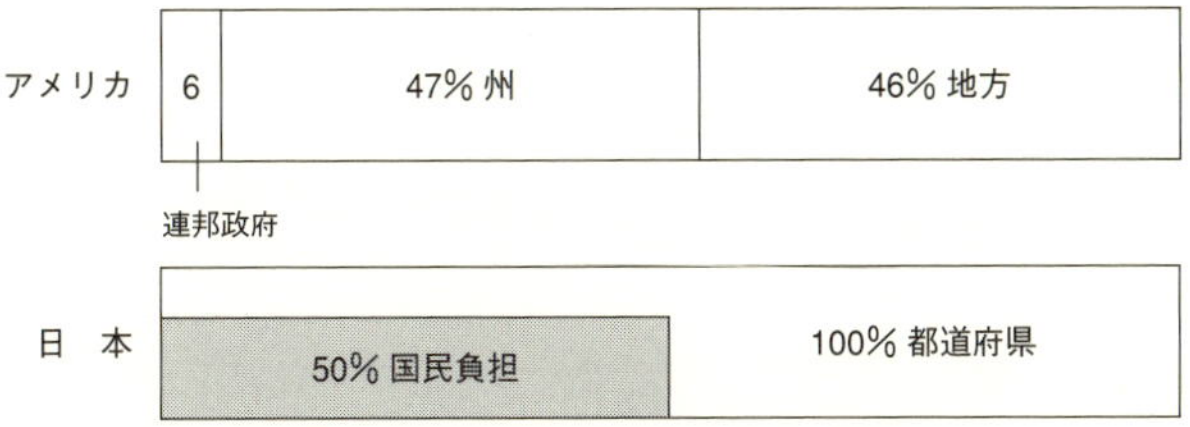

図1　アメリカと日本の教員給与の財源

ているのである。市町村が半額近い給与を出すアメリカと、ほとんどが県や国にゆだねられている日本で、教員の管理の細かさに差異が生じるのは当然とも言える。

そしてスタッフの採用も、すべて具体的な役職名を示した上で行われる。例えば、「A学区のB高校で常勤スクールカウンセラーを募集」と告知され、給与や待遇も学区ごとに異なるため、公募資料に明示されている場合が多い。アメリカの教育行政が受け取る教育資源となる歳入は、平常の出席状況（Daily Attendance）によって規定されるため、たとえその学校に在籍している児童生徒数が多くとも、日々の出席率が下降した場合、その度合いに応じて収入は減らされてしまうのである。そうした背景のなかで、実際にアメリカの「出席に問題を抱えた児童生徒」の管理・ケア・指導はどのように行われているのであろうか。

2 アメリカの不登校への対応

米国では、民主党のクリントン第四二代大統領時代の「Ｇｏａｌｓ ２０００」により、明確に教育施策に関して成果重視の指針が示された。それに続いて、二〇〇二年に共和党の第四三代ブッシュ大統領が教育改革の必要性を唱え、No Child Left Behind Act（誰も置き去りにしない教育、一九六五年初等中等教育法改正法の重用による初等中等教育の実質的充実）に基づく改革を主張した。

かつて米国の福祉は、日本に先駆けて、何らかの障害を持つ子どもたちに「学習」の負担をかけることを危惧し、自然に恵まれた場所などにある長期療養施設の充実を目指したそうである。しかし、現在有効な「児童虐待に関する法律（Child Abuse Prevention, Adoption and Family Service Act of 1988：PL#100-294）」を見ると、学齢期にある若者に対して、適切な医療的措置を受ける手立てを行わなかった場合には、「医療ネグレクト」が問われる。また、怪我や疾病で入院をした際にも、適切な教育が行われることを義務づけるために、「教育ネグレクト」という観点で、保護者をはじめ、その子どもに対して、教育の責任を負う者や機関を監督するという方向に変化してきた［本田ほか、2001］。前述の「誰も置き去りにしない教育」がそうした背景にあることは言うまでもない。

日本でいう「不登校」は日本固有の問題ではないかと言われることもあるが、米国では、不登校という状態があることは、「子どもの教育への機会を妨げる問題」［斎藤ほか、2003］であるととらえられており、介入なくそのままにすることが許されない。子どもが教育を受ける／親が子どもに教育を受けさせる義務を、家族と子どもという当事者に限ることなく、本人が関わる教育機関で共有する姿勢は、日本と比較して大きく異なる点であると思われる。すなわち、不登校が存在しないのではなく、「アメリカの子どもたち」の教育を守るために、不登校を長期化させないうちに適切な教育の場に置き換えて、未然に防ぐ努力をしているのだと言える。出席に関する課題への早期介入や予防的な措置は、法律上の整備もなされぶれなく施行されているのである。児童・生徒の心理的な問題に対する対応も、「特別なニーズのある生徒」に対する対応として、組織的な対応の手順がすでに立てられている［本田ほか、2001］。また、「子どもを学校に行かせない・学校を休ませる」という対処が、米国においては教育ネグレクトとして州法・連邦法で規定されているだけでなく、罰則や実質的なペナルティさえ保護者・親権者と児童・生徒の双方にともなうということが、強力な歯止めとなっていることは明らかである。

(1) 米国の各レベルでの法的枠組み——SARB——

米国で児童・生徒の出席状況が芳しくないとき、学校内で生徒の出席を促し、問題に対して早期に介入することが義務付けられている。そして、学校内での段階ごと（**表2**）の効果が見られなければ、学区の義務教育担当窓口へ照会される。しかし、そこでの指導やアドバイスなどの対応にも効果がなければ、地区および郡の教育行政窓口へと照会される。その際に、問題を抱える児童・生徒および保護者または親権者、学校の代表、学区の代表、警察機関の代表、その他必要と認められたスタッフが一堂に会して、問題を話し合う委員会をSARB（Student Attendance Review Board：出席管理委員会）と呼んでいる。**図2**は、SARBミーディング参加者の役割を示したものである。このように、カリフォルニアでは、ほぼ共通にこの措置が取られ、カリフォルニア州と連邦の法律によって、SARBに関する取り決めを尊重することが基本となる。米国は、学校が不登校の問題を取り扱うときは、どの州にあっても、必ず州や連邦の法律と合致した対応をしなければならないことになっている。

そうした背景から、ここで示されるSARBは、カリフォルニア州法によって定められた、出席に関する規定に基づくものである。学校によっては、出席に問題が生じた児童生徒に対して、それよりも早い段階で注意を喚起するために、この措置のスタイルを利用し、SART（School Attendance Review Team：出席管理チーム）といって校内の「出席に関与する立場のスタッフ」だけで可能な限り対処するという手立てを講じているところもある。

このSARBを開くにあたっては、**表2**に示されている通り、学校内で順序立てて、手続きと書類の作成および関係者への送付が適宜行われなければならない。すべての手立てを規定に基づいて行った後、解決や改善が見られない場合に、「保護者の呼び出し」や「生徒の運転免許一次取り上げ」などのような措置を行うことができる。保護者の状況が、一時的に困窮を極めている場合は、それに対する措置も利用することが可能であり、配慮あるケアが行われることになっている。校内においても、学校外の支援に頼る前に解決できるように、前述のSART（出席管理チーム）や、ケアチーム、SST（Student Support Team：学生支援チーム）などの呼び名で、不登校・怠学の問題を含む個々の生徒の教育課題を取り上げ、責任の所在を明らかにしながら対策を立てている［八並、2001］。各機関や関係者によってそれが実際に実施されることは、カリフォルニア州法や連邦法によって保障されている（**図2**）。それを見ると、詳細な手順で生徒の支援をするための段階別の方法論を規定していることがわかる。その話し合いで決定されたことによって、生徒は自分の行動を戒め、市民としての責任を果たすために、学校での教育を受けることを選ぶことが現実的に求められていることを実感せざるをえない状況に立たされるのである。

(2) SARBを支える法律

このSARB（出席管理委員会）を支える法律は、カリフォルニア州教育法をはじめとする数多くの法律条項に及んでいる。それによると、学校の管理の限界をどこに設定するべきか、誰が責任を負うのかといった点が明確に示されている。カリフォルニア州の義務教育法がその取組みを法令化し、その地域性を加味して各郡（カウンティ）単位で具体化し、基本的な手順を踏襲しながら、各地域・学校単位でより細やかなガイドラインを提示し、問題の早期対応による軽減・撲滅を目指している。

表2　カリフォルニア州ソノマ郡不登校・怠学介入プログラム

1回目の理由のない欠席	①　保護者・親権者へ電話する ②　生徒のカウンセリング ③　ケースの時間的に沿った記録の記入を始める （学区でサンプルを用意） ④　SARB 照会チェックリストの記入を始める （学区でサンプルを用意）
2回目の理由のない欠席	①　保護者・親権者へ電話する ②　生徒のカウンセリング
3回目の理由のない欠席	①　保護者・親権者へ電話する ②　1通目の登校を促す手紙が発送される （学区でサンプルを用意）
4回目の理由のない欠席	①　2通目の登校を促す手紙が発送される （学区でサンプルを用意） ②　保護者・親権者／児童・生徒／学校管理職の話し合いを持つ ③　保護者・親権者へ学区の弁護士からの手紙を送る ④　ケースとしてのファイルを作成する
5回目の理由のない欠席	①　3通目の登校を促す手紙が発送される （学区でサンプルを用意） ②　もし「問題を抱えた家族への一時的支援」が必要であれば、①の手紙の複写を学区のヒューマンサービス担当者へ送る ③　保護者・親権者へ学区の弁護士からの手紙を送る ④　保護者・親権者へヒューマンサービス担当者からの手紙を送る ⑤　SST（スチューデントサポートチーム）・ケアチーム・SART（学校出席管理チーム）へケースを照会する ⑥　学校での教育プログラムを修正する
6回目の理由のない欠席	①　それまでに発信された書類や、作成された書類を添えて SARB へ照会 ②　内容証明郵便によりヒアリングの日を通知する
地域の SARB ヒアリング	①　契約上の同意書作成 ②　SARB のフォローアップ文書を送付する
児童・生徒が学校に出席し始めた場合	①　SARB の評価を書面にて送付する ②　ケース終結の通知の作成
さらに理由のない欠席	①　地域 SARB によるケースの再検討（オプション） ・契約内容の修正または他の窓口へ照会する ・7～12 年生に限り、コミュニティスクールへ照会する ・児童保護サービス（CPS）へ照会する ・郡の SARB を通じて、関係資料を添え、学区の弁護士へ照会する
学区弁護士によるヒアリング	法的責任についての情報提供 起こりうる法的措置についての忠告 保護観察の実施
さらに理由のない欠席	①　法的措置の実施

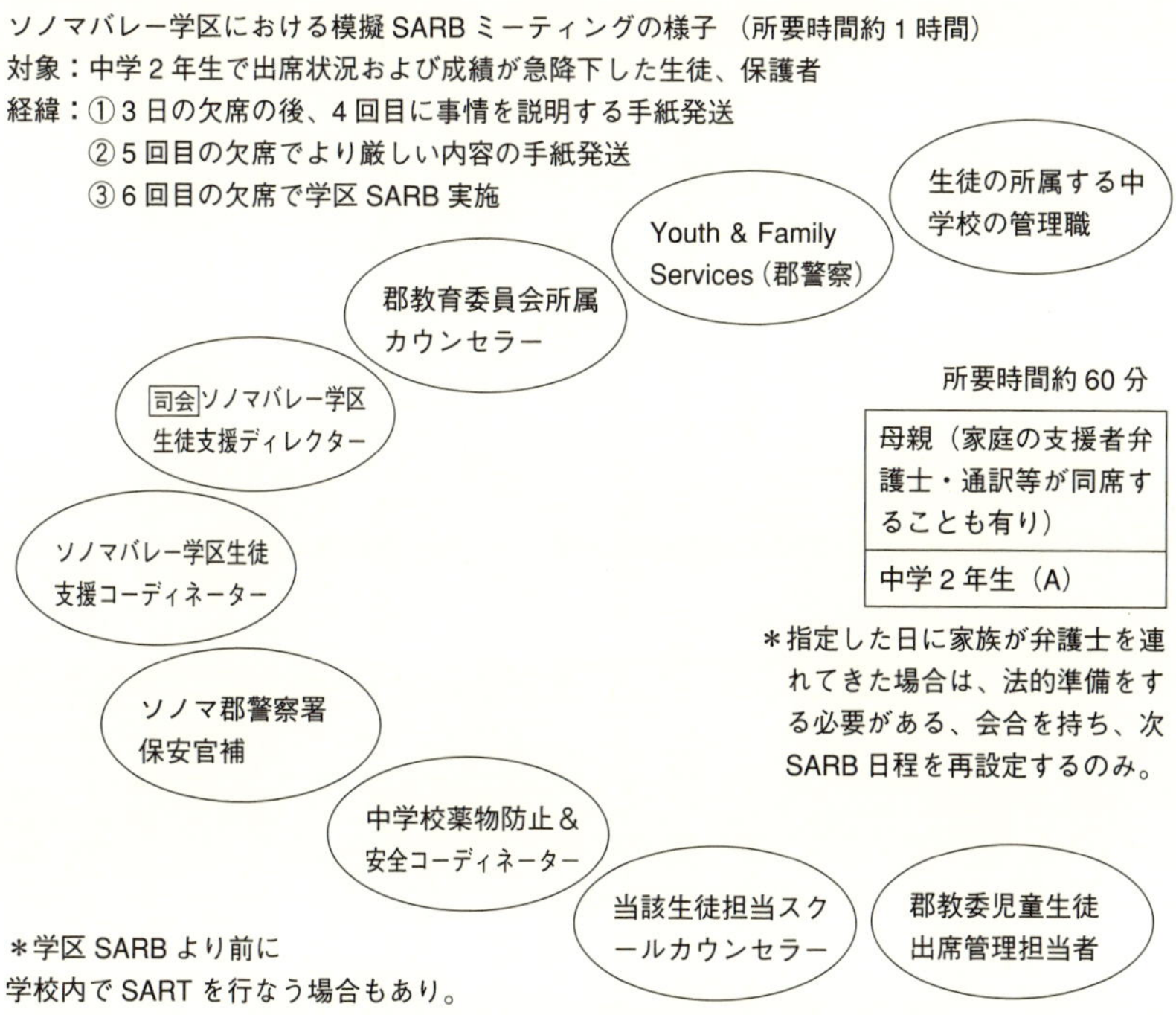

図 2　School Attendance Review Board の実施について

表 3　SARB 模擬ミーティングでの手続きのながれ

1. A が行なったことについての確認（欠席日数、生徒指導上の問題ー深夜徘徊・喫煙等）
2. 資金源についての確認（誰がどのような意図で本人に経済的な支援をしているか）
3. 保護者の監督状況の確認
4. 中学校卒業に向けての意志の確認
5. ゴールの確認と設定
6. 本人と保護者の合意形成
7. 委員会での話合いの結果としての「契約」締結
　例：①ドラッグ専門カウンセラーと定期的にセッションを持つ
　　②スクールカウンセラーと 3 ヶ月間定期的に会う（週 1 回程度）
　　③学業成績の向上（低いままであれば、学区の弁護士と会い、話をする）
　　④母の Parenting Class 受講
　　⑤ 20 時を門限に設定
　　⑥出費の管理（小遣い帳活用）
　　⑦ 30 日がたった時点で進行状況の確認
　　⑧ソーシャルワーカーから分析レポート提出

この法律の運用に当たり、義務が発生するのは、各教育行政機関、保護者・親権者、学校、保護者・親権者の雇用主などであり、万一その遵守を怠った場合の措置も法的に定められているため、誰が責任を怠っているのかが明確に見える仕組みになっている。

保護者……………学校へ行かせて教育を受けさせる義務
児童生徒…………学校へ行く義務
学校………………教育の場を提供し、その生徒に合った教育を行う義務
教育行政…………会議（ＳＡＲＢ）を開催する義務
保護者の雇用主……会議（ＳＡＲＢ）に出席することを妨げない義務

(3) ＳＡＲＢの適応例

不登校問題は、教育現場のスタッフ、保護者・親権者、児童・生徒自身それぞれが責任を負うものであると示したが、実際にはどのような流れで問題を解決しようとしているのだろうか。教育現場での不登校・怠学に対する対応の具体例、具体的手順を、カリフォルニア州ソノマ郡の実践から見ることにする。

実際にカリフォルニアで不登校状態を示した生徒に対するＳＡＲＢの適用の流れを、調査先の担当者がロールプレイによって示してくれた。その流れに沿って手順を説明する（**表3**参照）。ソノマ州立大学のスクールカウンセリング専攻教授が演じ、高校で演劇の授業を履修している生徒が、この不登校少女の役を演じてくれた。

不登校の生徒は八年生（中二）女子。成績は悪くなかったが、母が仕事で夜勤の日に友人と出歩くようになり、それが少しずつ喫煙、深夜徘徊などの問題行動を起こし、学校でも遅刻や欠席が目立ち始める。この母はシングルマザーで、子どものことに関心がないわ

けではないが、娘のために時間を割くことができず子育ては後回しになっている。

ＳＡＲＢミーティングは、普段と同じようにソノマバレー学区生徒支援ディレクターが司会を務めた。当事者Ａに対して、本人の行動の良い点を含めながら、問題の確認を行った。初回で約六〇分間をかけて行われており、ＳＡＲＢに保護者同伴で出席を促す場合、保護者も当事者である生徒も緊張し、防衛的な発言が多い。司会者はその場の雰囲気が緊張感を保ちながらもある程度リラックスするように、少しずつ肯定的な指摘をしていく。続けて、登校状態が良かった頃のことについて、以前できていたことが具体的に指摘されるなかで、生徒Ａが、少しずつ、冷静に話し合いの内容に集中できるようになっていくのが表情からよくわかる。主な流れは以下の通りである。

ＳＡＲＢミーティングにおける質問ややり取りの流れ（模擬ＳＡＲＢミーティングから）

1　Ａが行った行為の確認（欠席日数、生徒指導上の問題―深夜徘徊・ドラッグなど）

「君は、これまで随分欠席が多いようだけれど、詳しく情報を集めてみると、未成年が出歩くべきでない深夜に路上で補導されたり、ドラッグのことでも注意を受けているね？　どんな時にそんなことをしたの？」「はい、母が夜勤の時とか。」「でもＡは中学に入ってからずっとこんな生活をしていた訳ではなかったよね。勉強を頑張っていた時期もあるし、君に対して良い印象を持っている先生も少なくない。」

2　資金源についての確認（誰がどのような意図で本人に経済的な支援をしているか）

「君はお母さんが仕事のときに、夜に出かけて歩き回っていて、食事とかはどうしていたの？」「母さんが仕事に行く前に食事代を置いていってくれたりとか…。」

3　保護者の監督状況の確認

「お母さん、あなたの仕事が夜勤のある大変なものであることはわかりますが、お子さんの生活の管理が少し甘いようですね。自分が不在の間のためにといってお金を与えても、お子さんがそれを持って夜間外出してしまったのでは良くありません。保護者の監督不行き届きとなれば、社会保障も差し止められかねませんよ。」

4　中学校卒業に向けての意志の確認

「Aさん、間違った行動を選んでしまったけど、あなたは中学校を卒業することをどう考えているの?」「そりゃあ卒業しないといけないとは思っているけど…。」

「じゃあそれに必要な行動を選ばないといけないよね。」「はい。」

5　本人と保護者の合意形成

「お母さん、Aさん、私たちは今確認したように、Aさんがこれまでの生活を改善して学校での生活を優先することについて、お母さんに了解していただけるような提案をAさんとお母さんに対してしようと思います。よろしいですね?」「はい。」

6　ゴールの確認と設定

「ではまず学校に朝から時間厳守できること。その他、以前のようなきちんとした生活に戻るために、これから言うことを守って下さい。」「はい、わかりました。」

7　委員会での話合いの結果としての「契約」締結

「お母さん、これから言う事柄を必ず守って下さい。もしそれが実行されない場合、私たちはあなた方をより厳しい法的手段をとる窓口に報告しなければなりません。Aさんも、そんなことでお母さんに迷惑をかけることは本意ではないでしょう。」

①　ドラッグ専門カウンセラーと定期的にセッションを持つ

②　スクールカウンセラーと三ヶ月間定期的に会う（週一回程度）

③　学業成績の向上（低いままであれば、学区の弁護士と会い、話をする）
④　母のParenting Class（親教育プログラム）受講
⑤　二〇時をＡの門限に設定し、警察の青少年担当者に通達しておく
⑥　小遣い帳を活用し、母やときには学校関係者が出費の管理・指導をする
⑦　三〇日後に途中経過を確認し、必要な指導をする
⑧　ソーシャルワーカーがケース分析レポートを提出する

学校および教育行政関係者は、これらのやり取りの後で、もう一度Ａや母親に対して、取り決めた内容が実行できるものであるかどうかを丁寧に確認した。これらの契約が、Ａの義務、母親の義務の両方を含んでいることがＳＡＲＢの特徴的なところである。

カリフォルニア州の場合、自分の学区のＳＡＲＢが学区にとって運用しにくい場合は、その手順を調整する自由が与えられている。加えて、各教育行政のみならず、その学区で必要な書式を、使いやすく修正したりすることも可能である。

(4)　在米日本人への適応例

日本の児童生徒が学校に行かなかった場合、家庭訪問や保健室登校の勧誘など、具体的な介入策がとられることもあるが、ときとして、「しばらく様子を見る」「本人が自分から動き出すことができるまで、そっと見守る」といったことも「対処」の方法論として考えられている。例えば、学校への適応が難しかった児童・生徒の場合、保護者や教員が学校に来るよう説得して拒否された場合、しばらく「学校へ行かなければならない」という状態から解放し、負担を軽くして本人がどう動き出すか様子を見るときに、「学校を休んで家庭でしばらく様子を見てみましょう。そして本人の気持ちが前向きになったときにタイ

ミングを見計らって登校刺激をしていきましょう」といった対応をすることが少なくない。しかしアメリカの場合は、日本式の場の理論や共通理解が存在するわけではないので、どの民族的バックグラウンドを持つ人々にとっても等しく理解されるよう、共通の対処法・介入法を決めておくことが不可欠になってくる。

斎藤ら［2003］は、米国で日本人児童・生徒が体験した、不登校問題に対する介入の過程を示している。それによると、日本であれば典型的な「不登校」のカテゴリーに含まれ、場合によっては「見守る」という判断がなされて家庭で静かにしていることが多いであろうケースに対して、米国の方法論をあてはめ、具体的な支援策を明確に示していることがわかる。

【事例1】

抑うつ的気分や不眠、食欲不振、希死念慮など、心身における症状を示したケースでは、抗うつ薬や抗精神病薬の投与が必要であった九歳の少女が、不登校状態の中でしかるべき心理査定を受け、調整をしながら適応できる学習手段を模索し、学校生活に復帰した。三日の入院（医師が証明できる欠席）の後、関わった医療従事者と学校関係者は、治療継続のため、二週間の休学（医師が証明可能な欠席であるが、心理教育査定を受けることが義務付けられる）と、以後の妥当な処置の検討のため、心理教育査定を学区に申し込んだ。その間の学習継続の方針をホームインストラクション（学校教員が児童の自宅に出向いて学習指導をする）と定め、症状の軽減のため一般学級への復帰を試みた。しかし、この少女の症状が再発し危険な状態が再度認められたため、入院し投薬の変更を行った上で、症状が情緒障害と判断された。そして退院後の適応方針をＩＥＰ（個別教育プログラム）

とすることで、本人に合った再適応への支援策をつくる手続きがとられた。少人数、本人に合ったペースでの授業と継続的なカウンセリングが功を奏し、学校生活へ無事に戻ることができた。

【事例２】

もう一つのケースは、一六歳の日本人女子高校生。「優等生のストレス」的なさまざまの身体症状が見られ、体調不良と入院のため学校を一ヶ月近く欠席（一定期間までは医師が証明可能な欠席）。学習をしない状態での長期間の欠席は不可能であるため、ホームインストラクションを申請し、一日一時間の短時間から、学習指導を開始し、徐々に登校する方向へ支援。その後、一時的な不調をカウンセリングで乗り越え、本人の自己主張などのソーシャルスキルをカウンセリングで支援し、最終的には本人の選択教科のレベルを下げるという修正を行った後に全面的な再適応を果たす。

これらのことから、日本で典型的に見られる不登校の初期の状態を、米国のルールに基づいて支援することが不可能でないことは明らかである。双方とも、カリフォルニア州法にあるような、該当する州独自の教育法などを当てはめた判断がなされているはずであるが、事例１の処置を支えたもう一つの法的根拠は障害者教育法（Individuals with Disabilities Education Act-IDEA, PL 101-476）であり、一九七五年の障害者教育法から修正を加えられ、一九九〇年に制定されたものが現行の規定である。これは、連邦政府により事例１で適用された情緒障害をふくむ一三種類の障害をその対象としている。

一方、事例２では、そうしたいずれの障害にも含まれない症状が認められたことから、リハビリテーション法第五〇四項が適用されている。これは、先ほどのＩＤＥＡと異なり、地域を財源とし、すべての障害に対する支援に活用できる。事例2は神経症圏と判断されたため、五〇四項の適応が妥当と判断された。

これらの二つの異なる法律を必要に応じ、状況に応じて使用することにより、さまざまなケースへの柔軟な対応が可能になる。日本の教育現場が抱える課題は、ひとたび不登校状態になり、身体症状や心理的に不健康な症状を示す場合、また、原因がわからず当事者である子どもが学校に行かない場合に、明確な方針と対策を立てる方法論を持たないという状況があることである。日本人の家庭に生まれた純粋な日本人の子どもたちに対して、これらのアプローチが効果を示したことは、日本で法的な整備をすることによる効果の可能性を示しているのではないかと思われる。

3　出席の問題に早期介入するための取り組み

ある子どもが学校に入学し、どこかの時点で学校生活に適応できない状況が生じると、アメリカではそれぞれの段階別に対応するような筋道が通った手順がある。

高等学校を例にとると、一般の高等学校に行って出席が好ましくない状態になった場合、スクールカウンセラーがサーチする欠席の多い生徒の検索にかかるか、出席監督を行う窓口の担当者から報告が来るか、スクールカウンセラーが出席状況のチェックできるパソコン端末を確認して、データをもとに生徒を呼び出す。そして来ることができない原因が何であるかを本人と話して解明する。その生徒の履修している各教科の授業が学力と合っていないという学習面の問題なのか、情緒面や家庭環境による心理面の問題なのか、それとも進路面での葛藤なのかといったことを明らかにし、それに合わせたクラス配置を行う。

そして教科担当者とスクールカウンセラーだけの裁量で行える対処によって解決されないものは、次の段階である校内の適応支援のための関係者会議（ＳＡＲＴ）に対応の検討を任される。当事者・保護者とその学校の関係者で会議を行い、対応策を立て直す。それでも解決されないと、ＳＡＲＢへ対応を委託する。教育行政担当者は、ＳＡＲＢの依頼が届いたら、定められた期限内で手順に基づいて会議を開く。

(1) 一般の高校とオルタナティブ高校

そして、そのなかで在籍している一般高校への適応が難しい場合、選択肢としていくつかのオルタナティブスクールが設置されている。高等学校では、中学の単位を取得しきれず入学した生徒に対して、ある程度の範囲までは高等学校に入学を許可し、中学での課程を復習すると同時に、高等学校の課程を履修させるという措置を取っている（図3）。これは一般高校内にあるオポチュニティ・クラスという支援スタッフつきのクラスであり、授業終了後にこのクラスに戻ってきてその日の復習をしたり、ピアヘルパーと話をしたりしている。

その後、一般高校に入学するが、高校での学習がすべて同じカリキュラムで行われているわけではなく、進路別カリキュラムが個人的に組める仕組みになっており、苦手な教科に対しては、本人が同意すれば進学面では選択肢が減るが、高校卒業に足る単位を取得するために、容易な内容の授業が設定されており、指導法も講義形式からグループ学習まで、教科によっては選択肢がある。それらを利用しても、一般高校の学習ペースについていけなかった場合やその他の理由で反社会的・非社会的問題行動が見られた場合は、主に高校

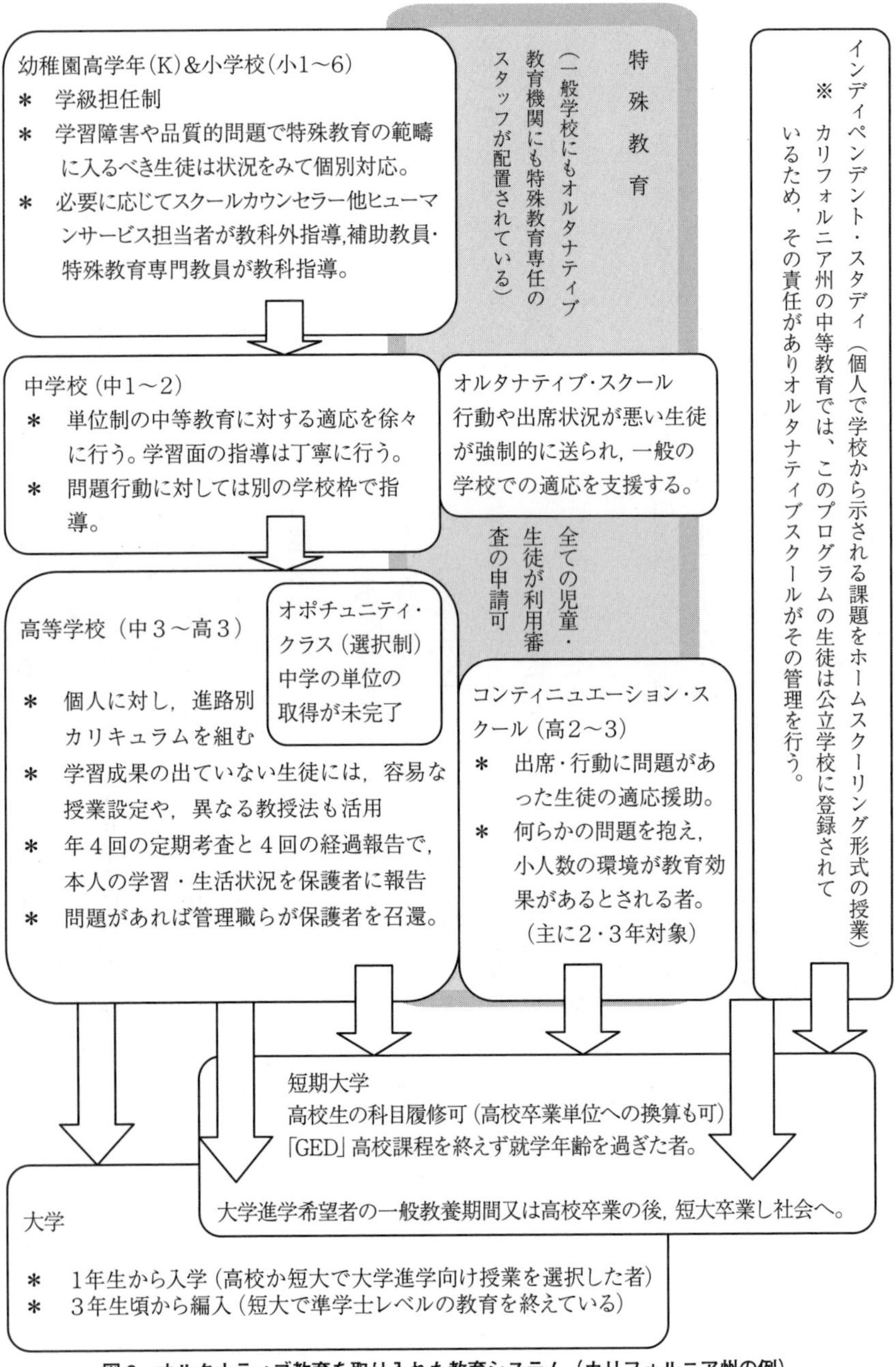

幼稚園高学年(K)&小学校(小1～6)
＊ 学級担任制
＊ 学習障害や品質的問題で特殊教育の範疇に入るべき生徒は状況をみて個別対応。
＊ 必要に応じてスクールカウンセラー他ヒューマンサービス担当者が教科外指導,補助教員・特殊教育専門教員が教科指導。
特殊教育
(一般学校にもオルタナティブ教育機関にも特殊教育専任のスタッフが配置されている)
インディペンデント・スタディ (個人で学校から示される課題をホームスクーリング形式の授業)
※ カリフォルニア州の中等教育では，このプログラムの生徒は公立学校に登録されているため，その責任がありオルタナティブスクールがその管理を行う。
中学校 (中1～2)
＊ 単位制の中等教育に対する適応を徐々に行う。学習面の指導は丁寧に行う。
＊ 問題行動に対しては別の学校枠で指導。
オルタナティブ・スクール
行動や出席状況が悪い生徒が強制的に送られ，一般の学校での適応を支援する。
全ての児童・生徒が利用審査の申請可
高等学校 (中3～高3)
オポチュニティ・クラス (選択制)
中学の単位の取得が未完了
＊ 個人に対し，進路別カリキュラムを組む
＊ 学習成果の出ていない生徒には，容易な授業設定や，異なる教授法も活用
＊ 年4回の定期考査と4回の経過報告で，本人の学習・生活状況を保護者に報告
＊ 問題があれば管理職らが保護者を召還。
コンティニュエーション・スクール (高2～3)
＊ 出席・行動に問題があった生徒の適応援助。
＊ 何らかの問題を抱え，小人数の環境が教育効果があるとされる者。(主に2・3年対象)
短期大学
高校生の科目履修可 (高校卒業単位への換算も可)
「GED」高校課程を終えず就学年齢を過ぎた者。
大学進学希望者の一般教養期間又は高校卒業の後，短大卒業し社会へ。
大学
＊ 1年生から入学 (高校か短大で大学進学向け授業を選択した者)
＊ 3年生頃から編入 (短大で準学士レベルの教育を終えている)

図3　オルタナティブ教育を取り入れた教育システム (カリフォルニア州の例)

二、三年生を対象に、コンティニュエーション・スクールと呼ばれる小規模の高校が設置されている。このような高校では、問題行動を起こした生徒、情緒面の問題で、大規模な一般高校になじめず欠席が多かった生徒、発達障害により、適応が難しかった生徒、その他の理由で怠学傾向から欠席が増えてしまった生徒などが、少人数・短時間の授業設定で学習している。ある学校では、四二分授業で一日六時間が通常のカリキュラムで、生徒たちは自分の学習ペースができて生活が安定してきたら、一般高校に戻ることも許可される。

そうした体制の学校であっても、全日制の高校での適応が難しい場合は、インディペンデントスタディと呼ばれる、家庭学習と短時間のスクーリングで構成された学校を選択することも可能であり、心因的な問題でそうした学校を利用している場合もあれば、家庭の事情でこのような課題学習中心のカリキュラムの学校を利用している場合もある。

(2) 大学院カウンセリング学部スクールカウンセリング専攻の講義

各州で施行されている教育システムを理解し、適切な配置をするには、生徒たちを指導・助言するスクールカウンセラーが共通認識を持っていなければならない。カリフォルニア州の場合、スクールカウンセラー養成プログラムを持つ大学院で資格付与のために標準化されたカリキュラムのなかで教えていく。アメリカ全体で、そうした資格付与のための管理を行う機関（CACREP）が、調査・認定・査察を行い、プログラム管理がきちんと行われているかどうかを定期的に確認しているため、どの大学院のスクールカウンセラー養成プログラムを見ても、同じタイトルの授業で学んでいる内容にはさほど変わりがない。その結果、均質的な活動ができることになる。加えて、五年ごとの免許更新制度が適用されているため、法律の変更や子どもたちの抱える課題の変化に対応しやすい仕組みになっている。

4　おわりに

これまでにアメリカの学齢期の子どもたちの不適応場面における支援を、日本のものと対比させながら取り上げてきた。発達段階において、学齢期は、ヒトとして生まれ家庭の中で育ち、社会性を併せ持つ「人」になる過程を経て、子どもを社会に貢献できる存在にしていくために、段階ごとに大きな課題になっている。日本では、これまで特に疑われることなく共通理解があると考えられてきたことが、価値観やライフスタイルの多様化などのために、現在ではそうとは言い切れなくなっている現状がある。

アメリカが行ってきた教育改革は、異なる文化を背景に持つ多民族が共通に理解できる支援の手順を作る必要がある、という考え方に基づいている。これまでの日本における、同じ民族であるからこそ同じ発想ができるという思い込みに基づいた方法論は、現在では少し説得力に欠けるかもしれない。

日本でも、個人やその個人が属する集団が持っている「きまり」という枠組みを、より整合性の取りやすい手順として練り上げていかなければならない時期に来ているのではないかと考える。

（西山久子）

引用・参考文献

California Department of Education　1995　*School Attendance Review Boards Handbook : Operations and Resources*.

福沢周亮・石隈利紀・小野瀬雅人　2004　『学校心理学ハンドブック』　教育出版

本田恵子・斎藤卓也・久保田須磨　2001　「アメリカにおける不登校の指導」『教職研修』　7月号　17-30p.

毎日新聞　2005　八月一日朝刊

文部科学省　2006　『学校基本調査』

Pacific Research Institute California Education Report Card Index of Leading. Education Indicators, Third edition, 5,28, SF,CA.（www.pacificsearch.org/pub/sab/educat/03_ed_index/08_dropout.html）

斎藤卓也・バーンズ亀山静子・西松能子　2003　「アメリカにおける不登校へのアプローチ―不登校と回復を援助する法的な取り組み―」『精神科治療学』第18巻第12号　1433-1440p.

Sonoma County Office of Education　2002　Education facts. Leaflet.

Sonoma County Office of Education　2001　*School and community services department safe school unit school attendance review board -A handbook for site administrators*.

矢野裕俊　2002　「世界の不登校問題⑧　アメリカ　不登校への対策を視野に入れた教育改革へ」『月刊生徒指導』第11月号　64-67p.

八並光俊　2001　「スチューデントサポートチームの教育効果に関する研究―中学校におけるシステマティックな二次的援助サービス体制」『学校心理学研究』第1号　19-26p.

Zimmermann, S. 2002.10.30. *Resolving the most difficult student problems with school attendance review board*. PowerPoint presentation.

第6章　不登校の子どもたちへの支援の現状

第1節　教育センター

1　教育相談

教育センター（教育研究所）と呼ばれるものには、国立、県、政令都市、市区町村の公立および私立とがあり、名称も教育研究所、教育センターなどと呼ばれ、必ずしもその目的、性格は一致していないが、ここでは公立を中心とした県、政令都市レベルの教育センター（教育研究所）をモデルとして紹介する。二〇〇七年度現在、都道府県・政令指定都市の教育センターはおよそ一九三ヶ所（市町村の教育相談機関は一、四九八ヶ所）、そのうち全国教育研究所連盟に加盟している教育研究機関（教育センター、教育研究所など）は、およそ一七〇ヶ所となっている。設置の目的は、ほとんどの教育センターがその地域社会の教育の充実と振興においている。

実際的な教育現場での課題克服のための研究、教師の資質向上のための現職教育、地域社会と結びつく教育問題の解決が主な任務となっていて、同じ地域の教育委員会の業務と密接に関連するので、学校側にとっては相談に対する抵抗感は少なく、かつ事例の問題の解決のために、学校と有機的に連絡調整しやすい所に利点があるので、学校外の相談機関として、もっとも身近な存在となりやすい。

組織、運営面で、県、政令都市レベルの教育センターでは、総務部、研修部、研究調査部、情報教育部、教育相談部というような名称の各部があり、総務部を除いて、各部に、指導主事、協力研究員らが配置され、事業達成に取り組んでいる。

主に不登校の子どもたちへの支援は、各部の中で教育相談部の教育相談事業として行われていることが多い。

(1) 教育相談事業

① 教育相談

一般相談として、幼児から高校生年齢までの子ども本人、その保護者、学校関係者からの子どもの教育・養育上の問題に関するあらゆる内容（いじめ、不登校、発達、就学、海外出国、帰国など）についての電話相談や来所相談に応じている。職員として指導主事、教育相談員、障害児指導員および生徒指導相談員、弁護士、医師、スーパーバイザー、臨床心理士および教育相談専門員がいる。

② 教職員相談

教職員本人や家族からの悩みや生活上の問題などについて、相談員や医師・弁護士らが相談を受けていることが多い。

③ 学校コンサルテーション*

子どもへの関わり方や教育相談の体制づくり、特別支援教育に関する問題など、具体的な解決方法を関係する教職員とともに検討することができる。コンサルテーションは、教職員の来所相談もしくは教育センターの指導主事（相談員）が直接学校現場へ出向いて行

学校コンサルテーション
子どもの問題への対応に苦慮している教師や教育相談の体制づくりなどを進めている学校の教職員と、教育センターの指導主事や相談員らの臨床的な専門的立場の者が、共通の場で具体的な解決方法を検討する事例検討会。コンサルテーションの場は、教職員の来所相談であったり、教育センターの指導主事（相談員）が直接学校現場へ出向いて学校で行ったりする。

っている。

④　情報・資料提供および心理検査器具貸し出し

・教育相談・特別支援教育に関する情報の提供、文献資料の提供

・田中ビネー知能検査、WISC－Ⅲ知能検査、K－ABC心理・教育アセスメント・バッテリー、ITPA言語学習能力診断検査などの検査器具の貸し出し、検査結果へのアドバイス

(2)　連携を推進する全国的動向

二〇〇二年度の不登校児童生徒数は二〇〇一年度以来初めて減少したとはいえ、一三万人余りと依然多い。また、軽度発達障害の子どもへの対応・支援に、多くの学校では懸命に取り組んでいる。さらに、児童虐待の問題や複雑化、多様化する少年非行問題も看過できない状況が続いている。どの問題についても、子どもによって異なる個別の背景が含まれていて、一様な方法で対応できるものでない。そのため、学級担任の単独の支援、あるいは学校だけの対応では問題解決につながらない場合もある。

一方、二〇〇四年四月、文科省の委託研究「学校と関係機関等との行動連携を一層推進するために」(「学校と関係機関等との行動連携に関する研究会」報告)の中で、次のような視点が示されている。

・教師個人の努力に任されている傾向が見られるので、学校として組織的、継続的に連携していくシステムを整備する必要がある。

・すべての教師が行動連携の必要性を十分に認識し、定期的な事例検討会などにおいて具体的な連携方法について検討を行うなど、日ごろから連携意識を保つ必要がある。

以上のことから、子どもへの支援を進めていくには、子どもを取り巻く多くの教師、保護者、関係者が実態を共有し、目標・手だてを工夫して支援に取り組み、さらにはそれを次に関わる人たちへ引き継いでいくという校内支援体制の充実や保護者・地域・関係機関との連携がますます重要となってきている。

しかし、連携は子どもの支援にとって有効な手段ではあるが、この連携がうまく機能することがなかなか難しい。そのため教育センターなどでは、学校コンサルテーションを通した連携のあり方に焦点を当てた調査・研究を行っているところが少なくない。

(3) 学校コンサルテーションを取り入れた連携の実際

ある教育センターでの実践例をあげてみたい。

① 連携におけるアンケート調査の実施

市内の連携の現状を探るため、小・中・養護・高等学校に対してアンケート調査を実施し、明らかになった課題に基づき、校内での「連携の流れ図」（試案）や「連携上の留意点」を作成する。

また、事例内容に適した連携可能な関係機関を紹介するために、さまざまな関係機関の権限や具体的な役割を記述し、機関の特徴や利用法を明確に示す「子どもの態様別連携先リスト*」（表1）を作成する。

子どもの態様別連携先リスト
子どもの様態（不登校、いじめ、虐待、家庭内暴力、暴力行為、非行、性に関する問題、薬物乱用、自傷行為、摂食障害、神経症など、軽度発達障害）に応じた、近隣にある連携先の専門機関を教育相談機関、大学相談機関、保健医療機関、健康福祉機関、警察機関、司法機関別に分けて、それぞれの機関の特徴を明記して一覧表にしたリスト。

表1　子どもの態様別連携先リスト

子どもの態様 連携先の専門機関		不登校	いじめ	虐待	家庭内暴力	暴力行為	非行	性に関する問題	薬物乱用	自傷行為	摂食障害	神経症など	軽度発達障害	特記事項
		総合相談窓口												
教育相談機関	子ども適応相談センター	○	／	／	／	／	／	／	／	／	／	／	／	・○○市内在住の小・中学生対象
教育相談機関	市少年センター相談部	○	○	○	○	○	○	○	○	○	○	○	／	・基本的には小学生から20歳まで。 ・内容により専門機関に依頼する。
大学相談機関	大学心理発達相談室	○	○	○	○	○	○	○	／	○	○	○	○	・子どもから大人まで受ける。特に対象年齢の制限はなし。
大学相談機関	大学教育実践総合センター	○	○	○	○	○	○	○	／	○	○	○	○	・初回面接の結果によっては、引き受けることができない場合がある。 ・相談は無料であるが、有料化する方向で検討中 ・当相談室は大学院生の教育機関でもあり、教員の監督・指導の下、大学院生が相談を担当することが多々ある。
保健医療機関	区保健所・子育て相談窓口	○	○	○	○	○	○	○	○	○	○	○	○	・保健所は乳児から高齢者までの、心身の健康全般についての相談に応じる。ケースの問題の整理や把握を行い、より専門的な機関での診察や相談が必要と判断した場合、他の機関を紹介する。
保健医療機関	市精神保健福祉センター	※	※	※	※	※	※	※	○	○	○	○	○	※精神的要因が想定されるものは引き受ける（ひきこもりの相談も受ける）。
保健医療機関	医学部附属病院 親と子どもの心療部	○	○	○	○	○	○	○	○	○	○	○	○	
保健医療機関	市立大学病院 「こころの医療センター」児童外来	※	※	※	／	／	／	※	／	※	／	○	○	※内容によって受ける。原則、本人が来院し、カルテを作り、診察する。診察料かかかる。家族の人のみの場合はその家族の人のカルテを作る。費用は自費（保険は使えない）。本人、家族以外の人の相談は受けない。
保健医療機関	県自閉症・発達障害支援センター	特記事項参照												・自閉症（高機能自閉症を含む）、アスペルガー症候群、レッド症候群などの障害に該当する、相談を受ける。ADHD、LDは対象外。当センターは保健医療機関ではない。
保健医療機関	小児保健医療総合センター	特記事項参照												・保健部門において母と子の健康に関する保健医療相談を行っている。専門家から、医療が必要と思われる母子の相談を受け、必要時には医療部門受診へつなげる。また、他施設への紹介などの対応をしている。
健康福祉機関	市児童相談所	○	○	○	○	○	○	○	○	○	○	○	○	・犯罪少年については家庭裁判所への送致となる。
健康福祉機関	地域療育センター 西部 南部 北部	／	／	／	／	／	／	／	／	／	／	／	○	・主に未就学の子どもを対象に就学後も継続して相談を希望する場合については対応している。就学後の新規相談については、きょうだいに相談歴がある場合を除き、児童相談所を紹介している。
警察機関	県警察本部少年課 ヤングテレホン 少年サポートセンター	○	○	○	○	○	○	○	○	○	／	／	／	・少年（20歳未満）とその保護者に関する相談を受ける。 ・その他、犯罪被害にあった少年の相談を受ける。
司法機関	家庭裁判所													
司法機関	青少年心理相談室 （少年鑑別所）	／	／	／	○	○	○	○	○	／	／	／	／	・保護観察所は、非行により保護観察処分を受けた少年（原則として20歳未満）に対する専門の処遇機関、保護観察中の少年以外からの相談については、一般的な事項社会資源の紹介を行っている。

②　研究協力校と共に連携の実際について事例研究

より学校現場に即した連携の在り方を探るため、いくつかの研究協力校に「連携の流れ図（試案）」を提案し、ともに連携の実際について事例研究を進め、学校現場に提供できる「連携の流れ図」および「連携上の留意点」の作成をする。

2　事例研究

センターで作成した「連携の流れ図（試案）」**（図1）**を参考にした研究協力校での学校コンサルテーションを取り入れた取組みである。

不登校の事例　（小学校六年生・A君）

不登校児A君を支援している担任を学校全体で支え、地域・関係機関と緊密に連携した事例である。

A君の家庭は父親と妹との三人家族である。A君は五年生から欠席が目立ち始めた。担任は家庭訪問を試みたが、父親と直接会って話し合うことができなかった。

A君は、六年生になるとまったく登校しなくなり、昼夜逆転の生活も見られた。担任が家庭訪問をしても、A君と顔を合わせることができなくなった。父親と連絡を取り合うが、進展のない状態が続いた。担任は支援の見通しが立たず、どうしたらよいか困惑していた。

(1)　連携の経過

①　準備

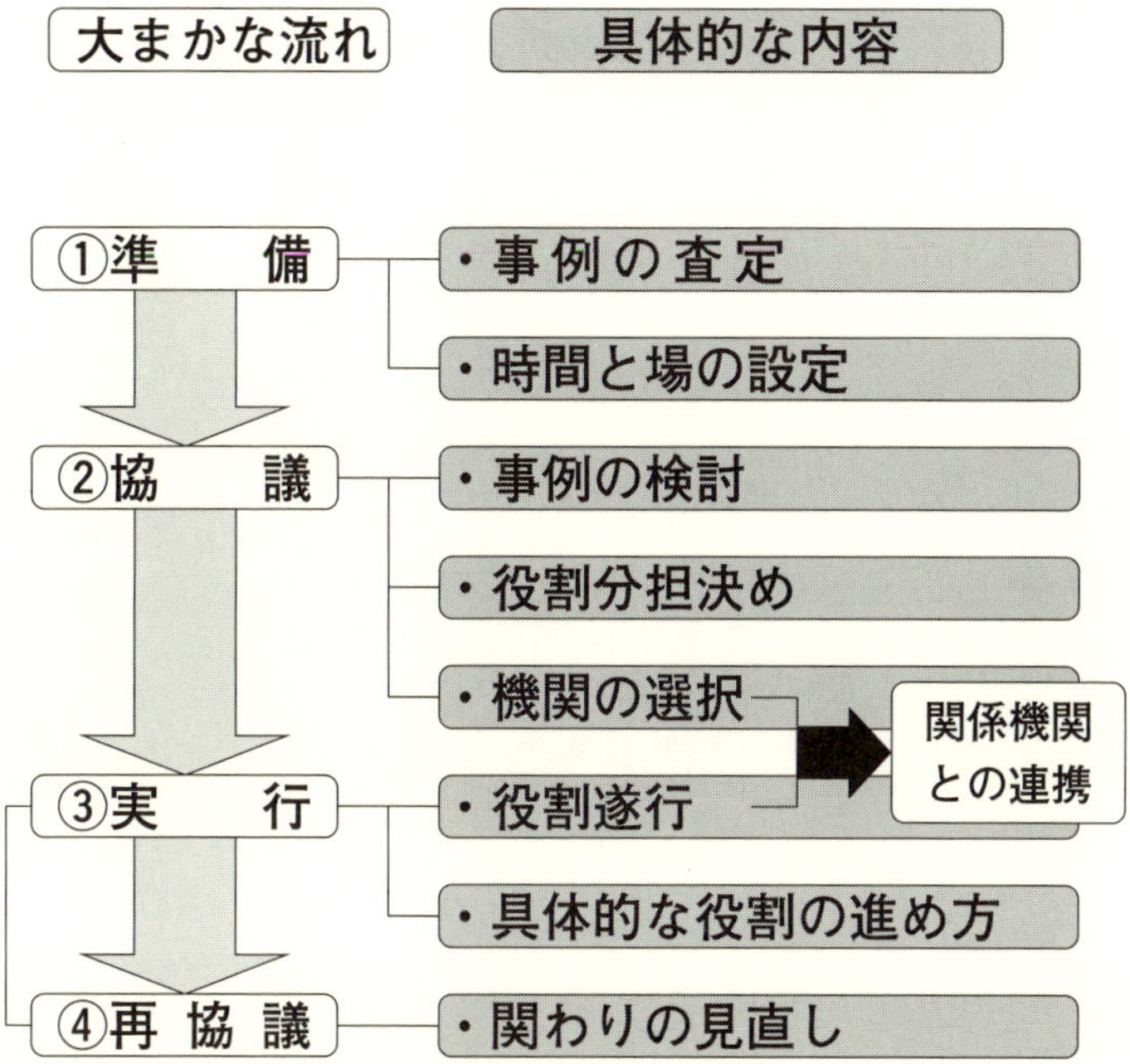
大まかな流れ
具体的な内容
①準　　備
・事例の査定
・時間と場の設定
②協　　議
・事例の検討
・役割分担決め
・機関の選択
関係機関との連携
③実　　行
・役割遂行
・具体的な役割の進め方
④再 協 議
・関わりの見直し

図1　連携の流れ図（試案）

・事例の査定

担任は、一学期の間、朝と夕方に家庭訪問を度々行ったが、昼夜逆転の生活が始まり、A君と会うことはなかなかできなかった。父親とは電話で連絡を取りあうが、「明日は行かせます」の返事で進展がない状態が続いた。そこで、民生委員に事情を話し、家庭訪問をしてもらうなどの支援を依頼した。しかし、民生委員もA君と関わることはできなかった。

担任は、二学期の修学旅行に参加させたいと考えていたが、登校の兆しがまったく見られず、厳しい状況であった。

担任から相談を受けた教育相談係は、教務主任と話し合い、担任が一人で抱え込むのではなく、学校全体で支援する必要があると判断した。

・時間と場の設定

教育相談係が事例検討会をコーディネートし、検討時間が比較的多くとれる夏季休業中に実施する計画を立てた。教育相談係は、事前に、事例検討会のねらい・所要時間・内容などを説明し、自由参加形式で実施することにした。

② 協議

・事例検討

初めに、担任が一学期の現状と取組みを報告した。その際、「自分の指導が悪いので登校できないのでは……」と、一人で問題を抱え込む気持ちがうかがえた。参加者からは、担任の苦労をねぎらう意見が多く出された。そして、旧担任から前年度のA君と家族の状況が報告され、不登校の背景についての話し合いが進んだ。

その後、相談機関や民生委員との連携をはかりながら、役割を明確にして支援を進めることを共通理解した。

・役割分担決め

役割分担としては、教頭が相談機関や民生委員との連絡調整をはかること。学年の教師が担任のサポートをすること。担任と教務主任が授業後に家庭訪問を行い、父親への関わりを共に進めることにした。

A君がカードゲームを好きなことから、担任と教務主任は、A君との関係づくりに、カードゲームを使用した。

③ 実行

・関係機関との連携・役割遂行

教頭が、相談機関に職員の来校を要請し、不登校に関する学校コンサルテーションを実施した。コンサルテーションを通じて、父親に対してネガティブだった職員の意識が、「子どもに対して何とかしたいという父親の思いが感じられ、父親を信じてみよう」というポジティブなものに変化した。また、学校全体で役割分担して進めている支援の大切さを改めて認識しあうことができた。

コンサルテーションにおいて、相談機関の職員からこれまでの取り組みに対する新しい理解の仕方が得られ、これからの取り組みを温かく支えられる安心感・安定感が得られたことによって、事例の展開がその後大きく変化した。

家庭訪問を粘り強く続ける担任と教務主任に対して、父親は、次第に心を開き始め、A君の不登校について話し合う機会が増えた。またその中で、父親自ら相談機関に通所することになった。一方、民生委員の働きかけにより、A君の荒れた部屋が徐々に片付けられていった。

一一月、少し前向きになったA君は一時的に登校し、修学旅行に参加することができたものの、一二月から再び不登校が続いた。

④ 再協議

・かかわりの見直し

担任がA君、教務主任が父親、学年の教師が担任をサポートすること、そして、相談機関と民生委員との連携を継続していくことを再確認した。

父親に対しては、話し合う機会を持てるよう努めるとともに、自分自身のことで精一杯な父親に対して共感的理解を示していくこと、A君に対しては、生活リズムの改善を促す取り組みを進めていくという方針を決めた。

⑤ 再実行

・役割遂行

三学期になっても、A君の不登校は続いた。父親の仕事や人間関係による不安定な要素が、A君に大きく影響していることがうかがわれた。

しかし、二月になると、父親は心理的に安定し、担任や教務主任と話し合う機会が定期的に持てるようになった。父親は、A君が作った料理についてうれしそうに話すなど、打ち解けた話もできるようになった。そして、A君の生活リズムの改善に関する具体的な方策について話し合い、A君が無理なく実行できる目標を段階的に設定することができた。

学期末、徐々にA君に変化が見え始めた。友達と公園に出かけたり、他の児童の下校後、父親と一緒に登校したりできるようになった。

⑥ 事例から明らかになったこと

本事例は、家庭内の混乱と、それにともなう生活リズムの乱れから不登校に至ったものである。父親へ粘り強く関わるとともに、生活リズム改善に向けた取り組みを進めた。このような児童・保護者との信頼関係を築く努力を続けたことが、父親を動かし、A君の変容を促したと考えられた。

小学校では、問題行動に対して、担任が一人で抱え込んでしまうケースが多い。連携のあり方としては、担任に対して心理的、組織的にサポートし、役割分担を明確にした上で、地域・関係機関とも連携して支援を進めることが大切である。その際、教師間の話し合いを円滑に進めるように配慮することが必要となった。

(2) まとめ

いくつもの事例研究を重ねて、「連携の流れ図」**(図2)** に修正し、「連携上の留意点」や「子どもの態様別連携先リスト」とともに、連携を円滑に進める一つの手だてとして各学校の実態や事例に合わせて工夫しながら活用できるものになっている。

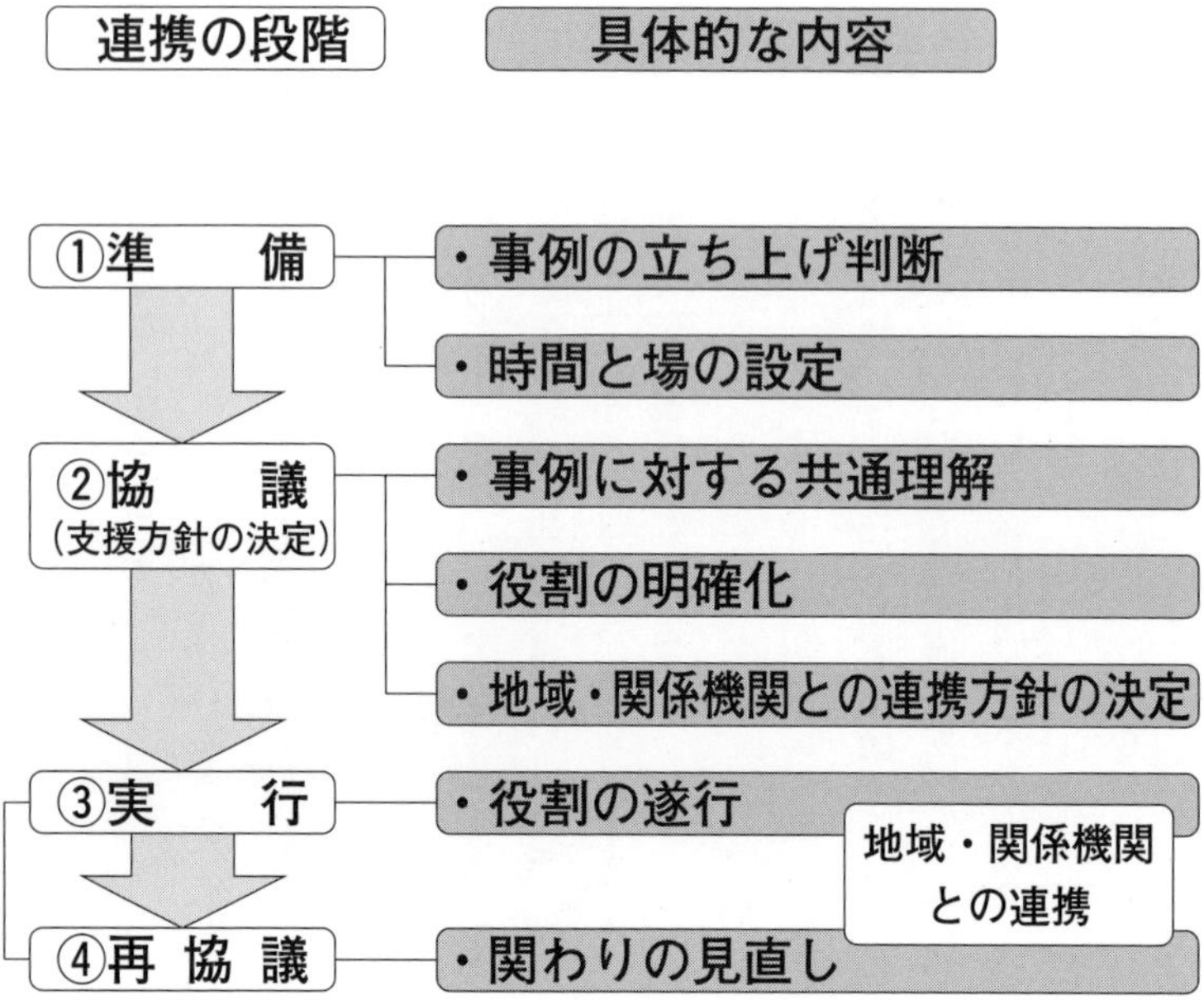
連携の段階
具体的な内容
①準　　備
・事例の立ち上げ判断
・時間と場の設定
②協　　議
（支援方針の決定）
・事例に対する共通理解
・役割の明確化
・地域・関係機関との連携方針の決定
③実　　行
・役割の遂行
地域・関係機関
との連携
④再 協 議
・関わりの見直し

図２　連携の流れ図

3　連携上の留意点

(1)　準備

事例の立ち上げ判断

・日ごろから、情報の共有化と共通理解に努める。職員会・いじめ問題行動等対策委員会・生活指導部会・教育相談部会などの公式な場だけでなく、非公式な場（休み時間や授業後）での何気ない情報交換も重視する。

・担任が一人で問題を抱え込むことがないようにするため、他の教師は、担任が関わりに困っている子どもについて、共に情報収集を進める。

・コーディネーター役（連絡調整役）は、校内支援体制の中心的な役割を果たす存在である。選定に当たっては、事例の深刻度や緊急性、校務分掌や学校事情を総合的に判断して決める。事例によっては、複数の場合もあるし、管理職（教頭など）の場合もありうる。

・コーディネーター役は、関係教師・管理職と話し合い、複数の教師が関わる事例として立ち上げるかどうかを判断する。

時間と場の設定

・コーディネーター役は、学校行事や諸会議などの調整をはかり、関係教師が参加しやすい時間と場の設定に努める。

・子どもに対してどのような支援が必要かという視点から参加メンバーを決める。

・関係教師全員の参加が困難な場合、担任の都合を優先する。参加できない教師には、コーディネーター役が後で報告する。

(2) 協議(支援方針の決定)

事例に対する共通理解

・事例検討は、多くの教師が子どもを多面的に理解し、今後の支援方針を確立することをねらいとする。その際、問題行動だけでなく長所にも目を向ける。
・コーディネーター役が会の設定と司会役を務め、事例の理解を深める。
・参加者は、問題に直接関わっている教師へねぎらいの気持ちを表すなど、互いに支え合う温かい雰囲気づくりに努める。
・問題の原因や背景は、複合的である。安易な断定を避け、子どもの全体像をしっかり見据えながら、具体的な解決につながる話し合いを進める。
・個別の支援方針を決める。どのような関わり方が適切かを検討し、短期的、中期的、長期的な目標を定める。
・個人情報保護、秘密保持の厳重な徹底を確認する。

役割の明確化

・管理職は、支援方針の実施・評価・改善の過程を明確化し、学校全体で取り組む支援体制の整備に努める。問題解決に向けて役割分担を行う。担任の心理的な負担を軽減し、各教師が持ち味を生かせるように配慮する。
・いつ、だれが、どこで、だれに対して、どのような関わりをするのかを明確にする。「保護者にはいつ、だれが連絡するのか」、「別室ではだれがどう関わるのか」、「子どもに配慮することは何か」、「緊急時の体制はどうするのか」など、実際場面に即した具体的な対応について共通理解をはかる。

地域・関係機関との連携方針の決定

・日ごろから関係機関の情報を収集し、役割や利用法の理解を深める。

・関係機関の選択に当たっては、子どもに対してどのような支援が必要か、どの機関のだれと連携をとるとよいのか、事前に共通理解をはかる。

・連携先が不明な場合、教育センターを総合相談窓口として活用する。

・保護者に関係機関を紹介する場合、保護者の思いや考えにじっくり耳を傾け、保護者の主体的な判断を尊重する。

※児童虐待の場合は児童相談所との協議を優先する。

(3) 実行

役割の遂行

・状況に応じた柔軟で機動的な支援を進める。

・校内支援体制をより機能、充実させるため、互いの取り組みに対して肯定的な評価に努める。

・コーディネーター役は、取り組みの成果と課題を収集する。そして、打ち合わせや職員会などの機会を通して、取り組みの現状を全教師に伝え、共通理解をはかる。

地域・関係機関との連携

・連携に当たっては、個々の教師の判断にゆだねるのではなく、学校として組織的、継続的な対応を進める。

・校内での役割分担をはっきりさせる。特に、窓口として連携の要となるコーディネーター役を明確にし、意思疎通を十分にはかる。
・複数の関係機関と連携をはかる場合、コーディネーター役は、各機関の専門性や機能を十分に活用するため、連絡調整を緊密に行う。
・地域・関係機関から得た情報は、コーディネーター役が、関係教師に伝える場をできるだけ速やかに設定する。
・対応や会議内容を時系列で記録するなど、連携に関する記録を累積しておく。また、文書管理のルールを確立し、安全管理措置を徹底する。

(4) 再協議（支援方針の修正）

関わりの見直し

・一定期間、支援を進めた後、これまでの支援を評価し、今後に向けて支援方針の修正を行う。コーディネーター役は、取り組みの中で浮かび上がった課題の整理を進め、役割分担の再調整をはかる。
・役割分担と関わりについて再協議した後、コーディネーター役は、新たな支援方針をできるだけ速やかに全教師に伝え、共通理解をはかる。

さらに、実際の連携に際しては、次の点に配慮する必要を指摘している。

・連携の効果を十分に発揮するためには、校内支援体制を確立し、学校が自らの専門性を生かす主体的な取り組みを進めること。
・組織的、継続的に子どもを支援するためには、コーディネーター役を中心にして、より機能的な連携を進めること。

・連携を円滑に進めるために、管理職はリーダーシップを発揮し、校内支援体制を整備するとともに、自ら積極的に関わる姿勢を持つこと。

4 おわりに

教育センターなどの教育相談室では、今、学校が抱えているさまざまな子どもたちの問題に対応していくために来所者の相談を待っている姿勢ではなく、教育現場にあった問題解決のための基本プログラムを教育センターが積極的に提示し、それに応じて個々の学校が自校にあった子ども支援プログラムを自ら作り上げることが必要である。このように学校の中にチーム援助的*な構造化された関わりを定着させるために、問題を学校とともに検討する学校コンサルテーションの役割は大きい。

（小林由美子）

＊第7章第4節を参照。

引用・参考文献

一丸藤太郎・菅野信夫　2004　『学校教育相談』ミネルヴァ書房

石隅利紀・田村節子　2003　『チーム援助入門　学校心理学・実践編』図書文化

国分康孝（監修）　2003　『育てるカウンセリングによる教室課題対応全書2　学級クライシス』図書文化

名古屋市教育センター　2005　『教育センター研究報告書』

大阪府教育センター　2007　「すこやか広場」大阪府教育センターウェブサイト（http：//www.osaka-c.ed.jp/sukoyaka/index.htm）2006.09.11.
上地安昭　2005　『教師カウンセラー』金子書房

第2節　教育支援センター（適応指導教室）

1　はじめに

夏のある日、数ヶ月ぶりにAさんが教育支援センター*に元気な顔を出してくれた。彼女は三年間ほとんど中学校へは行かず、教育支援センターに通い続けた子どもであったが、卒業後は単位制高校へ進学し元気に通っているとのことであった。彼女は過ぎ去った中学時代を振り返り「センターに来て良かった。ここには私のことを理解してくれる友達や先生がいた。私はこれらの人たちに支えられてここまでくることができた。センターがなかったら今頃どうなっていたかと思う」としみじみと語ってくれた。このように教育支援センターは子どもにとっての居場所であり、心を癒し混乱した心を整理する場として重要な役割を果たしている。しかし、全国にはさまざまな教育支援センターがあり、多くの課題も抱えている。ここではセンターの現状と今後の課題について考えてみたい。

2　教育支援センターの現状

教育支援センターとは、不登校児童生徒のために設置された施設で、文科省によれば「教育委員会が、教育センター等学校以外の場所や学校の余裕教室等において、学校生活への

＊文科省による「教育支援センター」（適応指導教室）の名称使用は二〇〇四年からである。不登校児を適応指導させるための施設ではないといった意見やスクリーニング・サポート・ネットワーク整備事業の中核的な施設名称であるべきとの意見をふまえて、不登校児への養育支援をする場所として名称を変更した。二〇〇五年以降は、教育支援センターの名称使用が多くなっているが、まだ地方では適応指導教室の名称が多い状況である。本書の表記は「教育支援センター」とする。

復帰を援助するため、児童生徒の在籍校と連携をとりつつ、個別カウンセリング、集団での指導、教科指導などを組織的、計画的に行う組織として設置したものをいう」と定義されている。

教育支援センターは、不登校が増加し始めた一九八五年頃より設置数が増え、一九九〇年には八八ヶ所となった。その後さらに急速に増加し、毎年一〇〇ヶ所前後の教育支援センターが設置され、一〇年後の二〇〇〇年には九二八ヶ所にまで達した。そして二〇〇五年では一、一六一ヶ所となり、全国の多くの地域に設置されるようになった。*

文科省調査［2007］によれば、二〇〇五年度の不登校児童生徒数は一二二、二八七人（小学生二二、七〇九人、中学生九九、五七八人）であった。そのうち学校外の施設を利用し指導・治療を受けたものは、35.1％（四二、九〇五人）であった。その中でも最も教育支援センターを利用する子どもが多く12.9％（一五、七九九人）であったが、それでも不登校の子ども全体の一割強にしかすぎない。

一方、教育支援センターの職員は、一施設あたり三・三八人と少なく、そのうち常勤職員は24.9％（九七七人）にしかすぎず、圧倒的に非常勤職員が多い（**表1**）。また、常勤職員であっても他の仕事を兼務している場合が多く、一週間に一〜二日しか来ないという施設も少なくない。

3　教育支援センターの四つのタイプ

これまで数多くの教育支援センターを訪問したが、大きく分けると四つのタイプに分類される（**表2**）。これらのタイプは現実の教育支援センターにそっくり当てはまるものは

＊教育支援センターがつくられた経緯などについては、第1章2⑷を参照。

表1　教育センター（適応指導教室）の数および指導員数

区分		機関数	指導員数					
			常勤		非常勤		計	
			人数	割合	人数（人）	割合（%）	人数（人）	割合（%）
都道府県が設置	2004年度	33	45	36.0	80	64.0	125	100.0
	2005年度	31	61	41.8	85	58.2	146	100.0
市町村が設置	2004年度	1,119	935	26.2	2,638	73.8	3,573	100.0
	2005年度	1,130	916	24.2	2,867	75.8	3,783	100.0
計	2004年度	1,152	980	26.5	2,718	73.5	3,698	100.0
	2005年度	1,161	977	24.9	2,952	75.1	3,929	100.0

少なく、多くはこれらのタイプの複合体である。しかし、便宜上典型的なタイプを仮定し、これをもとに教育支援センターのあり方を検討していきたい。

(1) 治療モデルの教育支援センター（Aタイプ）

子どもの個人病理や家族病理の治療を重視する教育支援センターである。ここでは個人面接を重視し、親子並行面接が継続的に実施される。そして面接が進展し、子どもが集団活動への意欲が出てきた時点で集団への参加を認めるという方式を採用している。この場合、集団活動への参加が可能になっても、親子並行面接は継続して実施する。すなわち、個人面接、心理治療に主眼を置いた教育支援センターである。

この方式であれば、子どもの抱えている個人病理や家族病理の克服と同時に、集団活動を通しての対人関係スキルの向上も可能となる。また、子どもが抱えている問題が大きく、センターへ通えない場合でも、まず親面接から開始し、これによって親子関係、家族関係が改善し、やがて親子並行面接を受けられるようになるといった段階的な展開が可能である。したがって重篤なケースでも対応が可能である。ただ、個人面接と集団活動を実施できるだけの施設と多くの職員（心理治療のできる職員も含まれていなくてはならない）が必要となり財政面の負担が大きい。

(2) 成長モデルの教育支援センター（Bタイプ）

集団適応や社会的自立に重点を置く成長モデルをベースにしている教育支援センターである。ここでは子どもや保護者の面接は行われることはあっても、たいていは不定期で必要に応じて行われるところが多い。重点は集団生活を通して、自己理解、他者理解を深め、

表２　教育支援センターの分類

A：治療モデル	個人面接の重視、個人および家族の病理の克服
B：成長モデル	体験活動の重視、社会的自立
C：教育モデル	学習活動の重視、学校復帰
D：家族モデル	家族的な雰囲気の重視、情緒的な安定

対人関係能力を高め、社会の中で生きていける能力の獲得に置かれている。したがって、運動、園芸、陶芸、調理、ゲームなどが行えるような場所や施設、器具が準備され、さらには施設外での宿泊体験、遠足、社会奉仕活動、社会見学などの多様なプログラムが用意されている。

子どもが抱えている個人病理や家族病理をある程度克服しているか、あるいはもともとそれほど深刻な問題を抱えていない子どもにとっては、さまざまな体験活動を通して自己像*の改善や対人関係能力の獲得を自主的に行い、やがては学校復帰していくことが可能であろう。全国的に見るとこのタイプの教育支援センターが最も多いと思われる。

(3) 教育モデルの教育支援センター（Cタイプ）

学校復帰を目指し学習活動に重点を置いた教育支援センターである。ここでは学校のような厳しい校則や決まりはなく、学習も一斉授業ではなく、主として個別での指導が行われている。いわばミニ学校といった雰囲気の教育支援センターである。教員や教員ＯＢが職員として勤務していることが多いので、学習指導に関するノウハウは十分に持ち合わせている。また、学校に似た雰囲気もあるので、学校復帰間近な子どもにとっては最適な教育支援センターと言えるだろう。しかし、精神的に不安定で学校に対する恐怖が強い子どもにとっては、学校的な雰囲気や学習活動はかなりの抵抗があり、通室が難しい。

(4) 家族モデルの教育支援センター（Dタイプ）

不登校の子どもは大なり小なり家族の問題を背負っており、本来家族内で充足されるべきものが十分に得られていないことが多い。家族モデルの教育支援センターでは、治療的

自己像
人が自分自身に対して抱いているイメージを自己像と言う。その場合、現実の自己以上に理想化したり逆に卑下したりすることがある。不登校の子どもは、表面上は自己卑下しているように見えながら、心の奥では理想化した自己像を持っていることが多い。そのため現実の自己とのギャップが大きくなり、これに耐えきれず家庭内に逃げ込んでしまうのである。

な関わりよりも擬似家族のなかで、現実の家族のうちで満たされなかった体験や感情が補われ心が癒されることに主眼が置かれている。少人数の家族的な雰囲気と、お互いに親子、兄弟姉妹のような関係のなかで、これまで満たされなかった体験をしたり、相手の立場に立って見たり考えたりすることにより、両親像、家族像の改善につながるような援助がなされている。このタイプの施設は小規模なものが多く、職員のパーソナリティーが色濃く浸透しているため、職員が代わると方針や雰囲気ががらりと変わってしまい、子どもの適応が難しい場合もある。

4 今後の課題

先述したように、全国には一、〇〇〇ヶ所を超える教育支援センターが設置された。ところが、多くは財政的に恵まれず、施設・設備面、人的側面の不足をカバーするために、職員はさまざまな工夫を凝らし努力している。その結果、前述したような多様なタイプの教育支援センターが生まれたのである。しかし、職員の努力だけではいかんともしがたい問題もある。これらの問題を明らかにすることにより、これからの教育支援センターのあり方を考えてみたい。

(1) 職員に関する問題

教育支援センターにおいて最も重要な第一の問題は職員に関することである。前に述べたように、一施設当たりの職員が三・三八人と少なく、しかも常勤の職員が24.9％にしかすぎない。これでは子どもたちに対する十分な援助ができない。職員一人あたりの人数が多いため、一人一人の子どもに応じたきめ細かい対応ができないのが現状である。また、教育支援センターにも通うことのできないひきこもりの子どもたちに対する働きかけも必要だが、そこまで手が回らない。さらに最近では軽度発達障害*の子どもたちが教育支援センターに通ってくるようになったが、彼らの多くは、特に初期においては、マンツーマンで対応しないと適切な援助ができない。以上のことからも早急に職員の増員が望まれる。

第二に、常勤の職員も多くは教員出身者で占められている。そのため教師的な発想で教育支援センターが運営されがちである。これでは学校に適応できない子どもたち、特に学校に対する不安が強い子どもたちにとっては、なかなか通うことができない。これが不登校の子どもたちの一割程度しか、教育支援センターに通うことのできない要因のひとつと思われる。

第三に、常勤の職員の勤務年数が特に短いことである。学校に良い印象を持っていなかったり、ほとんど登校したことのない子どもにとっては、教育支援センターは母校のような存在である。嬉しいとき悲しいとき苦しいときに、職員に思いを共有してもらうために、最初にあげたAさんのようにセンターを訪れることがある。そんなときに顔見知りの職員が一人もいないというのではあまりにも寂しい。また、数年で代わってしまう職員ばかりでは、長期的な展望をもって取り組むことが難しいし、職員にとっても数年で転勤というのでは、腰を据えて問題に取り組んだり、研鑽を積もうという意欲が湧いてこない。取り組みの成果を継続し、発展させていけるような人事上の配慮がぜひとも必要である。

第四に、子どもとの年齢差の大きい教員ＯＢが、多数配置されていることである。年齢の差のあることが良い方向に作用することもあるが、あまりにも数が多いのは問題である。最近では、この問題を解消するために学生ボランティアを積極的に受け入れる教育支援セ

軽度発達障害

自閉症は、社会性、コミュニケーション、想像力の三領域に障害が認められ、その多くは知的障害をともなっている。自閉症のなかで知的障害をともなわないものを高機能自閉症といい、自閉症と同様の障害を持ちながらも知的障害をともなわず、言語発達の遅れがないものをアスペルガー症候群という。この高機能自閉症とアスペルガー症候群を一般的には軽度発達障害と呼称されている。

ンターが増えてきたが、まだまだ少ない。学生ボランティアの活用も大事であるが、そこには限界がある。やはり長期にわたって教育支援センターにたずさわってもらえる若い職員の増員が望まれる。

第五に、職員の数だけでなく資質も問題である。つまり不登校に対する理解のある職員が必ずしも配置されているわけではないということである。したがって個々の子どもの見立てが不十分で、明確な方針や手立てのないまま、単に子どもたちの居場所を提供しているだけのところもある。また、せっかく臨床心理士や精神科医が配置されていても、職員の側に専門家を活用するだけの資質を欠いているために、十分に活かされていない場合もある。

(2) 専門家の不足

相馬ら［2005］の調査によれば、非常勤職員としても心理系職員（臨床心理士など）が配置されている教育支援センターは19.1％、医療関係者（精神科医など）にいたっては2.8％にしか過ぎない。さらに配置されていても勤務日数が少なく、教育支援センターが期待するだけの役割を果たせないところもある。

専門家が不足しているため、個々の子どもに対するアセスメント*が不十分で、適切な対応がとれないのが現状である。職員にとっても、専門家によるアセスメントがなされ、これに基づいた方針と手立てが明確に示されれば、自信をもって援助活動に取り組め、そこに生きがいを感じることもできるであろう。また、問題にぶつかり立ち止まることがあっても、専門家によるスーパーヴィジョン*やコンサルテーションを受けることによって問題を乗り越えていくこともできる。以上のことからも早急に専門家を増やすことが必要と思

アセスメント
アセスメントとはクライエントの可能性を探るために行われるものである。つまり、クライエントが抱えている問題の核心にあるものは何であるのかを明らかにし、心理的な対応が必要なのはどの点なのか、現実にどのような援助が可能なのか、そしてそれを行うことによってどのような展開が予想されるのかという、心理療法の目的と限界を明確にしていく作業のことである。

スーパーヴィジョン
ベテランのカウンセラーが後輩を育てるときに行う心理療法の習得における実践的な指導のことである。ベテランのカウンセラーはスーパーバイザー、後輩の被教育者はスーパーバイジーと呼ばれる。スーパーバイザーは、一般的にはスーパーバイジーの記録に基づき、クライエントの見立て、あるいはスーパーバイジーの理解や言動がどのようにクライエントに影響しているかを理解できるよう援助する。

われる。さしあたっては全中学校に配置されているスクールカウンセラーを活用するのも一つの方法である。例えば、スクールカウンセラーに個別面接を担当してもらい、スクールカウンセラーからの指導・援助を受けながら、教育支援センターでは子どもの対人関係のスキルの向上を目指すといったことである。

(3) 学校の問題

不登校問題の背後には学校の抱える問題も当然存在している。社会の急激な変化とともに子どもや保護者の学校に対するニーズも変化してきたが、学校はこの変化に十分対応しきれていない。そのため子どもにとって、学校は居心地の悪い場と感じるようになったり、期待に応えてくれない学校に失望し、学校へ行くことに意義が感じられなくなったりする。また、保護者も期待に応えてくれない学校に対し、その不満を学校バッシングという形で異議申し立てをしているように感じられる。前述の相馬ら［2005］の調査によると、「学校には行けるものなら行きたい」という問いに「大いにそう思う」と答えた不登校の子どもは24.1％、「学校へは行きたくなければ行かなくてもいい」という問いに「大いにそう思う」と答えた不登校の子どもは24.2％とほぼ同数であった。つまり現代の不登校の子どもたちは、かつての不登校の子どもたちのように学校へはできることなら行きたいとは必ずしも考えていないことを示している。さらに「先生には家庭訪問や電話連絡などもっとしてほしい」という問いに対し、59.4％の不登校の子どもが「そう思わない」と答え、「大いにそう思う」と答えたのはわずか6.4％であった。子どもからすれば、教師は自分たちの気持ちを理解し適切に対応してくれるとは思えないのであろう。

かつての時代は、心の問題は家庭と地域社会が担い、学校は子どもたちに知識・技能を伝え、保護者や地域社会が期待する社会規範を身につけさせることが主なる責務であった。ところが時代の急速な変化により、家族機能*は弱体化し、地域社会も崩壊してしまった。その結果、学校が心の問題を担わざるをえなくなってしまった。学校にスクールカウンセラーが導入されるようになった背景には、このような状況の変化があったからと思われる。しかし、教師はまだこのような変化を十分には理解できず、適切に対応できていないのが現状である。

教師が現在置かれている学校の状況に気づき、早急に学校のあり方を見直し、子どもにとって魅力的で意義のある場所に変革すると同時に、保護者や地域社会の人々と手を携え、子どもを見守り成長を促していけるような体制をつくりあげていかなければならない。これは不登校を未然に防ぐためにはぜひとも成し遂げなければならない課題だと思われる。

(4) 教育行政の問題

前に触れたように、行政機関は短期間の間に多くの教育支援センターを設立し、その努力は評価されなければならない。しかし、不登校に関する十分な理解に基づいて、それに必要な人材、設備・施設を準備したとは言いがたい。不登校問題が注目を浴びるようになり、ともかく何らかの手を打たなくてはならないということで、急遽設立された教育支援センターが多いように思われる。このような場当たり的な対応ではなく、行政が教育支援センターを全面的にバックアップし、文字通りセンターとしての機能を十分果たせるような人的な配置、施設・設備の充実に努めるべきである。

文科省［2007］の調査によれば、不登校の子どもの12.9％が教育支援センターに通い、教育支援センターも含めた相談機関に通った子どもは34.9％である。さらに相談機関および

家族機能

かつて家族は経済的、保護的、娯楽的、教育的、宗教的、心理的などのさまざまな機能を果たしてきた。しかし、現代では経済的なことは工場やその他の外的機関に、教育は学校や幼稚園に、娯楽は映画館とかテーマパークへというように家族外の諸機関に移行し、家族の果たす機能は縮小してきた。しかし、生活全体における協同と近親者としての愛着に基づいた、非打算的で感情融合的な集団は家族以外にはない。

学校が何らかの形で関わったことのある子どもは66.9％である。ということは残りの33.1％の子どもは、相談機関はもとより学校からも手を差し伸べられないまま放置されているのである。このような現状をふまえ、行政は早急に対応する必要がある。

5 おわりに

不登校に陥ることによって引き起こされるマイナス面が多々あるのは事実であるが、不登校の子どもの面接を長年行ってきて感じることは、不登校を通じて子どもは自己と向き合い、悪戦苦闘する中で自我を強化しアイデンティティ*を形成し、さらには家族をも成長させていくといったプラスの側面も大いにあると感じている。そこには臨床心理士、精神科医、教育支援センターの職員、教師の適切な援助が必要不可欠である。しかし、何の対応もなされず放置されれば、不登校状態から脱出できず社会的ひきこもりに至る場合もある。正確な統計はないがひきこもりは数十万にのぼると言われている。この調子で増加しつづければ、国家的にも大きな損失となる。

子どもたちの健やかな成長を保障できないような国は、やがて衰退の道を歩まざるをえないことを考えると、国民全体が不登校問題について真剣に考え、早急に適切な対応をしなければならないと考える。

（花井正樹）

アイデンティティ

アイデンティティ（自我同一性）とは、エリクソン（Erikson）が提唱した概念で、自分自身による自己の定義である。つまり、自分が一体何者であるかという問いへの、自分なりの答えであり、社会での自己の位置づけでもある。青年期はこのアイデンティティ確立の重要な時期であり、その確立までに試行錯誤を繰り返すことになる。それまでの猶予期間のことをモラトリアムという。

引用・参考文献

文部科学省　2005　『生徒指導上の諸問題の現状と文部科学省の施策について』

相馬誠一　2005　『不登校児童生徒の「適応の場」に関する総合的研究』不登校児童生徒の「適応の場」に関する総合的研究研究会

相馬誠一・花井正樹・倉淵泰佑（編著）　1998　『適応指導教室―よみがえる「登校拒否」の子どもたち』学事出版

第3節　自然体験

1　いま、不登校の子どもたちは

学校恐怖症として症例報告がなされていた一九六〇年代と比べ、不登校の様相が時代とともに変化していることは誰もが認めている。

現在、不登校が続く子どもたちへの支援として、神経症として見立てた上での個別的な心理療法的援助だけでなく、さまざまな体験学習を通して本来の自分を取り戻し新たな自己を確立する、という形での援助もなされている。そこでは、自己実現の過程を歩み出すためには必要だったと思えるような時間を経て、自分の力で自分の道を探し出して日常性を回復していく姿が見られる。

しかしその過程は決して一様ではなく、特に登校の意志があるにもかかわらず行動に移せず、本人も苦しみ周囲も苦慮して過ごす時間が短くはない場合もある。登校しない、登校できない状況が長期化することに対して、学校や家庭も励ましつつ、同時に迷いつつ働きかけて事態の改善をひたすら願うという、外側からの関わりが効を奏することを期待した努力が続けられている。あきらめ、放置されているわけでは決してない。

保護者も担任教師も、原因は何か、原因がわかれば解決の具体的な手ががりがつかめるのではと、当然なことであるが「なぜ」を子どもに繰り返し問う。明らかなきっかけがあったとしても、そのために不登校を継続する理由は本人にもわからないという場合が多く、問いに対して明確に言語化して伝えることは困難であろう。

きっかけはあったものの長期間不登校を続け、現在は支援する側で働いている女性が語っていた。「不登校を続けているその理由を、なぜだと自らに問い続ける日々だった」、「自分にもわからないその継続理由を聞かれるのが怖くて隠れていた」と。不登校状態が続いている子どもの保護者たちの集いで、そのときの心情を述懐していた。当時、どうにかして関わりを持ちたいと訪問を繰り返す関係者のすべてを拒絶し、家族とすら距離を置いて自室で過ごしていた頃を思い出して語り、「本当の所、今も理由はわからない」と付け加えていた。

兵庫県立但馬やまびこの郷・短期宿泊型施設で、四泊五日の短期ではあるが、小集団での自然体験を中心にした生活を共にしながら、スクーリング・サポートの支援活動のなかで感じたことを述べる。そして、この子どもたちにとっての自然体験は、どのような意味を持つのかを改めて考えてみる。

2　切れるからつなぐ——関係性の回復——

不登校の子どもにしばしば見られるのは、学校だけでなく周囲の環境や人と「切れた」状態を示し、自らの世界にひきこもっている姿である。しかし、そこには否定的な側面だけでなく、本人にとっては次の成長のステージへと移行していくカイロス*［河合、1975］のときの内なる通過儀礼としての肯定的な意味を有する面への理解が必要であることは言うまでもない。「つなぐ」援助、すなわち「関係性の回復」をだれがどこでどのように支

カイロス
時計によって測定できる時間・クロノスと区別して、個人にとって意義深いまさに「その時」を指し、自己実現の問題と密接に関連している。

援できるのか。

兵庫県立但馬やまびこの郷は、一九九六年九月に開設した不登校児童生徒の短期宿泊型の体験活動施設である。対象は小中学生と保護者である。施設は兵庫県北部の但馬地方の豊かな自然に囲まれた土地に建っている。春夏秋冬、季節の際立った彩色の変化が身近に見られる、里山の中腹に抱かれたような趣を感じる姿で、子どもらを迎える(**写真1、2**)。裏山の遊歩道上の展望台からの眺めは、下方に、遠くの山なみの麓に広がる遠景の集落や田畑が美しい。季節によりその色づきが移り変わり、すぐ側の木々のそよぎと足下の草いきれなどが五感に心地よい刺激を与え、人と自然との「一体感」を意識するしないにかかわらず引き込まれて快さを味わう。自然そのものが心を癒すだけでなく、一体感的感覚が安らぎと人と人の関係づくりを促し導いているのを実感できる瞬間でもある。自然と直接触れ合う諸活動での感動体験を表現する子らの言葉には、心の成長に及ぼす自然の偉力を改めて認識させられる。

当施設でのある日の子どもたちの表現から、人と自然の「つながり」とこころに与えるものについて考えてみる。

窓際で地球儀を回しながら眺めていた小学校低学年の少女が、地球儀上の日本を指さして、何か発見して驚いたような声で叫んだ。

「不思議、地球の横の方に立ってる私が何故倒れて落ちないの。」

その側にいた中学生が、すかさず得意そうに解説していた。

「地球に引力があるから。ニュートンがリンゴが木から落ちるのを見てこの万有引力の法則を発見したんだ。」

が、小学低学年の少女にはその解説は理解できず、こころに届かない。

写真１　やまびこの郷の春

写真２　やまびこの郷の冬

「地球って優しいしえらいね。どこで何をしていても、朝でも夜でも私達をしっかり守ってくれている。」

感動したようにつぶやいた。

またある男子中学生が、雪が解けて土が顔を出した裏山に、小さな緑の草の芽を見つけたときのこと。

「そうか。こんな芽を出すために、冬の間じっと雪の地面の下で頑張っていたのか。」

彼は長い間、不登校状態が続いていて、この施設を季節を変えて何度か利用している。冬の雪に覆われた裏山の景観と、春先に雪が解けて土色の肌を見せ、やがて緑が一面に広がっていく自然の変化を見ているのであろう。

文字通り、里山の懐に抱かれているような小高い地に建つ当所は、一面に覆われた雪景色で、微妙に異なる色調の緑の重なりで、紅葉した木々で、色とりどりの草花で、自然の移り変わりを感じさせる。そしてそこに生きるさまざまな生物の営みに、子どもたちは新しい発見をしていた。

都市部に生活する子どもの中には、「星って本当に明るい。きれい」とか「雪の結晶って本当に六角形だった」と感動する。室内に飛び込んできた小虫を、窓を開けてそっと逃がしたその行動を、すぐ横で見ていたスタッフが、「小さな命を助けたね」と声をかける。人間も、自然の中に共存している命ある生物の一つだと実感しているのであろう。近くの小川の流れの中で泳ぐ小さな魚を見つけた子どもが、「一生懸命泳いでる」と感情を投影して語っていた。自然災害のあと、樹木が倒れ、地すべりで滝状型に剥けてしまって山肌を見せた近くの山に、「大きな傷がついた山。痛かったと怒ってる」と、さらに「自然は残酷なこともする」といったわりの表現する。側にいた男子中学生は、「天災でなく人災だ」

と、本質を鋭く突く感性を見せる。

夜、遠くの集落の灯火だけの明かりの場を利用した肝試しでは、漆黒の闇の中でもだんだん見えてくる不思議な視感覚体験に、「発見、発見」と感激する。夏や秋の夜、空一面の星を地面に寝転がっていつまでも見続けるときに、「星が話しかける」との感想を述べつつ、宇宙と地球と自分の一体的関係やつながりに感動する子もいた。樹木の幹に耳を当てたり、石を拾って耳に当てたりする遊びでは、「聞こえる、聞こえる」と言う。自然の中に身を置くことは、心もごく自然な状態に戻って、本来持っている感覚が呼び戻されて敏感になり、周囲の自然と接触し、つながっていることを実感しているのであろう。再び、「つながる」ことの実感のきっかけは、自然界との接触で始まっていた。つながりを実感させてくれ、生きている自然を感じる体験、それが自然体験であることを示している。

自然界でのこの体験は、氾濫するバーチャルリアリティでは得られない、五感で納得する体験となって、全身で記憶され、思い出として記憶に残るだけではなく、さらに感性を育て、また同時に癒す機能を持っていて、自己概念を変化させていく。

やまびこの郷でのプログラム最終の集いで、一夜にして雪が積もり、朝一面の雪景色に接し、「雪って、一粒一粒は点なのに、それが集まると、世界を柔らかく包んで白い曲線だけに変えてしまう。すごい!」と。

家庭を離れ、「登校してもしんどい、休んでもつらい」とか「みんな遠くに行った」などの同じような思いを持つ子どもたちと、スタッフや学生ボランティアとが自然の中で一緒に過ごす活動体験は、家にひきこもり、学校などの距離が遠く、周囲とのつながりも弱くなって退行したり、無気力になったり、自己中心的なってしまっている子どもたちにとって、大きく変わるきっかけになるともいう[稲村、1988]。

子どもらの感動体験は側にいる人にも伝わり、共通体験として人とのつながりをも創り出していく。このとき側にいて共感する人の存在は重要で、再び環境と本人との関係性を創り出していくのを支える機能を担う。それがスタッフの任務であると思う。

不登校の子どもは、外なる世界との関係が切れるだけではない。内なる自分と外に向けている自分のつながりが切れて、すなわち関係がうまくいかなくなっている。長期化すると、居心地の悪さは外の世界だけではなくなる。家の中にいても、自らの心の内にも感じている居場所のなさを、箱庭療法などで表現している作品に遭遇することも稀でない。

3　兵庫県立但馬やまびこの郷では

当所のプログラムに参加する小中学生は、県下各地から集まる。毎回集う子どもらのメンバーが異なっている。たまに過去に一緒になったリピーターがいることはあるが、ごく稀である。

初めて出会い、新しい場で新しい生活を始めることは、そんなに容易なことではないと十分に理解させてからスタートさせる。未知の人たちと四泊五日、寝食を共にする宿泊体験や集団生活、集団活動などでは、保護者や子どものカウンセリング、行動観察などによるアセスメントを通して可能な限りその多様性を認める。したがって、スタッフは絶えず体験活動の内容・プログラムの検討を行う。カンファレンスとミーティングにより、子どもも一人一人の情報を交換し、こころの共有に努めて活動する。

体験活動の目標は並列的ではなく、構造化して考えている。目標の基本は、マズローの欲求階層説を参考にしながら、個別の課題への配慮による援助を検討して関わっていく。

温泉入浴と少人数の寝室で睡眠を、食事には食材・調理・食器・メニューなどで優しさと愛を感じる工夫がなされている。安心して全身をゆだねられる環境と自由な時間のやまびこタイムなどで、居場所を確認し、信頼関係形成の構築を援助する。成就感・達成感・満足感などによる自己効力感のある自己像形成をはかるプログラムを考案し、選択には自己決定力の駆使を可能にする準備を整える。さらに一対一の関係から小集団、大集団での活動プログラムへと進める。

具体的なプログラム（**図1**）は、最初はお互いを知る出会いの集いから始まり、各人の作業が集積して一つの料理が完成するようなメニューを提案する（**写真3**）。周辺地域の散策では、生活空間を広げていき、スタッフと一緒に活動するプログラムでは子どもたち自身が希望する活動を選択する。例えば、創作活動、スポーツ活動、文化活動などで、さらに各活動内容の種類は豊富に準備し、各自の選択に応じる。四日目は、全員が専用バスで遠くに出かけ、時には軽い登山、スキーなども加えた集団活動を実施する。最終日のお別れ会では、一緒に過ごした日々の具体的な姿に、スタッフやボランティアがメッセージを贈る。子どもたち参加者も保護者も感想を表現する。思いがけない深い感動を表現し、保護者はもとよりスタッフも感激する場面もしばしばである。

「変われる自分を感じた」「まだまだ頑張れる自分に気づいた」「何かが動いたなと感じた」そして異口同音に「楽しかった」と。

四泊の夜間のやまびこタイムは、スタッフにとっても子どもたちにとっても大切な時間で、日ごとにスタッフ、ボランティアと子どもら相互の関係が深くなり、別れを惜しみながら家路に着く。日常世界に元気に戻るその姿を全員で見送って、プログラムは終了。

プログラム（4泊5日）

時刻	1日目	2日目	3日目	4日目	5日目
7:00		起床 朝食	起床 朝食	起床 朝食	起床 朝食
9:30		料理を作ろう	スタッフと一緒に活動しよう	遠くへ出かけよう	お別れ会
11:00					
12:00		昼食	昼食	昼食	昼食
13:30	出会いの集い				
	お互いを知ろう	地域と交流しよう	スタッフと一緒に活動しよう		
18:00（冬は17:30）	夕食 入浴	夕食 入浴	夕食 入浴	夕食 入浴	
19:00	やまびこタイム	やまびこタイム	やまびこタイム	やまびこタイム	
22:30	就寝	就寝	就寝	就寝	

図1　四泊五日プログラム

写真3　料理を作ろうタイムの作品「お雛様」

4　おわりに

登校していたという日常性を、それぞれ何かのきっかけで維持できなくなった子どもたちが、外界との関係においても内界においても関係性が回復し、日常性をとりもどす。そのきっかけとなっている自然体験でのようすを紹介した。その過程では、常に子どもらの側にいて、共に歩む人の存在とつながりが実現を支援している。

（馬殿禮子）

引用・参考参献

馬殿禮子　2005　「不登校児の短期宿泊型適応指導施設について」『臨床心理学』第5巻1号　金剛出版

稲村　博　1989　『登校拒否の克服』新曜社

河合隼雄　1975　『ユング心理学入門』培風館

第4節　NPOなど

1　NPOなどの民間団体・民間施設による不登校支援の現状

(1)　民間団体・民間施設による不登校支援の経緯

文科省の学校基本調査によると、二〇〇一年度まで増加の一途をたどってきた不登校児童生徒数も、二〇〇二年度からは連続して減少を示しているものの、現在もなお一二万人を越える不登校児童生徒が存在している状況である。

そうしたなか、不登校児童生徒への支援として文科省を中心としてさまざまな施策が実施され、教育支援センター（適応指導教室）の設置など公的機関による不登校支援の充実がはかられると同時に、学校外における居場所として民間団体・民間施設による不登校支援の場も増加し、注目されるようになってきた。

文部省協力者会議報告［1992］によると、一九九〇年には登校拒否児の指導をする民間施設が全国四一県、二二九ヶ所に及んでいることが指摘されている。また、オルタナティブ教育研究会［2003］の調査によると、オルタナティブな「学び舎」（教育支援センターやフリースクールなど、学校以外の学習・生活空間）は、不登校が増加するにともなって量的拡大を遂げ、特に一九九〇年代以降の増加が顕著であること、「学び舎」の分布は地

NPO
佐藤［2002］によると、この用語の使われ方には幅があり、①法人格所得をしていないボランティア団体や市民活動団体を含めてひろく一般的にNPOという呼称を用いる場合、②特定非営利活動法人の法人格を取得した団体に限定してNPOという場合、③行政官庁の認可を受けた民法上の公益法人（「祭祀、宗教、慈善、学術、技芸其他公益に関する社団又は財団」）の法人格を持ち、市民的な活動基礎を持つ団体を含めてNPO・NGOと併記する場合など、があるという。ここでは、①〜③を含む広義の意味でNPOという用語を使用している。

域的に偏りがあり、大都市では民間の「学び舎」が大半を占め、中都市〜町村部では教育支援センターの割合が相対的に大きいことなどが指摘されており、不登校の増加とともに民間団体・民間施設による不登校支援の場が大都市を中心として増加してきたことがうかがえる。

このような民間団体・民間施設による不登校支援の場の拡大にともない、文科省による通達、通知、報告書においても、公的関係機関の利用に関する内容にとどまらず、民間団体・民間施設の利用に関する内容や民間団体・民間施設と学校・公的機関との連携についての指摘がなされるようになってきた。文科省の不登校支援に関する通達、通知、報告書において、民間団体・民間施設に関して記述された内容の主なものを**表1**にまとめた。

文科省の不登校施策における民間団体・民間施設に関する記述は、一九九二年の学校不適応対策調査協力研究者会議による「登校拒否問題について」の報告書の中にすでに見られる。そこでは、公的な指導を受けること・公的機関に通うことが困難な場合は、「民間の相談・指導施設も考慮されてよいこと」が示されており、「一定の要件を満たす場合には指導要録上出席扱いとすることができること」、「一定の要件を満たす場合には指導要録上出席扱いとすることができること」を示すだけにとどまらず、一定の要件を満たすことで〝出席扱い〟にもできるという指針が示され、民間団体・民間施設による指導を認める内容となっている。なお、民間団体・民間施設に求められる「一定の要件」については、別記の「民間施設についてのガイドライン（試案）」によってその判断基準の試案が示され、「学校への復帰を前提とし、かつ、不登校児童生徒の自立を助ける上で有効・適切である」ことを学校長と教育委員会との判断により認められることが必要とされている。

その後、不登校児童生徒のさらなる増加を受けて、二〇〇三年に不登校問題に関する調

表1　文部科学省の不登校施策における民間団体・民間施設に関する記述内容

年　月	報告書名、事業名など	民間団体・民間施設に関する内容
1992年	学校不適応対策調査協力研究者会議 「登校拒否問題について」 初等中等教育局長通知 「登校拒否問題への対応について」	・民間団体・民間施設による相談・指導（指導要録） 「公的な指導の機会が得られないあるいは公的機関に通うことも困難な場合で本人や保護者の希望もあり適切と判断される場合は、民間の相談・指導施設も考慮されてよい」（一定の要件を満たす場合には指導要録上出席扱い） ・民間団体・民間施設の適切性の判断 「学校や教育委員会はその施設の実態を十分把握した上で、本人にとって真に適切かどうか判断する必要がある」（校長が、設置者である教育委員会と十分な連携をとって判断） 別記『民間施設についてのガイドライン（試案）』
2003年	不登校問題に関する調査研究協力者会議 「今後の不登校への対応の在り方について」	・不登校に対する基本的な考え方「連携ネットワークによる支援」 「多様な学習の機会や体験の場を提供する民間施設やNPOなどと積極的に連携し、相互に協力・補完しあうことの意義は大きい」「義務教育段階の児童生徒の進路形成を支援する観点から、児童生徒と関わりを持ちつづけるよう、例えば、学校の教員らが民間施設と連絡を取り合い、互いに訪問するなどの具体的行動をとるなどの公的機関と民間施設などとの連携協力は重要である」 ・学校の取組 「不登校児童生徒が適応指導教室や民間施設などの学校外の施設において指導を受けている場合には、当該児童生徒が在籍する学校がその学習の状況などについて把握することが児童生徒の学習支援や進路指導を行う上で重要」 ・関係機関との連携による取組「公的機関と民間施設やNPOなどとの積極的連携」 「学校、適応指導教室などの公的機関は、民間施設などの取組みの自主性や成果をふまえつつ、より積極的な連携をはかっていくことが望ましい」「公的機関による民間施設に関する情報提供や、共同の事例検討会の実施、研修などにおける講師としての協力、不登校児童生徒の指導計画の共同作成・実施、体験活動プログラムの共同作成・実施、訪問型の支援に関するマニュアルの共同作成、学校外での学習評価における連携などの取組み」「適応指導教室などの運営委託」 ・教育委員会に求められる役割「官民の連携ネットワークの整備の推進」 「連携協力のためのコーディネート」「関係機関のネットワークづくりと不登校対策の中核的機能の整備充実」「民間施設などとの連携協力のための情報収集・情報提供など」 ・「民間施設についてのガイドライン（試案）【改訂】」
2003年	スクーリング・サポート・ネットワーク（SSN）整備事業	・民間団体・民間施設も含めた地域のネットワークづくり ・民間団体・民間施設に関する情報収集、情報提供

査研究協力者会議により「今後の不登校への対応の在り方について」報告書が示されたが、その中では官・民の連携協力の意義の大きさ、公的機関と民間施設やＮＰＯなどとの積極的な連携の重要性がさらに指摘されており、「公的機関による民間施設に関する情報提供」「共同事例検討会の実施」「研修等における講師としての招聘」「不登校児童生徒の指導計画、体験活動プログラムの共同作成・実施」「訪問型の支援に関するマニュアルの共同作成」「学校外での学習評価における連携等の取組」「民間への適応指導教室の業務委託」など、より踏み込んだ連携が提案されている。

また、一九九九年度から民間施設を含めた適応指導教室の活動支援をはかるために行われていた不登校児童生徒の適応指導総合調査研究委託（ＳＳＰ：スクーリング・サポート・プログラム）事業が、スクーリング・サポート・ネットワーク（ＳＳＮ）整備事業*として拡充され、民間団体・民間施設を含めた連携、ネットワーク化も進められてきた。

さらに、二〇〇七年度には京都市教育委員会から民間団体・民間施設における学習指導を学校の成績として認めるという方向性が示され、今後この方向性が全国に広がる可能性も考えられる。また、現在では教育特区を利用し、八王子市立高尾山学園*、京都市の洛風中学校*のように公的に不登校支援のための中学校が設立されるだけでなく、地方自治体とすでに不登校支援や特別支援教育のノウハウを持っている民間団体・民間施設とが連携し、中学校や高等学校を設立する流れも出てきている。

このように、民間団体・民間施設による不登校支援は、現在では〝指導要録上の出席扱い〟、〝成績認定〟と役割の幅をさらに広げ、学校や公的機関との連携の在り方もたんなる情報交換にとどまらない多様なものとなってきている。

スクーリング・サポート・ネットワーク（ＳＳＮ）整備事業
教育センター、教育支援センターを不登校対策の中核的なセンター（スクーリング・サポート・センター）として位置づけ、早期対応ときめ細かな支援を行うため、不登校対策に関する中核的機能を充実し、学校・家庭・関係機関が連携した地域ぐるみのサポートシステムを整備する文科省の事業である。

高尾山学園
→第6章第5節を参照。

洛風中学校
→第6章第6節を参照。

(2) 民間団体・民間施設による不登校支援の現状

民間団体・民間施設による不登校支援の活動が広がるなかで、民間団体・民間施設への関心は高まってきているが、民間団体・民間施設による不登校支援の現状についてはわかりにくい部分が多いのも実情である。その理由の一つとして、民間団体・民間施設はその設置者、施設・設備、教育方針、活動内容などが団体・施設によって実にさまざまであり、また公的機関に比べその実態を知ることが難しいということがある。また、安心できる機関かどうかの判断も保護者自身や教育関係者自身にゆだねられている。

現在、学校や行政機関に対して、不登校の子どもを抱えてとまどう保護者へ民間機関も含めた関係機関についての情報提供を行うことが、不登校支援の施策としても保護者からの要望としても求められているが、前述したような民間団体・民間施設の性質から学校や行政機関としても各民間団体・民間施設の状況を把握することが難しく、情報提供をなかなか行いづらいという状況があるようである。

そうした民間団体・民間施設の特質をふまえた上で、民間団体・民間施設の現状について概要をまとめてみたい。

民間団体・民間施設による不登校支援の主な形態には、フリースクールやフリースペース（居場所）での支援、相談室での相談による支援、訪問による支援、短期的体験プログラム（キャンプなど）による支援があり［学研（編）、2003］、一つの団体・施設が複数の形態による支援を行っていることも多い。その中でも特に民間団体・民間施設の活動の中心となっているのが、フリースクール、フリースペース（居場所）での支援である。

フリースクール、フリースペース（居場所）の特徴についてまとめると、①民間による教育機関であり、不登校の子どもたちの受け入れ機関として設立されていることが多い、②人数が少なく、異年齢での活動がある、③プログラムをこなすというより、一人一人の事情が尊重されやすい、④授業料・学費に相当するお金を支払っている、⑤主宰者の考える教育の実践が行われている、などが共通した特徴としてあげられる［相馬・花井・倉淵、1998／佐藤、2002／学研（編）、2003］。しかし、運営方針は団体や施設によって大きく異なっており、内容はフリースクールの数だけあると指摘されるように［オルタナティブ教育研究会、2003／学研（編）、2003］、フリースクール・フリースペースの運営方針や目標はさまざまであり、比較的学校に近い規律的なスタイルをとる施設がある一方で、子どもの決定を中心とした自由なスタイルをとる施設があり、また目標を学校復帰として学校と連携をとりながらスムーズな学校への移行を重視する施設がある一方で、目標を学校復帰とはせずに独自の教育実践を行っている施設があるというように、団体・施設によって活動形態や活動方針には幅があり、大きく異なっている。また、フリースクール、フリースペース（居場所）の特徴については、さらに次のような指摘もある。

二〇〇三年にオルタナティブ教育研究会により示された、フリースクールやフリースペースに関する大規模な調査をもとにした「オルタナティブな学び舎の教育に関する実態調査報告書」では、民間団体・施設の不登校支援の特徴として、「多様な背景の子どもを受け入れる傾向があること」「（公的機関に比べると割合は低いが）フリースペースでも六割近くで授業が行われていること」「財政状況について会費などの個人負担が大きいこと」などがあげられており、フリースクール、フリースペースの具体的な状況がうかがえる。

また、佐藤［2002］が子育て、青少年活動に関わるＮＰＯを三つに類型化する中で、学校教育を補完したり、オルタナティブな教育機会を提供することを目的に成立したフリースペース・フリースクール・塾などのＮＰＯがある」として「教育協同・学校補完型」と名付けているように、教育の協同、学校教育の補完として活動している民間団体・民間施設も多いが、独自の教育理念・方針を掲げて、「学校教育を凌駕する教育実践」［学研（編）、2003］を目標にしている民間団体・民間施設も存在しており、民間団体・民間施設の在り方は実に多様なものとなっている。

次に、民間団体・民間施設の利用状況について見てみたい。二〇〇五年度の不登校児童生徒と保護者の相談、指導、治療機関の利用および指導要録上の「出席扱い」について、文科省［2007］の調査からまとめたものが**表2**、中学三年生時の施設利用状況とその満足度について、森田［2003］の調査からまとめたものが**表3**である。**表2**によると、二〇〇五年度において、不登校児童生徒とその保護者のうち相談・指導・治療機関を利用した者は全体の35.1％であり、年々利用率はわずかに増加しつつあるものの、まだ少ないのが現状である。その中でも最も利用が多かったのが教育支援センターであり、不登校児童生徒全体のうち12.9％が利用しているが、民間団体・民間施設の利用は2.0％にとどまっている。また、指導要録上の出席扱いの割合については、公的機関である教育支援センターにおいては約八割が出席扱いとなっているのに対し、民間団体・民間施設では約三割となっており、民間団体・民間施設への認知がまだ低い状況にあることがうかがえる。民間団体・民間施設における不登校支援は、公的機関における不登校支援に比べ、その設置者の考える教育方針、教育実践を強く反映しており、学校復帰を目標としていない場合などは、指導要録上の出席扱いを認めるには一定の要件を満たしていないと判断される場合もあると考えられる。しかし一方で、民間団体・民間施設も含めた学校外の不登校支援機関に対する理解が十分ではない状況があることも複数の調査から指摘されており［不登校児童生徒の

表2　相談、指導、治療を受けた機関等および指導要録上の「出席扱い」
（文科省［2007］をもとに作成）

機関名	指導・治療を受けた人数	不登校児童生徒数における割合	指導・治療を受けたうち、指導要録上の出席扱いした割合
①教育支援センター	15,799 人	12.9%	77.5%
②教育委員会および教育センターなど教育委員会所管の機関（①を除く）	8,685 人	7.1%	29.8%
③児童相談所・福祉事務所	7,458 人	6.1%	17.6%
④保健所、精神保健福祉センター	874 人	0.7%	8.6%
⑤病院、診療所	10,483 人	8.6%	6.6%
⑥民間団体・民間施設	2,498 人	2.0%	30.3%
⑦上記以外の施設	2,124 人	1.7%	16.1%
⑧上記①〜⑦での相談・指導を受けた人数	42,905 人	35.1%	39.4%
⑨養護教諭による専門的指導	27,154 人	22.2%	—
⑩スクールカウンセラー、心の教室相談員らによる専門的相談	46,254 人	37.8%	—
⑪上記⑨、⑩による相談・指導を受けた人数	63,249 人	51.7%	—
⑫上記①〜⑦、⑨、⑩による相談・指導を受けた人数	81,808 人	66.9%	—

「適応の場」に関する総合的研究会、2004／こども教育支援財団、2007〕、学校と学校外支援機関との相互理解が十分ではないために、出席扱いを含めたさまざまな連携が難しくなっている側面もあると考えられる。

次に、森田〔2003〕の調査による施設利用者の満足度では（**表3**）、教育支援センターの利用について、「役立った」（「おおいに役立った」「ある程度役立った」を合わせた割合）と回答しているものが約七割と最も多いが、フリースクールも約五割が「役立った」と回答しており、民間団体・民間施設による不登校支援も成果をあげていると言える。また、オルタナティブ教育研究会〔2003〕の調査では、「学び舎」間の移動経験の際立った特徴として、「適応指導教室→フリースクール→フリースペース」という子どもの動きが存在していることが指摘されており、子どもの状態やタイプによって公的機関の利用だけでは十分ではなく、民間団体・民間施設の利用が必要となる場合もあることがうかがえる。

不登校の子どもたちの状態やタイプも多種多様であることから、それぞれの子どもが自分の状態に合った場で支援を受けられるように、民間団体・民間施設の状況がより的確に伝わることが大切である。民間団体・民間施設側が運営の透明性への努力、情報発信を進めていくと同時に、学校や公的機関が民間団体・民間施設についての情報収集、理解を進め、相互に協力していくことが必要である。

2　NPOなどの民間団体・民間施設との連携のあり方

民間団体・民間施設が不登校の子どもたちへの支援を進めていく上で必要となるのが、学校や公的機関、行政との連携である。

表3　不登校児童生徒における施設利用状況と満足度（森田［2003］をもとに作成）

利用施設名		施設利用状況	施設利用者の満足度		
		中学三年時の利用状況	おおいに＋ある程度役立った	あまり＋まったく役立たなかった	無回答
適応指導教室	人数	201	136	59	6
	比率	14.9%	67.6%	29.3%	3.0%
教育センター	人数	242	132	104	6
	比率	18.0%	54.5%	43.0%	2.5%
児童相談所	人数	214	87	122	5
	比率	15.9%	40.7%	57.0%	2.3%
保健所	人数	50	14	33	3
	比率	3.7%	28.0%	66.0%	6.0%
病院	人数	333	167	161	5
	比率	24.8%	50.1%	48.3%	1.5%
フリースクール	人数	81	40	37	4
	比率	6.0%	49.4%	45.7%	4.9%
民間心理相談	人数	94	39	51	4
	比率	7.0%	41.5%	54.3%	4.3%
その他	人数	61	36	19	6
	比率	4.5%	59.1%	31.1%	9.8%
利用せず	人数	600	—	—	—
	比率	44.6%	—	—	—

財団法人こども教育支援財団*［2007］では、不登校児童生徒をとりまく家庭・学校・関係機関との連携の状況について保護者と教育関係者にアンケート調査*を行い、連携の現状や今後の連携の在り方について検討している。ここでは、「公的機関と連携する際の不安点・安心条件」、「民間機関と連携する際の不安点・安心条件」について保護者と教育関係者から寄せられた意見をもとに、(1)保護者から見た民間団体・民間施設との連携、(2)教育関係者から見た民間団体・民間施設との連携、についてそれぞれ検討している内容に焦点をあて、以下に紹介する。

(1) 保護者から見た民間団体・民間施設との連携

① 保護者が感じる民間機関、公的機関との連携における不安点

保護者に対して、民間機関、公的機関のそれぞれと連携する際の不安点についてたずねたところ、民間機関については、①守秘義務、②費用、③職員の資質、④環境的制約、⑤雰囲気、⑥学校との連携、⑦対応、⑧情報不足、に関する内容が挙げられ、公的機関については、①守秘義務、②職員の資質、③時間的・環境的制約、④雰囲気、⑤学校との連携、⑥対応、⑦情報不足、に関する内容が挙げられていた。具体的な内容は**表4**のとおりである。

保護者が感じる連携する際の不安点としては、民間機関、公的機関ともに、守秘義務、職員の資質、雰囲気、学校との連携、対応などに関することが指摘されており、その場における教育の質が重視されていることがわかる。特に、雰囲気については、公的機関が事務的で堅苦しいというイメージを持たれているのに対し、民間機関はフリーすぎるのではないかということが心配されている。また、民間機関ということで、対応について学校復

財団法人こども教育支援財団
財団法人こども教育支援財団は、二〇〇一年四月に文部科学省の認可を受けて設立され、不登校への支援を含め広く子どもの個性や能力に応じた教育、健全な心身の発達育成を支援し、子どもたちの「生きる力」を育むことを目的として活動している財団法人である。札幌、仙台、東京、さいたま、横浜、千葉、柏、静岡、名古屋、京都、大阪、神戸、広島、福岡など全国主要都市に学校復帰支援のための居場所「元気の泉」を設け、学習・心理・生活の各面から不登校への支援を行っている。「元気の泉」では、学習指導や体験活動を行い、再登校に必要な学習面・生活面の成長を支援するとともに、家から外に出ることが難しい児童生徒へのメンタルサポーター（大学生・大学院生）の派遣、臨床心理士などの専門家による保護者へのカウンセリングも行っている。また、学校復帰後のアフターケアも行い、学校生活への定着を支援している。

アンケート調査
財団法人こども教育支援財団が、

表4　保護者　関係機関（公的機関、民間機関）と連携する際の不安点（自由記述）
（　）内は回答者数

公的機関	民間機関
①守秘義務 ・個人情報がもれる。(1) ・学校へ情報が伝わってしまう。(3) ②職員の資質 ・専門性。カウンセリングへの理解がない。(4) ・不登校への理解がない。(2) ・子どもや親を非難される。(2) ・どんな担当に当たるか。考え方、資質など。(2) ・有効と感じられない。(3) ③時間的・環境的制約 ・土日、夜間は休み。相談日に融通がきかない。(4) ・本人が通う場合、遠すぎる。(5) ・地方には十分な環境がない。(1) ・子どもの人数が少なく、友達が作れない。(1) ④雰囲気 ・事務的。(6) ・堅苦しい。柔軟な対応が望めない。(3) ・子育てのことばかり言われる。役所的。(1) ・子どもがなじめるか。(1) ・本人の気持ちより学校復帰の意識が強い。(2) ⑤学校との連携 ・直接、連携があるのか。学校とのくいちがいがあるのではないか。(2) ⑥対応 ・予約待ち。(3) ・対応が消極的。(1) ・勉強に対する指導がない。(1) ・先生が代わると対応が違ってしまう。(1) ・子どもの状態に対し、適切なことがしてもらえるのか。(1) ⑦情報不足 ・情報がない。(2)	①守秘義務 ・プライバシーが守られるか。(1) ②費用 ・費用が高い。(20) ・料金を加算される。(1) ③職員の資質 ・どんな担当に当たるか。考え方、資質など。(2) ・子どもや親を非難される。(1) ・参考にならない。(1) ・実績があるか。(1) ④環境的制約 ・遠すぎる。近くにない。(5) ⑤雰囲気 ・手軽に話せない。(1) ・管理的なのではないか。(1) ・フリーすぎる。(1) ⑥学校との連携 ・スクールカウンセラーが民間機関に否定的。連携が心配。(1) ・学校の立場をわかってくれているか。(1) ⑦対応 ・本当に子どもの立場で対応してくれるか。(1) ・学校復帰に重点をおくのか。(1) ・子どもに合うか。(1) ・内容。(1) ⑨情報不足 ・情報がない。(3) ・信頼性など選ぶ基準がわからない。(1)

帰に重点をおいてくれるのか、学校との連携について学校の立場を理解してくれるのか、連携がうまくいくのかなどについて心配する内容も見られた。さらに、民間機関に特徴的な不安点として、費用が高いのではないか、次々と料金を加算されるのではないかなど費用面に関する不安が多く見られている。

その他、民間機関、公的機関ともに共通して情報不足であることが指摘されており、保護者にとっては不登校支援の場に関する情報不足が深刻であり、それによって場の選択が難しい状況があることがうかがわれた。

② 保護者が感じる民間機関、公的機関と安心して連携できる条件

次に、同じく保護者に対して、民間機関、公的機関のそれぞれと連携する際に安心して連携できる条件をたずねたところ、民間機関については、①守秘義務、②職員の資質、③時間的柔軟さ・費用、④信頼性、⑤学校との連携、⑥対応、⑦広報、に関する内容が挙げられ、公的機関については、①守秘義務、②職員の資質、③時間的・環境的制約・費用、④学校との連携、⑤対応、⑥広報、⑦その他、に関する内容が挙げられていた。具体的な内容は**表5**のとおりである。

保護者が感じる安心して連携できる条件としては、民間機関、公的機関ともに、守秘義務、職員の資質、学校との連携、対応、広報の充実に関することなどが共通して指摘されており、前述の不安点に対照するように、支援の場での教育の質の充実、学校との連携がしっかりできること、また教育の内容や成果が明らかにされることが求められていた。特に学校との連携については、民間機関では連携が難しいのではないか、公的機関であると連携がとりやすいのではないかということを指摘する意見が見られたが、公的機関、民間機関のいずれに対しても学校と連携をとることが求められていた。

独立行政法人福祉医療機構より助成を受け、不登校児童生徒をとりまく支援連携基盤のさらなる強化を目的として調査研究を行ったものである。教育関係者および保護者を対象としたアンケート調査を二〇〇五年六月～二〇〇七年二月に全国（宮城、東京、埼玉、神奈川、千葉、静岡、愛知、京都、兵庫、広島、福岡、鹿児島）で行い、教育関係者二四一名、保護者五〇一名から回答を得たものである。

表５　保護者　関係機関（公的機関、民間機関）と連携する際の安心条件（自由記述）
（　）内は回答者数

公的機関	民間機関
①守秘義務 ・相談内容をもらさない。(6) ・個人情報の取り扱いに注意してほしい。(1) ②職員の資質 ・専門性。経験。不登校への理解がある。(6) ・個々の状態に合わせ、適切な指導ができる。(2) ③時間的・環境的制約・費用 ・時間に融通がきく。(2) ・対応が速い。(1) ・費用が安い。(1) ・子どもと合わないとき相談員を代えられるなど柔軟な対応。(1) ④学校との連携 ・学校との連携が密。(3) ・学校との連携がよい方向に向きやすい。(1) ・学校と連携がとりやすい。(1) ・適切な指導が学校にできる。(1) ⑤対応 ・事務的でなく対応してくれる。(2) ・家庭への連絡をきちんとしてくれる。(2) ・親や子どもの気持ちを考えた対応。(3) ・最後まで責任を持って対処してくれる。(1) ・気軽に体験や訪問ができる。(1) ・本人との信頼関係。いつでも相談できる関係。(2) ⑥広報 ・活動と成果を明確にしてほしい。(1) ・情報を公開してほしい。(1) ⑦その他 ・訪問制度がある。(1)	①守秘義務 ・相談内容をもらさない。(2) ・個人情報の流出がない。(2) ②職員の資質 ・専門性、カウンセラーの資格を持っている。経験。理解がある。(3) ③時間的柔軟さ・費用 ・経済面。費用が高すぎない。(3) ・費用対効果。(1) ・時間に柔軟に対応してくれる。(2) ④信頼性 ・信頼性。評判。(2) ⑤学校との連携 ・学校との連携をとってほしい。(学校との連携が難しい感じがある。) (4) ⑥対応 ・本人との信頼関係。(2) ・生徒同士の相性、生徒同士の関係への配慮がある。(1) ・親身になって相談してくれる。(1) ・親や子どもの気持ちを考えた対応。(1) ・担任が１年で代わるわけではないので、本人のことをよく理解してくれる。(1) ・内容がしっかりしている。(1) ・勉強を教えてほしい。(1) ⑦広報 ・内容について、Q&A がある。(1)

一方、それぞれに特徴的にあげられていた点としては、民間機関については費用への配慮と信頼性を求める意見が見られた。1―(2)(157ページ)で述べたとおり、民間機関についてはその設置者の立場や教育方針などが多様であり、わかりにくい部分が多い。そのため、保護者としてはその信頼性に対して慎重にならざるをえないのであろう。また費用面については、負担が大きくなりすぎないこと、費用分の成果をあげてくれることなど、民間機関であり有料であるからこそのシビアな意見も寄せられている。それに対して、公的機関については費用に関する指摘は「安い」というものであり、費用よりもむしろ時間的な制約に対して柔軟な対応を求める意見が多い。

(2) 教育関係者から見た民間団体・民間施設との連携

① 教育関係者が感じる民間機関、公的機関との連携における不安点

教育関係者に対して、民間機関、公的機関のそれぞれと連携する際の不安点についてたずねたところ、民間機関については、①守秘義務、②費用、③信頼性、④職員の資質、⑤環境的制約、⑥学校との連携(考え方の相違)、⑦対応、に関する内容が挙げられ、公的機関については、①守秘義務、②職員の資質、③時間的・環境的制約、④学校との連携(連携に対する共通理解、連携に当たっての窓口)、⑤対応、⑥情報不足、に関する内容が挙げられていた。具体的な内容は**表6**のとおりである。

教育関係者が感じる連携する際の不安点としては、民間機関、公的機関ともに守秘義務、職員の資質などが指摘されており、保護者と同様に教育関係者も支援の場の教育の質に注目しているが、特に民間機関については、職員の資質以上に、団体そのものに対する信頼性や費用面など団体の資質が問われている。公的機関では団体の資質そのものが問われる

表6　教育関係者　関係機関（公的機関、民間機関）と連携する際の不安点（自由記述）
（　）内は回答者数

公的機関	民間機関
①守秘義務 ・守秘義務を守ってもらえるか。(3) ・保護者の承諾を要すること。(1) ②職員の資質 ・専門家がいない。経験が乏しい。(2) ・助言を信じていいか。(1) ・信頼できる先生か。(2) ・担当者が代わったときに方針や対応が変わる。(1) ・職員の意識に差がある。(1) ③時間的・環境的制約 ・できる支援が限られている。(1) ・件数が多く、個々のケースに深く関われない。(1) ・タイミングよく連携できるか。(2) ④学校との連携 ＜連携に対する共通理解＞ ・学校での情報が十分伝わっていないのではないか。学校批判になる。(2) ・事務的な連携になってしまう。(2) ・学校の考える連携と関係機関の連携は同じか。連携のとり方のルール。(2) ・情報を開示しない。(1) ・医療機関などは守秘義務から話を聞けず、チームでの守秘義務と思っているため指導上不安。(1) ＜連携に当たっての窓口＞ ・誰を窓口としていいのか。(1) ⑤対応 ・家庭訪問や連絡の回数、欠席日数など数字のことばかり言われる。(1) ・問題のたらい回しをされないか。(1) ・しつけがされず、校則違反が見られる。(1) ・考え方に疑問がある。(1) ⑥情報不足 ・各機関の活動についての情報がなく、どこに連絡をとってよいかわからない。(2)	①守秘義務 ・守秘義務を守ってもらえるか。(3) ②費用 ・費用がかかる。継続できるか。(5) ・営利目的の有無。信頼できるか。(2) ③信頼性 ・信頼性（宗教や政治などの背景）。(1) ・事実と報告の内容は相違ないか。(1) ④職員の資質 ・信頼できる先生か。(1) ・助言を信じていいか。(1) ・保護者に適切なアドバイスがされているか。(1) ⑤環境的制約 ・本人の体力が持つか。(1) ⑥学校との連携 ・情報を開示してくれるか。(2) ・学校復帰を目指すのか、学校との方針の違いが生じるのではないか。(3) ・学習や進路刺激が少なく、学校とかけ離れているのではないか。(1) ⑦対応 ・最後まで責任を持って対応してくれるか。(2)

ことはなく、その専門性や担当が代わることでの方針の変化など個人レベルでの資質が心配されている。

学校との連携についても、情報共有がどこまでできるのか、チームでの守秘義務という観点から対応してもらえるのかという点については、民間機関、公的機関ともに不安点として指摘されているが、民間機関についてはさらに学校復帰を方針としているのか、学校とあまりにも考え方がかけ離れていないか、また最後まで責任を持って対応できるのかなど、団体としての考え方を心配する意見も見られ、教育関係者が民間機関に対して多くの不安を持っていることがうかがわれた。

② 教育関係者が感じる民間機関、公的機関と安心して連携できる条件

次に、同じく教育関係者に対して、民間機関、公的機関のそれぞれと連携する際に安心して連携できる条件をたずねたところ、民間機関については、①守秘義務、②費用、③信頼性、④学校との連携（連携に対する共通理解、連携が密であること）、⑤対応、⑥広報、に関する内容が挙げられ、公的機関については、①守秘義務、②職員の資質、③時間的・環境的制約・費用、④学校との連携（連携に対する共通理解、連携が密であること、連携に当たっての窓口）、⑤対応、⑥広報、⑦その他、に関する内容が挙げられていた。具体的な内容は**表7**のとおりである。

教育関係者が感じる安心して連携できる条件としては、民間機関、公的機関ともに守秘義務が守られること、学校との連携が密であること、学校の状況や立場への理解など連携に対する共通理解ができること、対応が親身であること、学習をしっかりすることなどが共通して指摘されていたが、ここでも民間機関については、団体そのものに対する信頼性や費用面が条件となることを指摘する意見が多く見られた。団体への信頼性については、

表７　教育関係者　関係機関（公的機関、民間機関）と連携する際の安心条件（自由記述）
（　）内は回答者数

公的機関	民間機関
①守秘義務 ・守秘義務を守ってくれる。(5) ・グループとしての守秘義務。(1) ②職員の資質 ・専門性、不登校への理解がある。(1) ・人材、支援内容の充実。(1) ・具体的な話ができる。(1) ③時間的・環境的制約・費用 ・すぐに対応できる。(3) ・相談時間の柔軟性。(1) ・費用がかからない。(2) ④学校との連携 ＜連携に対する共通理解＞ ・担任評価、学校評価に直結しない。(1) ・学校の考え方、指導方針、一方でその限界などについて共通理解がはかれる。学校の方針を理解した上で、相談にのってくれる。(3) ・信頼関係があり、相談したり任せたりできる。(2) ・情報交換がスムーズで情報共有できる。(3) ＜連携が密であること＞ ・学校・親・本人との連携が密。(1) ・話し合いの時間を十分とってくれる。(2) ・状況の連絡。(2) ・出欠報告。(1) ＜連絡に当たっての窓口＞ ・連絡先、窓口が明らかである。(2) ⑤対応 ・事務的でなく親身に対応してくれる。(2) ・積極的な問題解決体制。(1) ・見学を快く受けてくれる。(1) ・学習についての方針がしっかりしている。(1) ・保護者や本人と信頼関係を築き、学校復帰させる。(1) ・保護者へ適切なアドバイスがされている。(2) ⑥広報 ・実践例など事前に情報を示してほしい。(1) ⑦その他 ・家庭訪問、個人支援がある。(1) ・加配や特別予算をつけてくれる。(1)	(1) ①守秘義務 ・守秘義務を守ってくれる。(5) ②費用 ・経済面。費用が高すぎない。明確である。(7) ③信頼性 ・信頼性（実績）。(1) ・信頼性（宗教）。(1) ・保護者の信頼を得られる。(1) ・公的機関が公認している。(1) ・創設者、責任者の方針はどうか。(1) ・病院と連動していない機関である。(1) ④学校との連携 ＜連携に対する共通理解＞ ・学校の情報を聞いた上で、学校に対して的確に指導してもらえる。相談にのってもらえる。(2) ・学校職員と相談連絡できる。(1) ・信頼関係を築ける。(1) ・学校の立場、状況への理解。(1) ＜連携が密であること＞ ・定期的な報告。(2) ・積極的な情報交換。(2) ・担当者を知る。(1) ⑤対応 ・ビジネス的な対応でなく、親身である。(3) ・内容、支援体制がしっかりしている。(1) ・個別対応をしてくれる。(1) ・具体的な相談ができる。(1) ・学習についての方針がしっかりしている。(1) ・最後まで責任を持って対応してくれる。(1) ⑥広報 ・実践例など事前にわかる情報がほしい。(1)

団体の背景、実績、公的機関の公認など多くのことが求められている。また、費用については負担が大きすぎないこと、明確であることなどが求められていた。

3　NPOなどの民間団体・民間施設による不登校支援における今後の課題

(1)　不登校支援の活動体制の在り方

1、2で述べてきたとおり、民間団体・民間施設による不登校支援は年々拡大しているが、その現状についてはまだ十分に理解されているとは言えず、民間団体・民間施設の性質から状況を把握することが難しいのも事実である。しかし、不登校の子どもたちに充実した支援の場を提供するためには、民間団体・民間施設の責任者がその運営状況の透明性の確保、運営方針の情報提供に努めることが重要であると同時に、行政側が民間団体・民間施設に対して理解を深め、ときには民間団体・民間施設やそこを利用する子どもたちに対して支援を行っていくことも必要ではないだろうか。

日本では、フリースクールは特に認可の対象にはなっておらず、多くの不登校児童・生徒、そして高校中退者の貴重な受け入れ機関であり居場所であるにもかかわらず、公には認められにくい状況がある。通学定期の適用や指導要録上の出席扱いは認められつつあるが、162ページ2のアンケート調査でも指摘されていたように、民間機関・民間施設と連携する際の不安点、安心条件の一つとして「費用」が大きな問題となる。不登校支援を行っている多くの民間機関・民間施設では、活動のための「費用」を保護者からの負担に頼っているが、それでも職員の人件費、活動場所の運営費、設備費などは十分とは言えない現状がある。また、保護者の中には、私立学校に在籍しながら不登校支援の施設へも「費用」を納めなければならないという負担に、子どもの状態の変わらなさへの苛立ちも重なり、子どもを責めてしまうことも起きてくる。民間機関・民間施設に通っている子どもたちも学校に通っている子どもたちと同様に充実した教育を受けられることは重要であり、また保護者に大きな経済的負担がかかることも心配されるところである。民間機関・民間施設に通う子どもたち一人一人に対しても行政からの支援が届くようなシステムづくりが必要なのではないだろうか。

(2) NPOなどの民間団体・民間施設と学校・公的関係機関との連携の在り方

163ページ2で取り上げたアンケート調査から、保護者が感じる民間機関、公的機関のそれぞれと安心して連携できる条件として、民間機関、公的機関ともに守秘義務が守られること、学校との連携が行われること、対応が親身であることなどが求められていたが、民間機関と公的機関についてそれぞれ特徴的にあげられていた点は、民間機関については費用への配慮と信頼性、公的機関については時間的な制約に対する柔軟性であった。

また、現状では、保護者にとっては民間機関、公的機関ともに情報不足であることが指摘され、情報不足のために選択が難しいという状況があることがうかがわれた。行政などの支援により関係機関の情報を保護者に広く知らせるとともに、関係機関からも積極的に広報を行っていくことが必要であろう。

一方、教育関係者が感じる民間機関、公的機関と安心して連携できる条件としても、保護者と同様に、民間機関、公的機関ともに守秘義務が守られること、学校との連携が行われること、対応が親身であること、支援内容がしっかりしていることなどが指摘されていた。さらに、特に民間機関については、団体そのものに対する信頼性や費用面への配慮、また団体の学校復帰に対する考え方や学校への理解が求められていた。

つまり、保護者、教育関係者ともに、民間団体・民間施設に特に求める点として、支援の場での教育の質の充実はもちろんのこと、団体そのものに対する信頼性（団体の背景、設置者の教育方針、実績など）が重要であることがわかる。

また、特に教育関係者から求められている点としては、その団体の学校復帰に対する考え方や学校への理解ということがある。これは、不登校児童生徒の学校復帰を目標としている学校の立場からすると当然とも言えることであろう。

現状では、保護者や教育関係者からのこれらの要望に、情報提供の不足やそれに基づく相互理解の不足から十分に応えられていないという状況があるように思われる。

不登校児童生徒へ充実した支援を行っていくためには、保護者や教育関係者との連携体制を整えていくことが必須である。そのためには、民間団体・民間施設は、独自の特色を活かしながら活動を進めつつ、同時に自らがどのような団体であり、どのような方針で活動しているのか、また運営状況がどのようなものであるかなどを明確にし、保護者や教育関係者へ伝えていくことが必要であろう。そうすることによって、民間団体・民間施設と学校・保護者・行政との相互理解もさらに深まり、活動の幅が広がることで、子どもたちのために有効な支援を行っていくことができるのではないかと思われる。

（金子恵美子）

引用・参考文献

不登校児童生徒の「適応の場」に関する総合的研究会　2005　『不登校児童生徒の「適応の場」に関する総合的研究』

不登校問題に関する調査研究協力者会議　2003　『今後の不登校への対応の在り方について』

学研（編）　2003　『もうひとつの進路シリーズ　二〇〇三〜二〇〇四年版　不登校の子どものための居場所探し』学習研究社

学校と関係機関との行動連携に関する研究会　2004　『学校と関係機関との行動連携を一層推進するために』

こども教育支援財団　2007　『「児童・生徒の不登校克服のための支援連携基盤強化等推進事業」に関する調査研究』

文部科学省　1992　『登校拒否問題への対応について』

文部科学省　2004　『生徒指導上の諸問題の現状と文部科学省の施策について』

文部科学省　2005　『生徒指導上の諸問題の現状について』

森田洋司　2003　『不登校―その後　不登校経験者が語る心理と行動の軌跡』教育開発研究所

オルタナティブ教育研究会　2003　『オルタナティブな学び舎の教育に関する実態調査報告書』

佐藤一子　2002　『子どもが育つ地域社会　学校五日制と大人・子どもの共同』東京大学出版会

佐藤一子　2004　『NPOの教育力　生涯学習と市民的公共性』東京大学出版会

相馬誠一・花井正樹・倉淵泰祐　1998　『適応指導教室　よみがえる「登校拒否」の子どもたち』学事出版

第5節　八王子市立高尾山学園小・中学部

1　本校の概要

本校は二〇〇四年四月、国の特区制度を利用して全国で初めて設立された「不登校児童・生徒のための小・中学校」である。[*] 各自治体に設置されている、いわゆる教育支援センター（適応指導教室）とは違い、通常の学校として設立されており、児童生徒は本校に在籍している。したがって、本校に入学する児童生徒は、転校の手続きをして転入学することになる。

特区の正式名称は「不登校児童生徒のための体験型学校特区」といい、学習指導要領に縛られない、特に体験的な活動を重視した教育課程を編成して、不登校児童生徒が感じる学習や生活上の不安をできるだけ低減し、安心して通える学校づくりを目指した。特に体験的な活動は、勉強ばかりでなく、スポーツ、芸術、職業、ボランティアなどさまざまな活動体験を通して自分の得意とするものを探し、伸ばすことをねらいとし、学校の内外で実施するように計画されている。

ちなみに、特区による不登校対策としての本校や他の学校の取組が評価され、二〇〇五年七月「学校教育法施行規則」が改正されて、特区によることなく、文科省の認可により、どの自治体でも本校のような学校を開設できることになった。

＊校舎は**写真1**を参照。

写真１　八王子市立高尾山学園校舎

開校当初の児童生徒数は一一九名で、そのうち八王子市内の在住者は約65％、残りの約35％は近隣の区市や他県（遠くは大阪府、栃木県など）からの転入学者であった。予想以上の入学者があったため、現在では入学資格を「転入学時までに八王子市に在住すること」としている。二〇〇七年一月現在、小学生一六名、中学生一〇九名、合計一二五名が在籍している。その学年別内訳は小学校五年生以下が五名、六年生が一一名、中学校一年生が一八名、二年生が三三名、三年生は五八名となっており、学年が上がるにしたがって大幅に増加していることがわかる。現在、八王子市内の在住者は約90％となっている。

転入学については希望者がいつでも入学できるというシステムは取っておらず、年間三回程度の募集期間を設けている。二〇〇四年度は初年度ということもあり、二回の募集を行い、約三〇人の転入学生があった。二〇〇五、二〇〇六年度は三回の募集を行うなかで、それぞれ約四〇人と約五〇人の転入学生があり、年々増加する傾向を示している。二〇〇七年度は年四回の募集（三ヶ月に一回の転入学機会を設ける）を実施することにしている。

2 教職員体制

教員は東京都教育委員会が定める通常の学校の定数で配置されており、不登校加配が中学校に一名プラスされている。それ以外に、主に八王子市が費用負担する職員としてスクールカウンセラーや児童厚生員、嘱託員、講師、指導補助者など多くの職員が配置されており、たいへん手厚くなっている。このうち児童厚生員は、市の正規職員で通常は市立児童館に勤務する職員だが、本校ではプレイルーム（後述）の常勤職員として勤務している。また、その他の職員の勤務体制は、スクールカウンセラーと講師が週四日で一日八時間のフルタイム勤務、指導補助者は週五日で平日は毎日勤務できるが、一日当たりでは五・五時間となっている。人数は**表1**のとおりである。

3　教育課程の特色

(1)　学校教育目標と二本の柱

本校では児童生徒の不登校の状況に応じて一人一人の心の安定をはかり、適切な学習支援と集団の中での人間関係性の力を育成することが重要であると考えている。そこで、すべての教育活動を貫く二本の柱として、「社会性の育成」と「基礎学力の定着・向上」を掲げ、それを基本に次の教育目標を定めている。

① 気持を感じあえる人になろう（人間関係、思いやり、感性）
② 自分を伸ばせる人になろう（基礎的・基本的な学力の充実、意欲的な学習）
③ 自信をもてる人になろう（何か一つ得意なものを）

(2)　授業時数の削減と週時程

児童生徒の中には学校へ来ることそのものに抵抗感を感じる者も少なくない。また、一般に朝早く起きるのが苦手な子どもや八王子市全域、中には近隣の市から通ってくる子どもたちもいる。子どもたちができるだけ学校に来やすい条件を整えることを考えると、始業時刻をゆったりとさせたり、授業時数を削減したりする必要がある。そこで、本校では始業時刻を他の学校より約一時間遅い九時三〇分とし、それにともなって、一週あたりの

表1　教職員人数

校長	副校長		教員		SC	児童厚生員	嘱託員	講師	指導補助者
	小	中	小	中					
1	1	1	4	11	4	2	2	4（国数英体）	9

授業時数も他校より五時間少ない二三時間となっている。一週間の時程は**表2**のとおりである。

(3) 学習指導の工夫

一人一人の学習レベルに応じられるよう授業は基本的にチーム・ティーチング*（TT：team teaching）で行われている。小学部では、担任の先生に指導補助者がついて原則として指導者二人による授業が行われている。時間が空いているときには図工専科の先生や嘱託員の先生もつくので三人体制になることもある。また、中学部では、国語、数学、英語と保体の各教科では教員、講師と指導補助者の三人よるTTになっている。その他の教科は教員と指導補助者の二人体制で指導している。

学習指導は教科によってさまざまな工夫がされている。例えば、国語では初級からやや難しいものまでの手作り「漢字クイズ」を準備し、授業のはじめ一五～二〇分位を使って個別に、学力に応じて「漢字クイズ」を行う。辞書や携帯電話機の辞書機能を使うのも自由で、各自が調べる学習を進める。このときには、三人の指導者が個別に指導に当たる。その他、英語では単語ビンゴや個別学習用のプリントの準備、理科では一時間一時間が独立した学習になるような面白実験を行い、長く休んでいても心配なく授業に出席できるようにするなど、さまざまな工夫をしている。また、数学では学力の差が大きいことや個別の指導がしやすいことなどから、完全に個別の課題を学習する授業をする場合も多くなっている。その場合は、同じ教科書を使っていても、学習しているページが違っていたり、学習したい内容に即したプリントが個別に配布される。

チーム・ティーチング（TT）
学級の指導を一人の教員が行うのではなく、複数の教員が児童生徒を指導する授業形態。

表2　一週間の時程表

<table>
<tr><th>時　曜</th><th>月</th><th>火</th><th>水</th><th>木</th><th>金</th></tr>
<tr><td>9:30</td><td colspan="5">登　校　時　間
朝　の　学　活</td></tr>
<tr><td>9:40
9:50</td><td>読書指導</td><td>読書指導</td><td>読書指導</td><td>読書指導</td><td>読書指導</td></tr>
<tr><td></td><td colspan="5">移動時間</td></tr>
<tr><td>9:55
1 校時
10:40</td><td>1</td><td>6</td><td>9</td><td>12</td><td>15</td></tr>
<tr><td></td><td colspan="5">移動時間</td></tr>
<tr><td>10:50
2 校時
11:35</td><td>2</td><td>7</td><td>10</td><td>13</td><td>16</td></tr>
<tr><td></td><td colspan="5">移動時間</td></tr>
<tr><td>11:45
3 校時
12:30</td><td>3</td><td>8</td><td>11</td><td>14</td><td>17</td></tr>
<tr><td></td><td colspan="5">昼休み(45 分)</td></tr>
<tr><td rowspan="2">13:15
4 校時</td><td rowspan="3">4</td><td>帰りの学活
13:25</td><td rowspan="3">学活
19</td><td>帰りの学活
13:25</td><td rowspan="3">18</td></tr>
<tr><td rowspan="4">13:30
体験講座

(90 分)
20・21
15:00</td><td rowspan="4">13:30
体験講座

(90 分)
22・23
15:00</td></tr>
<tr><td>14:00</td></tr>
<tr><td></td><td>移動時間</td><td>清掃 14:25</td><td>清掃 14:25</td></tr>
<tr><td>14:10
5 校時
14:55</td><td>5</td><td>帰りの学活
14:35</td><td>帰りの学活
14:35</td></tr>
<tr><td>15:05</td><td>清掃</td><td rowspan="2"></td><td rowspan="2"></td><td rowspan="2"></td><td rowspan="2"></td></tr>
<tr><td>15:15</td><td>帰りの学活</td></tr>
</table>

(4) コース制の採用（中学二・三年生）

中学校二・三年生ではコース制を採用している。これは国語、数学、英語の授業時数が多いCコース（チャレンジコース）と実技教科の授業時数が多いBコース（ベーシックコース）の二つのコースから生徒が選択して履修できるようにしているものである。この方式を取ったのは、生徒の学力差が大きいことに加え、特定の教科に興味を示す生徒もいることから、それらにできるだけ配慮するようにしたものである。これも、本校が目指す登校しやすい学校づくりの一環と言うことができる。また、コース制はコースの移動にも柔軟に対応できるようになっている。約二ヶ月に一回、生徒の希望によりコースを変更することができるようにしている。コース制による授業時数は**表3**のようになっている。

(5) 体験活動の充実

①体験講座の実施

本校設立の理念には、勉学ばかりでなく創作活動などのものづくりを通して自分に自信を持たせるというものがある。そこで、週時程表にもあるように火曜日と木曜日の午後はさまざまな体験的な活動ができるように「体験講座」を設定し、子どもたちが選択して履修できるようにした。一回は九〇分、前、後期それぞれ一五時間程度で計画され、陶芸、華道、絵手紙（**写真2**）、漫画・イラスト、ガラス細工、囲碁、料理、ピアノレッスンなどの生活文化的なものからサッカー、バスケットボール、ダンス、インディアカ、ゴルフ、その他のスポーツなどの運動系のものまで、曜日ごとに一〇種類以上の講座が開設されている。また、半分程度の講座では、地域にお住まいの専門の先生がほとんどボランティア

表3　コース制による授業時数

	国	数	英	理	社	計	音	美	体	技家	計	学	道	ssp	体験	合計
Cコース	3	3	3	1.5	1.5	12	1	1	2	1	5	1	0.5	0.5	4	23
Bコース	2	2	2	1.5	1.5	9	2	2	2	2	8	1	0.5	0.5	4	23

で指導に当たってくれている。

この体験講座は、通常の学校でいうクラブ活動のようなもので、小学生から中学生までが一緒に活動して技能の向上を目指すとともに、相互の関わりを深めながら社会性の育成をはかろうとするものである。

②学校内外の体験的行事

不登校が長く続いた子どもたちは、社会的な体験・経験が不足している。そこで、どの学年も年間三回程度の校外活動（遠足）を実施している。校外体験では飯ごう炊さんやそば打ち体験、防災体験、スキー教室などを行っている。また、校内では「学園四季祭」と銘打って、春の全校遠足、夏の水の大会、秋のスポーツ・レクリエーション大会や収穫祭、冬には餅つき大会（**写真3**）と実際の体験・経験を重視した大きな行事を行っている。収穫祭や餅つき大会のときには、保護者や家族のみなさん、学校評議員のみなさんなどを招待して一緒に楽しんでいる。また、地域における職場体験も実施している。

(6) SSP（社会性育成プログラム）の実施

SSP（Social Skills up Program）は、文字通り社会生活を営む上で必要な資質を身に付けるための学習プログラムで、本校独自のものである。一般に人との関わりが苦手な子どもたちだが、自己理解や他者理解、対人関係の課題解決などのスキルを学ぶ機会としている。道徳の時間を利用し、二週間に一時間の割合で授業を実施している。教材は生活の中でよく起こる身近な出来事を材料にスクールカウンセラーが作成し、チームエクササイズやワークシートなどを用いた体験的な学習として行う。次にテーマ例をあげておく。

[例] 主題「火事だ！　どうする？」（ねらい―個別性の理解）
主題「どうしてけんかになるのかな？」（ねらい―対人関係の解決）
主題「マナーについて考えよう」（ねらい―マナーの学習）

4　心の居場所の確保

(1)　教育相談室の充実

相談室は、子どもたちの心の安定をはかることを目的にさまざまな工夫をしている。毎日、相談室の入り口には「友達とは？」など今日のお題が張り出される。室内のホワイトボードにはそれに対する子どもたちの答えが書かれ、子どもたち同士やカウンセラーとの話のきっかけになる。このような相互に意見交換できる取組（「レッツトライ」と言っている）やあるテーマについて教職員や友達と話し合う「しゃべり場」などが実施されている。

相談活動は予約相談もできるが、必要があればいつでも相談を受け付けており、秘密が守れる小部屋が準備してある。保護者や教員も相談できるようになっている。また、精神科の校医さんが月一回来校して子どもへの対応の仕方などをアドバイスしてくれる。さらに、保健室を居場所にする子どもたちもいるので、相談室と保健室が連携して対応するようにしている。

(2) プレイルームの設置

心の居場所の一つとして、二教室分のスペースを使ってプレイルームを設置している。トランプやウノなどのカードゲームのほかに人生ゲームやポンジャンなどの各種ゲームが二〇種類以上準備され、漫画やPCゲーム、卓球もできるようになっている。休み時間や放課後など以外に、授業に出るのが苦しくなったときにも利用を許可している。また、ここでは月に一回程度の割合でオセロ大会（**写真4**）や紙飛行機大会、ハロウィンパーティーなどのミニ行事を子どもたちの実行委員会を組織して実施している。多くの子どもたちが楽しんで参加している。

このような遊びやミニ行事を通して教職員や子どもたち同士が触れ合い、人間関係を深めることを目指している。

(3) 小グループ学級の設置

以上のようにさまざまな工夫をしても、なかなか集団になじめない子どもたちもまだ存在する。そこで、校内の適応指導教室とも言える「小グループ学級」を設置している。ここでは、まず学校に来ることを一番の目標とし、担任や指導補助者との遊びなどを通して学校の雰囲気や生活に慣れ、やがて親学級に戻れることを目指す。転入学生がこの学級から始めて、一般の学級に入り、無事に卒業していった例もある。

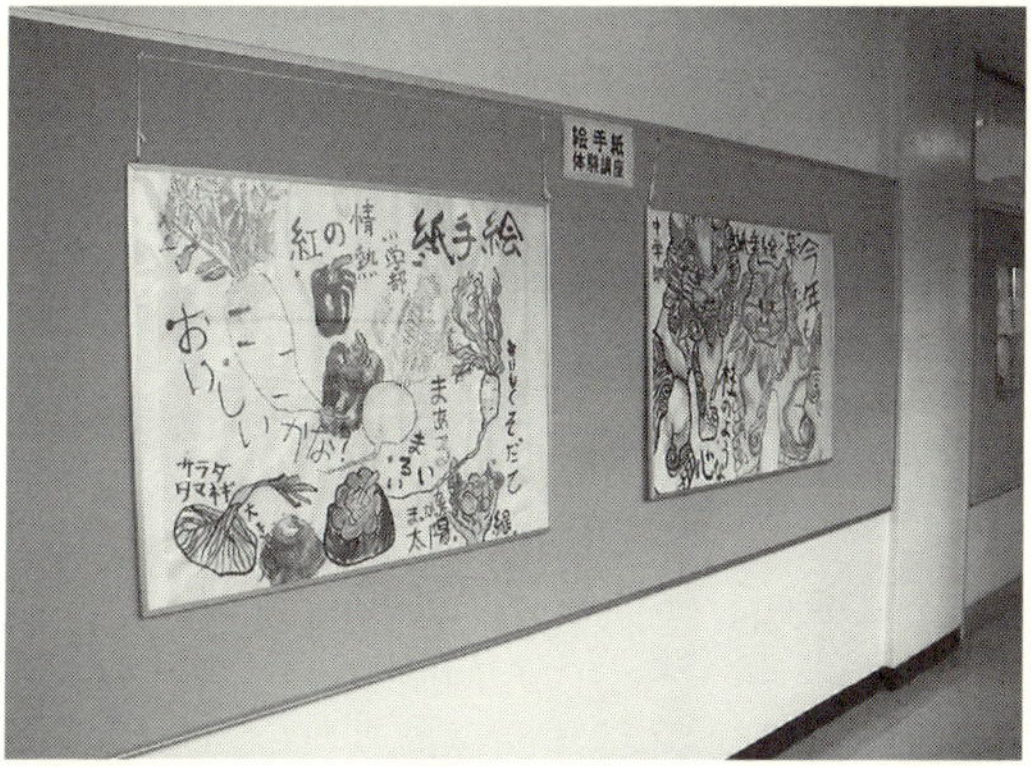

写真２　絵手紙

写真３　餅つき大会

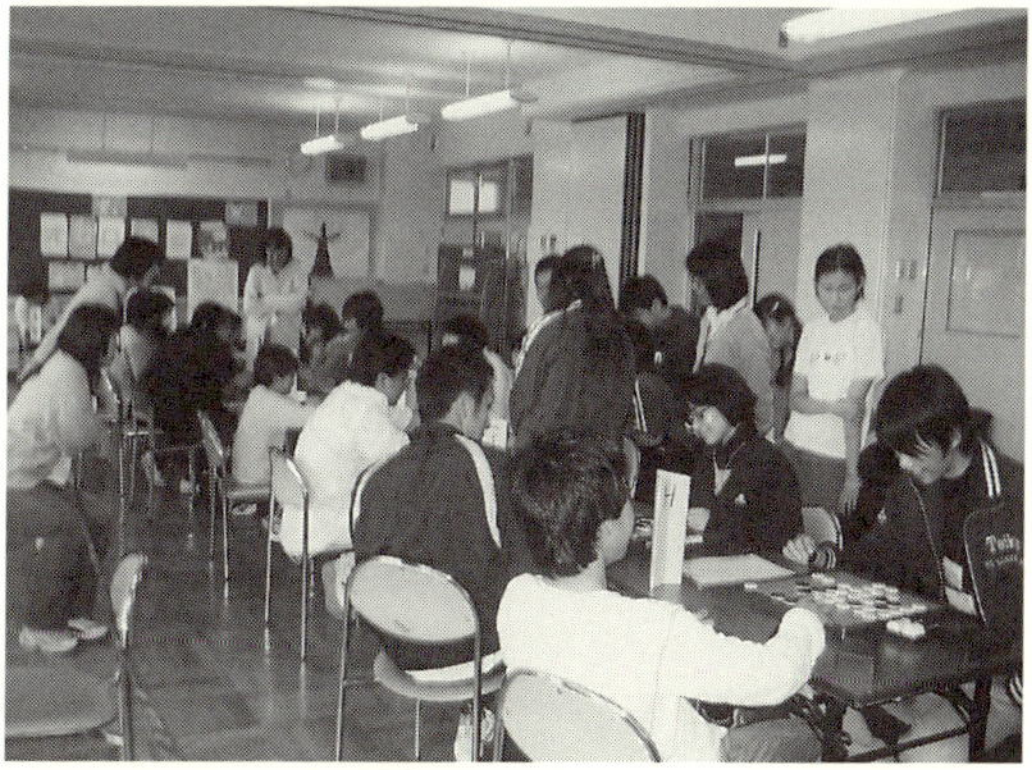

写真４　オセロ大会

5　これまでの成果

学校に行かれなかった子どもたちがどの程度出席してくれるのかは、私たち関係者の一番心配するところである。そこで、毎日の出席率を記録し、学校運営の基本的なデータとしている。開校した平成二〇〇四年度の出席率の平均は約62％、二〇〇五年度は約65％、二〇〇六年度は約67％であった。視点を変えたさまざまな工夫と努力が少しずつだが成果として現れているように思う。

また、進路の状況は、二〇〇四年度は約83％、二〇〇五年度は約94％、二〇〇六年度は約96％の生徒が公・私立の高等学校や専修学校などに進学している。二〇〇四年度の卒業生のその後の状況を調査したところ、一年後に進路を変更したものの割合は約20％程度で、思いのほか定着していることがわかった。

卒業を控えた一日、校庭では教職員対生徒のサッカーの試合が行われた。そこでは必死にプレーする子どもたちと応援に笑顔を見せる子どもたちの元気いっぱいの姿を見ることができた。人との関わりが少なかった子どもたちにとって、学校で多くの大人や仲間と関わることは、ごく薄い皮膜を積み重ねていくようなものだと考えている。長い時間をかけて積み重ねられ、いつか気が付いたとき、その皮膜は社会に通用する十分な強さを備えたものになっているのだと思う。

（山村幸太郎）

引用・参考文献

小林正幸　2003　『不登校児の理解と援助―問題解決と予防のコツ』金剛出版
黒沢幸子　2002　『指導援助に役立つスクールカウンセリング・ワークブック』金子書房
住本吉章　2003　『不登校０への挑戦』株式会社かんぽう

第6節　不登校を経験した子どもたちの学校づくりを通して
――身にしみいる体験から学んだ「お互いを尊重した生徒指導体制」の大切さ

1　洛風中学校ができるまで

不登校を経験した子どもたちに、「学校」という枠組みの中で「居場所」や「活動の場」をどのように生み出せばよいのか。どのような学習のかたち、カリキュラムや授業のあり方がよいのか。「教育支援センター（適応指導教室）・ふれあいの杜」を発展させて、そのサテライトを設置していくことでは対応できないのか。夜間中学校として開設はできないのか。さまざまな不登校のケースがある中で、どのような子どもたちが対象となるのか。人数や枠組みはどうするのか。モデルとする取組がほとんどない中で、議論を重ねていった。

そして、「不登校により、学習面でも困っている子どもの役に立とう、子どもたちを一人ぼっちにさせない、社会につなげていくことができる『新しい形の中学校』をつくろう。とにかく一歩を踏み出そう、そこでの実践から何かが見つかるはずだ」と考え、「京都市教育相談総合センター・こどもパトナ」内の元初音中学校校舎を改修して「特区中学校」を創設することになった（**写真1・2**）。

二〇〇三年一〇月一四日、「不登校児童生徒対象学校設置に関わる教育課程弾力化事業」を活用した「京都市不登校生徒学習支援特区」の認定申請をし、同年一一月二八日に「不

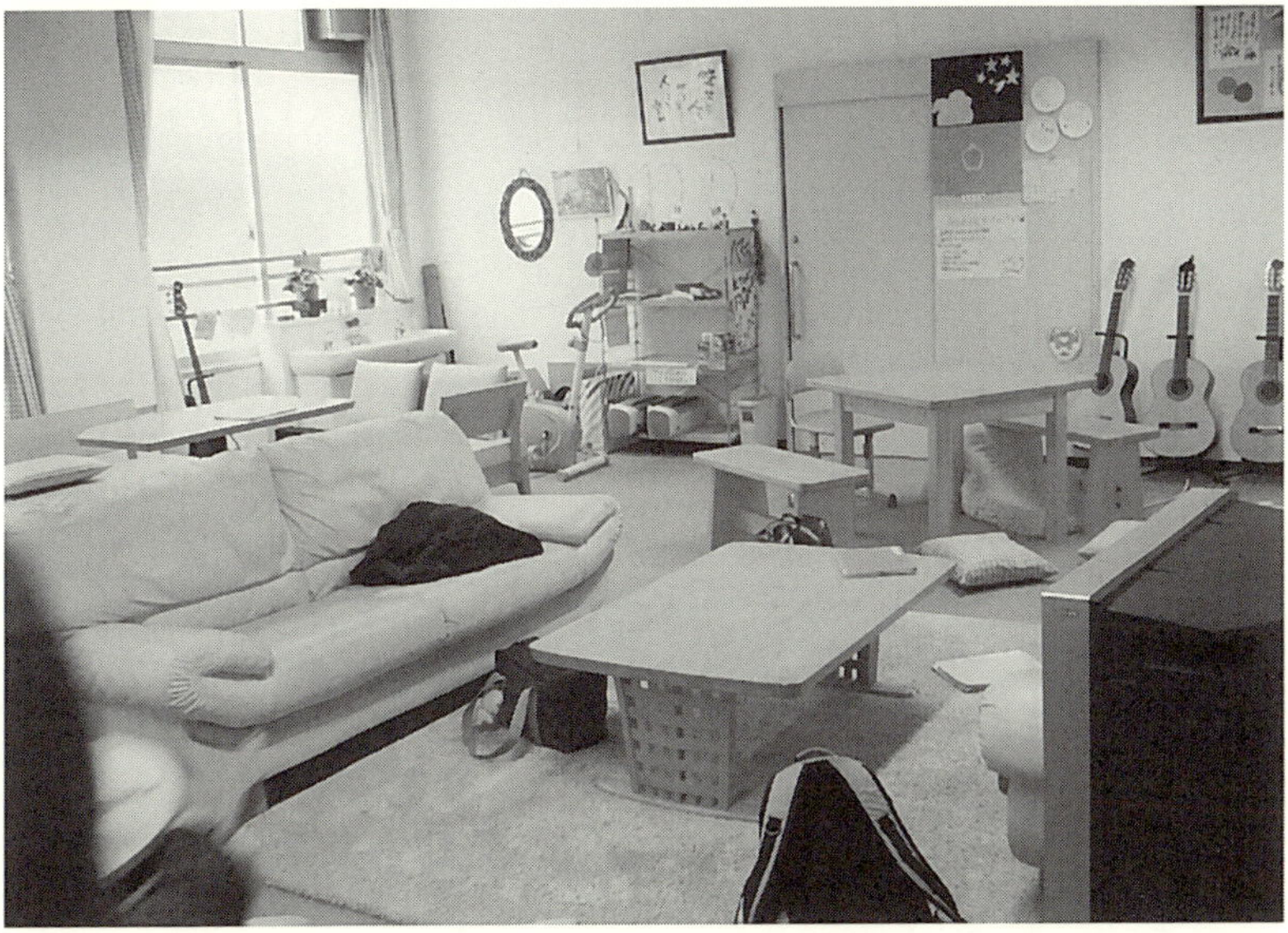

写真 1、2　京都市立洛風中学校

登校生徒学習支援特区中学校」として開校することが認められた。

二〇〇四年一月一五日には、「不登校生徒学習支援特区中学校開設準備室」が設置され、一〇月の開校に向けての具体的な準備に取りかかった。同年五月末に学校の名前が一般公募から「洛風」にきまり、不登校の子どもたちが「新しい風」を感じて、「仲間とともに、納得して学び直す　心を開いて遊び語り合う　自信を取り戻す　学習の実践」ができる学校づくりが始まっていった。

2　登校する「覚悟」と支える「工夫」

洛風中学校は不登校を経験した子どもの学校である。二〇〇四年一〇月の開校から二年半が過ぎ、今年度は全校生徒四一人が在籍している。毎日約八割の生徒が出席し、約半数の生徒はほとんど休まず登校している。洛風の一日については**表1**を参照してほしい。

本校の子どもたちとの出会いを通して、どの子も「学びたい」「同世代の仲間と遊びたい」という強い願いを持っているとあらためて感じた。子どもたちは、不登校という経験を経て、自分や家族と向き合う時間の中で、傷つきを乗り越え「もう一度やり直したい」という覚悟をして転校を決意したように思える。覚悟というと大袈裟なようだが、登校するにはそのくらいのエネルギー・元気さの回復、心と体の準備がいる。そこで、親や教師は子どもの覚悟の大きさに気づき、その背中を押してみるタイミングやほどよい関わりを工夫していくことが、登校の支えになっていく。特に、不登校を経験した子どもは、安心できる仲間かどうか、本気で関わってくれる大人かどうか、本当の居場所かどうか、その場の空気を敏感に感じとってしまう。甘やかしや馴れ合いの居心地のよさではなく、本気

表1　洛風の一日

洛風中学校の1日の流れ

(時間)	(活動の内容)
9：30	朝の風 (朝の時間)
9：50	1時間目 ＊50分の授業です。
	休憩・移動
10：50	2時間目 ＊50分の授業です。
	昼食・休憩・清掃 ＊12:00までは校舎内で過ごします。 また、グラウンドやパトナホール(体育館)が利用できます。
12：40	移動
12：50	3時間目 ＊50分の授業です。
	休憩・移動
13：50	4時間目 ＊50分の授業です。
	休憩・移動
14：50	5時間目 ＊20分の授業です。
15：20	明日の風 (終わりの時間)
	完全下校の時間について ＊(月)・(火)・(金)は16:30、(水)・(木)は15:30が、完全下校の時間です。

■学校に着いたら・・・■

学校に着いたら、上履きに履き替え、メープルで各ウィング（グループ）担当のスタッフからふりかえりと健康観察のファイルを受け取ります。貴重品、携帯電話などを預けた後、個人ロッカーの鍵を受け取り、荷物の整理を行い、「朝の風（朝の時間）」をむかえます。

■朝の風（朝の時間）■

9：30から朝の風がはじまります。ワークスペース1〜4に移動し、読書や各教科の補充学習など、各自の学習課題に取り組みます。

■各教科などの50分の授業■

洛風中学校は、チャイムが鳴りません。各自が教室や廊下の時計をみて、行動します。授業の間の休憩も、次の授業に遅れないようにトイレや移動をすませてください。授業では、教員スタッフの他に、洛風パル（学生ボランティア）が学習で困ったことや分からないことを、一緒に考えてくれます。

■昼食・休憩・清掃■

昼食・休憩時間は、11：40〜12：30（水曜日は、12：45）までです。昼食は、持参するか、給食を利用するかを、1ヶ月ごとに選べます。ただし、昼食・お茶などを校外へ出て購入することはできませんので、学校に到着するまでに準備しておいてください。また、月、火、木、金曜日には12：35〜12：45の間に清掃活動を行います、スタッフと一緒に清掃もすませて、気持ちよく午後からの授業の準備と移動をはじめましょう。

■5限ヒューマンタイム（20分）■

各ウィングに分かれて行います。ふりかえりファイルには今日1日のことを記入します。行事や活動のお知らせは「学校だより」「保健だより」などを利用し、この時間に行います。また「今日のかけら」の話題をもとに、ウィングの中で意見交換も・・・。

■明日の風（終わりの時間）■

次の日の予定を確認し、貴重品などを返してもらったら、個人ロッカーの鍵を、スタッフに預けます。

■明日の風が終わったら・・・■

（月）、（火）、（金）は、グラウンドや体育館の利用ができます。ただし、（水）、（木）は、スタッフのミーティングのため、明日の風が終わり次第下校となります。帰宅途中で何か用事を済ませておく必要がある場合は、前もってお家の人や学校のスタッフに連絡をしてください。

でぶつかり合える、お互いを大切にできる関係かどうか試してくる。

当初私たちは、安心で温かな空気を醸し出そうと、校舎の中に木の机やソファーを取り入れるなど、授業などのソフト面だけでなく、設備や環境のハード面でもさまざまな工夫をこらした。学校の温かな空気にふれ、子どもたちは心を開き、元気さを取り戻した。その一方で、自由で枠の少ない雰囲気に、不安や戸惑いを見せる子どもも出てきた。

例えば、本校ではチャイムが鳴らない。制服や校則もない。できるだけ学校らしくない工夫をしたつもりだったが、その枠のなさに、携帯電話やメール上のトラブル、お菓子や化粧の匂いで不調を起こす子どもなど、落ち着いて授業ができない状況が生まれ、予測のつかない行動への対応に追われるようになった。

私たちは、それぞれの子どもの状態への対応に、どこまでを受け入れればよいのか、どの程度の指導が適切なのか、自分の発言や関わりが、再びその子を不登校にしてしまわないかという不安などから、これまで教師として培ってきた「指導に向かう心の基盤」が大きく揺らいでいった。一人一人の子どもへの「ほどよい関わりの感覚」がつかみきれずに、試行錯誤を繰り返した。しかし今思えば、その揺れの過程の中で、一人一人の子どもに合った「ほどよい関わりが工夫」されたと思われる。

そして、今後の方向性を確かめることができたのが、洛風中学校最初の卒業式である。子どもたちと創ってきた校歌や校章が完成し、校歌の練習が始まり、卒業生を送る会を成功させ、初めての卒業式を迎えた。卒業式はオーソドックスな形で行われたが、厳粛な儀式の中に一人一人のつながりを感じる感動的なものになった。卒業生の真剣な態度を見て、子どもたちの求めていたのは、当たり前のことがていねいに指導される、安心できる学校であることが身にしみてわかった。

3 「洛風中学校をよりよくする会」

私たちは、一人一人の子どもの課題をその子の「困りごと」としてとらえている。その子自身が困っている「問題」と考えるようにしている。例えば、授業が少しでも騒がしくなると、教室を飛び出してしまう子どもがいた。発達に困りごとのある子は音や光、集団の人数に微妙に反応してしまうことがある。このような一人一人の困りごとを理解するのにはたいへん時間がかかった。一人一人の「困りごと」の違いを教職員も子どもも理解し合い、子どもたちを守る「枠組み」をつくっていく必要を強く感じていくことになった。

ヒューマン・タイムの時間では、違いを認め合う演習を重ね、「誰もが心地よい風を感じながら生活できる洛風」をテーマに子どもたちとじっくりと話し合った。こうして「洛風中学校をよりよくする会」というミニ生徒会が生まれたのである。今年の六月には、一年間の取組の成果が手づくりの「生徒手帳」になった。「洛風でより良い一日を過ごすために」**(表2－1)**「お互いの学校生活を大切にするために」**(表2－2)**という洛風の「枠組み」ができたのである。単に「〇〇はダメ」ではなく、一人一人の「困りごと」に合わせ、よりよい選択を大切にする発想で考え、今誰にとっても必要なルールやマナーを決めていった。みんなにとって大切な当たり前（自分たちを守る枠組み）が、見えるようになり、「誰もが心地よい風を感じながら生活できる安心」になったのである。今もチャイムは鳴らない。しかし、子どもたちは自ら動き出すようになった。

表 2-1　生徒手帳「洛風でより良い一日を過ごすために」

☆学校に着いたとき

○洛風の風をスタッフと感じる

・スタッフに学校に到着したことを知らせます。気持ちよくあいさつしましょう。

・インフォメーションボードで一日の流れを確認し、メープルでふりかえりファイルと健康観察ファイル、貴重品袋を受け取ります。

・そうじボードで清掃場所や清掃のポイントを確認します。

・ふりかえりファイルと健康観察ファイルに記入をして、ふりかえりファイルはウイング担当のスタッフに、また健康観察ファイルは保健室前の箱の中に入れます。

・貴重品袋に財布などの貴重品や携帯電話などを入れて、スタッフの先生に預けます。

・携帯電話の電源は切っておいてください。

■朝の風（朝の時間）のこと■

○授業の準備を整える

・9 : 30 にワークスペース 1〜4 に移動します。

・読書や各教科の補充学習など、各自の学習課題に取り組みます。

・月曜日と金曜日はジグソーパズルをすることもできます。

■授業のとき■

○仲間とともに納得して学び直す

・チャイムは鳴りませんので、各自が教室や廊下の時計を見て、行動します。

・授業では、教員スタッフの他に、洛風パル（学生ボランティア）が、学習で困ったことやわからないことを一緒に考えてくれます。

■昼食・休憩・清掃時間のこと■

○心を開いて遊び語り合う

・昼食・休憩時間は、11 : 40〜12 : 30（水曜日は、12 : 45）までです。

・12 : 00〜12 : 30（水曜日は、12 : 45）の間であればグランドや体育館を使用することができます。

・昼食・お茶などを校外へ出て購入することはできません。もし昼食を持ってくるのを忘れてしまったら、スタッフの先生に相談してください。

・お箸を忘れたときは、割り箸を借りることができます。借りたお箸は返しましょう。

・月、火、木、金曜日は 12 : 35〜12 : 45 の間に清掃活動があります。

・自分が担当する清掃場所は、スタッフルームの前にあるホワイトボードで確認することができます。

・掃除終了時刻の 12 : 45 までは自分の清掃場所を離れないで，ていねいに掃除しましょう。

表 2-2　生徒手帳「お互いの学校生活を大切にするために」

☆みんなの学びたい気持ちを大切にしよう☆

○自分のペースや、やる気を大切に授業に取り組む

・チャイムはありませんが、授業に遅れないように、時間に注意して移動や準備をしましょう。

・授業の用意や必要な物を忘れないように心がけましょう。

・分からないことや困ったことがあるときは、スタッフに声をかけましょう。

○お互いに授業の妨げになる行為はしない

・授業に遅れると、周りの人の迷惑になります。仕方なく遅れてしまったときは、周りの人や授業の妨げにならないように気を付け、静かに教室に入りましょう。

・授業に集中できない友達には、励ましの言葉や注意の声かけをタイミングよくしてみよう。

・おやつ、漫画、ヘッドホンなど、授業への集中の妨げになるもの、またはほかの生徒の迷惑になる行為はしない。

○その他

・遅刻や体調がわるくなったときの教室の出入りは、教科担当のスタッフの先生に必ず伝えよう。

☆学校生活のルールを守り、マナーを考えよう☆

○通学や活動のことを考えた服装をこころがける

・制服はありませんが、通学やみんなとの学校生活にあわせて、マナーを考えた服装にしてください。

・体育などで体を動かすときは、運動できる服装を用意してください。

○携帯電話は、登校したら必ずスタッフの先生に預ける

・学校内で携帯電話は使用できません。もし家の人と連絡をとることが必要になったときは、スタッフの先生と相談してください。そのときの場合に合わせ、スタッフルームの電話を使用することができます。

○学習に必要な準備や個人の持ち物の管理に責任を持つ

・MD、CD ウォークマン、漫画などを持ってきて、休み時間に楽しむことができますが、授業の時間は出したり、使ったりすることはできません。

○各部屋や活動の場所および時間の約束事を守る

・メープルやその他の場所で、CD や MD、ビデオや DVD をみんなで聴いたり、観たりしたいときは、スタッフの先生に相談してください。

・おやつを食べてもいい時間は、朝の風が始まる時間までとお昼休み（掃除が始まるまで）と明日の風より後の時間です。場所は、昼食を食べてよい場所と同じです。周りの人や後からその場所を使う人のことを考えて、おやつを食べる時もマナーを考えてください。

4　チームの信頼関係が生徒理解を深める

不登校には複雑な要因がある。いじめや家族との関係、虐待などなど…取り組まなければならない課題も山積みである。しかし、私たちにできることは、日々の生活の中で子どもたちが「守られている」と実感できる「安心の枠組み」と「心を開いて学び、遊ぶ居場所」を大切にすることだと思う。そして、本校の教職員スタッフは、生徒理解を深めるため、次のことを基本にチームとして、取り組むことを意識している。

・子どもの問題行動や課題を、個人の性格や意思・努力のなさによるものではなく「困りごと」であるというふうにとらえることができる「見る目・感性」を大切にする。
・教職員全員が、それぞれの生徒の担当であるという意識で生徒と関わり、多くの教職員の目で、その子どもを多面的にとらえ、率直に意見交換することを大切にする。
・その場面に合ったよい表情で子どもを見つめ、親身になって話しを聴き、子ども一人一人とのふれあいを大切にした、適切な関わりをする。

「不登校の子だから」という一方的な関わりではなく、その子の「困りごと」を逆に力に換える工夫はないのか、子ども、保護者、教職員が知恵を出し合い、よりよい風向きを探っていく、その過程がその子の力になっていくように思う。

この二年半の間に不登校を経験した子どもたちから学んだことは、まず大人たち自身が、お互いを尊重し信頼し合える居場所を創っていこうとする覚悟を持つことであった。こうした大人の「覚悟」が子どもにとって、もっとも安心な居場所の一つになるはずである。

5　教職員スタッフの体制について

子どもたちが「この学校は安心だ」と思える教職員の体制を整えるために、チームとして機能する教職員の関係づくりに取り組んできた。限られた人員で従来のような学校運営をしていくことは難しく、また「学校らしくない学校」をつくらなければという発想から、教職員同士お互いをスタッフと呼ぶなど、これまでのやり方にとらわれない校務分掌のあり方などさまざまな模索を重ねている。

特に教職員同士で、「お互いを尊重する」「お互いの不安を認め合える」ということを常に意識し、協働して取り組んでいくことが求められる。

開校当時より、子どもへの対応が混乱した時期を経て、

①「いつ・どこで・だれが・どの子どもに・なにを・何のため」にしているのかを常に理解・共有し合える工夫をする

②子どもの不安要因への対応と同時に事実経過の把握を的確に行う工夫をする

③見通しを持って・全体を見わたす工夫をする

ことを課題としてきた。

生徒指導体制の中では「生徒理解プロジェクト」を組織し、生徒指導主任・教育相談主任・総合育成支援主任を中心に、・スクールカウンセラーや養護教諭と連携をとって「報告・連絡・相談」をスムースにし、的確な対応の徹底がはかれるようにしている。また、校内巡回体制を編成するなど、教職員の居場所や役割を明確に生徒に伝えたところ、今どの先生が給食の当番か、グラウンドで遊んでくれる当番はだれかなど、先生たちの動きが

子どもたちにわかりやすくなり、安心にもつながった。

他にも、本校の基本姿勢である「教職員全員が生徒一人一人の担当として、関わっていく」ために、学級を学年別の形でなく、「ウイング」という学年の枠を越えた縦割りのグループにしている。このことは、単にお兄さんやお姉さん的な役割が生まれるということだけではなく、同一学年の関係でつまずいた経験を持つ子どもや発達に課題のある子どもの不安を軽くすることに役立っているように思える。

6　スクールカウンセラーとの連携

本校では、三人のスクールカウンセラーが交代で月・水・木・金の週四日間勤務している。ここでの、教職員体制の中でスクールカウンセラーの果たす役割は非常に大きい。

単に相談としてのカウンセリングだけでなく、さまざまな角度から全体を見わたした幅広い視点からの示唆をお願いしている。学校という場の中での一人一人の子どもの「育ち直り」を視野に入れながら、傷つきや「困りごと」を抱えた子どもの変化と成長に、親身になって関わり、支えあい・伝えあう対応を工夫することが必要である。そのため、子どもの求める関わりに、個々の先生の資質と専門性を生かし、「いま・ここ」で起こっている出来事に焦点を合わせ、コンサルテーションを連続してつなげていくことが重要である。

そうして、共に身にしみいる体験をするなかで悩みながら取組をすすめている。そんななかで、相談活動など生活感を体感できる活動を通じて、子どもの心を養っていく感覚や、思春期の子どもの壁になる毅然とした態度の大切さも教えられた。

保護者との連携の面では、親は自分一人が、困ったり悩んだりしているのではないことに気がつき、安心感が持てることが「支え」になる。そのために、保護者が抱える子育ての不安や悩み、それぞれの経験を語り合い、共有できる場としての「カウンセラーを囲む会」の定期的な開催を実施している。「カウンセラーを囲む会」や個別の面談の中で、子どもの変化を見守る保護者の思いや、子どもの気持ちが見えなくなる不安、将来に向けての親としての姿勢など、さまざまな思いを言葉にして交流できるようサポートをお願いしている。そうして、子育てをする親としての関わりの塩梅（「ほどよい関わりの感覚」）を教職員と共有できるように、また信頼関係を深められるように、お互いの関係をつないでいくこともカウンセラーの大きな役割である。

このような支援を受けて、子どもの覚悟、保護者の願い、教職員の熱意、この三者の相互の思いがうまくかみ合い、それぞれがよりよく変容していく課程が、子どもの自立につながっていくように思う。

7　取組の成果と今後の課題・納得して行動する大切さ

これまで述べたように、さまざまな試行錯誤を重ねながらも、不登校を経験した子どもたちや保護者の支えになれるように取り組んできた日々の実践の一つ一つが、本校の成果であると言える。開校当初、見通しが持てずにいた私たちを支えてくれたのが子どもたちである。子どもとともに「誰もが過ごしやすい学校づくり」に取り組むなかで、お互いの間に「納得」が生まれたのではないだろうか。不登校の子どもたちは「納得」して動き出したのではないかと思う。学校や家庭での人間関係や自分のやるせなさ、「納得」できないさまざまな要因で動き出せなくなって、不登校という状態に陥っていた子どもたちが、という「納得」が「覚悟」をする。その「納得いく経験」を受ける関わりを、手づくりの温もり、いうモチベーションにより力を与えていくように思う。

ただ、不安の高い子どもへの対応が継続していくなかで、教職員自身の不安が高まることがしばしば起こる。教職員同士が互いに「気がかり」を率直に出し合える関係づくりが大切である。さまざまな不安の要因を少しでも軽減できるよう、教職員が情報の共有ができるように朝の打ち合わせ、ウイング担当同士の連携、スクールカウンセラーからのコンサルテーションなど、校務分掌やミーティングの持ち方など、年々より良いものになるように工夫、改善がなされてきた。

しかし、発達の課題や本人の資質、虐待、家庭の不和など、さまざまな「困りごと」を持つ、健康度の低い子どもたちへの対応で、教職員の精神的な消耗は非常に激しい。特に、子どもが無意識のうちに教職員同士の関係、あるいは教職員と保護者との関係を、お互いに混乱させる、いわゆる「巻き込まれ」を起こし、教職員同士あるいは保護者との信頼関係が崩れそうになって、疑心暗鬼の状況に陥りそうになることがある。個々の教職員の良い面が生かされる場合も多いが、弱い面も引き出されてしまうこともある。教職員の心の状態や信頼関係に「揺れ」が起こることがしばしばある。このことは、個人レベルでも教師集団としても起こる。このような教職員のメンタルヘルスへのケアが課題の一つである。そして、日々、「困りごと」のある子どもたちと向き合うなかで「どのような場」で「どのように」個々の情報を伝え合うのか、教職員の主体性および責任の自覚のもとに、判断していく力をつけていくことも求められる。そのための、教職員同士の「育ち合い」の場をどうしていくかも課題である。

8　最後に――手づくりの温もりのある風を伝えたい――

この二年半、取組みを重ねるなかで洛風中学校の輪郭が見えてきたように思う。特に「学習の場」として、学校らしさがより感じられるようになってきた。

しかし、本校は、子どもたちの「仲間とともに、納得して学び直す　心を開いて　遊び語り合う　自信を取り戻す　学習の実践」の場、「学び直し」と「育ち直し」の場でなければならない。その思いをいつも問いかけてくるのが、洛風中学校の校歌・校章ではないだろうか。

校歌・校章の制作は初年度在籍の子どもとスタッフのみが関われるという喜びとともに、その責任の重さに当初とまどいも感じながら、すべての子どもが何らかの役割を分担し関わり合って完成できるようにと、創造工房の時間を中心にさまざまな配慮と工夫をした。

校歌としては、その歌詞の文字数は他に類を見ないほどの量となっている。これは、国語の時間に『どんな学校にしたい？』という問いからイメージをふくらませ、一人一人の子どもたちが書き上げた言葉やフレーズをもとに詞を考えさせたことにその理由がある。

初年度の子どもたちは、まだまだ活動のエネルギーが低く、なかなか自分を表現できなかった。いきなり「歌詞を考えよう！」では動き出せないので、「たとえ一フレーズでも一単語でも書き出せれば……」というところからスタートをし、取組みのハードルを低くした。こうして完成した校歌の歌詞は、口ずさむたびにみんなの心が温かくなる素敵なものとなった。この手づくりの温かな風こそが、本校の「軌跡」であり、ここでの出会いは「奇跡」であり、ここでの取組みの一つ一つは「輝石」であると思う。

洛風中学校　校章

洛風中学校校歌

一
陽《ひ》だまりのような　微笑《ほほえみ》と
たくさんの優《やさ》しさ　あたたかさ
柔《やわ》らかな風が　吹《ふ》く中で
友と手を取ったら　何でもできる気がする
自分を隠《かく》さないで　そのままでいよう
風のように軽く　青空みたいに広く
自分を隠さないで　そのままでいよう
風のように軽く　なりたい自分になろう

二
今はまだ夢が　見えなくても
一歩ずつでいいから　歩こう
途中《とちゅう》で止まっても　そのとき感じ
見た経験《けいけん》は　大きな力になるよ
自分に負けないで　あきらめず強く
心の鍵《かぎ》で開く　未来につながる扉《とびら》
自分に負けないで　あきらめず強く
心の鍵で開こう　輝《かがや》く明日《あす》への扉

三
人のぬくもりと　優《やさ》しさを
生きる輝きに　変えていこう
自信《じしん》と勇気《ゆうき》を　心につめて
明日の自分へ　向かって歩き出そうよ
翼《つばさ》を広げはばたく　この広い空へ
輝く自分になる　強い気持ちを胸に
翼を広げはばたく　この広い空へ
輝く自分になろう　世界に一人の君《きみ》へ

洛風中学校　校歌

この風を伝えていくことが、本校の課題であり、役割である。そして、こうした手づくりの温もり、関わりのプロセスの大切さを今の学校の現場に伝え、「不登校」と向き合う一つのヒントになることができるよう、今後も洛風中学校の実践を継続していきたい。

（須﨑　貫）

引用・参考文献

桑原知子　1999『教室で生かすカウンセリング』日本評論社
京都市立永松記念教育センター相談課　1993　河合隼雄（監修）『学校不適応（不登校）児童・生徒の指導の手引き』京都市教育委員会
坂本昇一　1990『生徒指導の機能と文法』文教書院

第7章　学校での支援

第1節　小学校

1　はじめに

二〇〇五年度の不登校児童（小学生）は0.32％でほぼ三〇〇人に一人の割合で、中学生と比較すると少ない［文科省、2007］。これは児童期が潜在期*と呼ばれる時期で、問題があっても表面化しにくいことも一因であろう。金魚鉢の底に沈殿物が留まっている状態である。しかし、思春期に入ると金魚鉢の水がかき混ぜられ、底のほうに沈んでいた沈殿物が表面の方へ浮かび上がってくる様子にたとえられる。

児童期は沈殿物が金魚鉢の底に留まっているとはいっても、まったく兆候が見られないというわけではない。落ち着きがなかったり、忘れ物が多かったり、友達との間でトラブルを起こしたり、暗い絵を描いたりといった形で表現されることが多い。しかし、中学生のような派手な表現をしないため、教師も親もそれほど手を焼いたり困ったりすることがなく、見過ごされてしまうことが多い。子どもからのかすかなサインをキャッチし早急に対処すれば、思春期に入って不登校に陥ったり非行に走ったりする事態を最小限にくい止めることができる。

小学生の場合、経験上二つのタイプに分けられる。一つは子どもの抱える問題が深刻なため底のほうに留まっているはずの沈殿物が表面に浮かび上がってくるタイプである。こ

潜在期

潜在期とは、フロイトにしたがえば性欲の発達がいったん停止し、性的な目的以外にエネルギーが使えるようになる時期である。したがって、そのエネルギーは外界に向けられ知的好奇心が旺盛になったり、親や教師の教えを素直に吸収することができるようになる。児童期は六、七歳から一二、一三歳までの最も安定した時期で、おおよそ小学生の時期と一致する。

のようなとき、小学生だから少しぐらい学校を休んでも構わないといった態度ではなく、早急に対処する必要がある。これを放置し思春期まで持ち越してしまうと、問題は一層深刻になり、問題の克服は非常に困難になる。もう一つのタイプは生育歴上大きな問題がないにもかかわらず、日常生活上におけるささいな出来事をきっかけに登校を渋る子どもたちである。この場合、教師や親が子どもの話に耳を傾け適切に対応すれば、問題は解消し短期間のうちに登校を再開する。つまり一過性の不登校である。どちらのタイプにしても、早期発見・早期対応が肝要である。思春期に入って複雑化する前に問題を発見し解決することが非常に重要であることを考えると、小学校における教師の役割はきわめて大きい。

2 小学校での取り組み

ここではA小学校の教育相談係のB先生の取り組みを紹介し、これを基に小学校における課題について考えてみたい。なお、小学校および中学校における事例は、プライバシー保護のため、いくつかの事例を合成したものであることを付記しておく。

(1) 相談体制作り

小学校は学級担任制をとっているため、何か問題が生じても学級担任が一人で抱え込んでしまう傾向がある。事が大きくなって学級担任一人では抱えきれなくなると、学級担任は学年主任に相談することが多い。その情報は学年主任から教務主任、教頭、校長へと伝えられる。つまり縦系列の情報伝達が主となり、横への情報伝達はあってもその後である。したがって、教育相談係が校務分掌上明記されていても、実際には相談されることはまれで、名目だけの学校が多い。

そこでB先生は、第一に、教師の意識改革から始めた。学級担任が一人で問題を抱え込み、悩むのではなく、学校全体で問題に取り組み、必要があれば外部の社会資源を活用することの意義を強調した。ただ、B先生の働きかけだけでは弱いと考え、外部から臨床心理士や精神科医を招いて、講演をしてもらったり事例検討会に参加してもらったりして、教師の意識改革に乗り出した。

第二に、問題が生じたらまず教育相談係に相談するというルールを職員会で了解してもらった。了解が得られたからといって、ただちに他の教師がB先生に相談を持ちかけてくれるようになったわけではない。他の教師から相談して良かったと信頼してもらえるようになるには、かなりの努力と時間を要した。

第三に、外部の専門機関などとの連携を深めるよう努力した。児童相談所、保健所、警察署、精神科の病院、大学の相談室などを訪れ、協力が得られるよう連携を深めた。なかでも同じ学区内にある中学校のスクールカウンセラー*が一番身近で活用しやすい存在であった。同僚であるB先生には相談しにくいと思っている教師や重篤なケースについては、B先生が仲介して学級担任がスクールカウンセラーに相談できる体制を作った。

第四に、いじめ等対策委員会や職員会議で問題を積極的に取り上げ、全教員で問題を共有するよう心がけた。もちろん守秘義務*があるためすべてを公表するわけにはいかないが、どのように対処するかの基本方針については共通に理解する必要があった。

B先生は以上のような方針に基づいて教育相談体制作りに努めた。次にB先生を中心にして取り組んだ事例をあげ、これを通して小学校における不登校問題の取り組みについて考えてみたい。

スクールカウンセラー
日本においては、一九九五年に文部省の「スクールカウンセラー活用調査研究委託事業」をきっかけに、本格的にスクールカウンセラーが学校現場で活躍するようになった。その後、六年間の成果をふまえ、二〇〇一年より五年計画で全国の公立中学校のすべてにスクールカウンセラーを配置する計画が打ち出され、現在ではほぼ全ての中学校へ配置されるようになった。

守秘義務
公務員は、職務上知りえた秘密を漏らしてはならず、その職を退いた後もまた同様である（地方公務員法第34条第1項と定められ、教育公務員である教師もこれを尊守しなければならない。しかし、教師は共同して子どもの教育に関わる関係上、教師間でのある程度の情報の共有が必要である。この点において、厳格な守秘義務を遂行するカウンセラーと教師の守秘義務に関する意識の違いが生じる。

(2) 断続的に不登校を繰り返す女児の事例

Cさん（小学校四年生）は母親と中学校一年生の兄と共に、他府県より九月にA小学校へ転校してきた。転居の理由は夫婦の関係が悪化し、父親と別居するためであった。そして転居先として母親の実家の近くを選択した。しかし、母親と祖父母の関係は以前より悪く、母親にとって祖父母が精神的な支えとはなりにくかった。また、母親はパートで仕事を始めたが経済的にも苦しく大変であった。

新しい環境に馴染めず家庭も安定感を欠いていたため、Cさんは不安を抱えた状態でA小学校へ通うことになった。さらに悪いことに、Cさんの学級担任（D先生）は新卒の若い女性教師で、学級をまとめることができず学級崩壊気味であった。そのためCさんは学級に溶け込めず、学級担任のサポートも得られない状況に置かれ、突然授業中に泣き出し、保健室で面倒をみてもらうようになった。その後も級友を誘って一緒に授業のエスケープをすることもあった。Cさんの対応に困ったD先生は教育相談担当のB先生に相談を持ちかけた。そこでB先生は、Cさんを叱るだけでなくCさんの気持ちをしっかり受け止めると同時に母親の不安も受け止めるようアドバイスした。その後もB先生はD先生の相談相手になり支え続けた。しかし、母親は昼間のパート勤務だけでは生計を維持することができず、夜も仕事を入れ帰宅時間が遅くなり、D先生と話す時間もとれない状況となった。そのためCさんは一層不安定になり、D先生の努力にもかかわらず、Cさんとの関係は改善されなかった。三学期に入ると教室に入らず保健室で過ごすことが多くなり欠席も目立ち始めた。B先生は学級担任と二人だけでは難しいと感じ、教務主任、養護教諭を加えた四人のプロジェクトチームを構成し、問題の解決に当たることにした。

五年生になるとB先生がCさんの学級担任となった。年度当初、Cさんは登校はするものの、精神的に不安定で友達との関係も希薄であり、B先生に対しても挑戦的であった。そこでB先生は授業後Cさんと話し合う時間を極力持つようにした。しかし五月の連休明けから休む日が多くなったため、プロジェクトチーム（教務主任、養護教諭、B先生）で話し合い、母親と少しではあるが接触のある養護教諭が母親の相談役、B先生がCさんの担当、教務主任は二人の先生の相談に乗るという役割分担をした。

養護教諭はCさんの兄が小学校六年生のころ、病弱な兄のことで母親から相談を持ちかけられたりしていたため、母親との接触があった。また、五年生になって再び欠席が目立ち始めたCさんのことを母親も心配し始めたため、不定期ではあるが月に一～二回、養護教諭と話し合うことができるようになった。B先生はCさんと話し合う時間をできるだけとるよう心がけ、休んでいるときには家庭訪問も行った。Cさんとの関係が深まるにつれ、Cさんは B先生に「先生は暴力を振るうの？」、「先生はひいきするの？」、「授業を休んでいいの？」と聞き、B先生の様子をうかがうようになった。これまで信頼できる大人が周囲にいなかったCさんにとっては、本当に信頼できるのかどうか不安があったのであろう。また、母親が夜も働いていてCさんが不安定であるため、B先生は区役所に連絡をとり、Cさんの家庭が要保護家庭に該当するかどうかを問い合わせ、母親に申請を促した。その結果、準保護家庭に認定され、経済的にも少し楽になり、夜間の仕事を辞めることができた。中学二年生の兄もCさんの面倒を見たり相談に乗ったりと、父親役を少し果たすようになった。このような家庭状況の変化により、二学期以降ほとんど休むことなく登校するようになった。B先生がプロジェクトチーム*の中心的な存在として、時には判断に迷うことがあったが、中学校に配置されているスクールカウンセラーのコンサルテーション*を受

プロジェクトチーム

ある特定の問題の解決をはかるため、必要と思われるメンバーによって構成される一時的な集団のこと。その際、過不足のない適切な人選がなされることが重要である。そして、問題が解決されれば、この集団すなわちプロジェクトチームは解散されることになる。

コンサルテーション

学校におけるコンサルテーションとは、コンサルティ（専門的職業人のことであるが、ここでは教師をさしている）が、その専門業務の中で問題に直面し、この問題に関してコンサルタント（専門家のことであるが、ここではスクールカウンセラーをさしている）に相談することである。コンサルティが自らの職業上の困難を克服し、この過程を通して専門性の向上をはかることに主眼が置かれている。

けることによって乗り越えてきた。また、他の教師にCさんのことを理解してもらうために、スクールカウンセラーをまねいての校内研修会を実施した。

六年生の学級担任は二〇代後半の若い男性教師（E先生）であった。E先生はCさんが所属しているバレーボール部の顧問で、以前よりCさんが憧れていた先生であったため、Cさんは喜んで登校していた。ところが六月頃、E先生が秋に結婚するということを耳にしたCさんはショックを受けたのか、再び不登校に陥った。ちょうどその頃、母親に恋人ができ、Cさんは母親を盗られたと思いショックを受けていたときに学級担任の結婚を知り、二重のショックを受けたためと思われる。

B先生はE先生に協力を申し出たが、E先生からは快い返事が返ってこなかった。そこでB先生は教務主任、E先生、養護教諭の四人で相談することにしたが、E先生は自分の力で何とかしたいと言い張った。そこで、B先生は養護教諭と協力して、Cさんと母親を側面から支えることにした。ところがCさんは教室には入ろうとせず保健室登校が続いた。母親は恋人のこともあって養護教諭との面接に抵抗を感じ始めたようであった。困ったB先生はスクールカウンセラーに相談した。その結果、スクールカウンセラーが勤務している大学の相談室を紹介することになった。母子での面接を期待したが、Cさんが嫌がったため結局は母親一人で大学の相談室を訪れることになった。その後も、Cさんは断続的に不登校を繰り返し、登校しても保健室で過ごすことが多かった。そして何とか卒業式には出席し地元の中学校へ進学した。

中学校へは順調に通っていたが、五月の連休明けから登校をしぶり、保健室登校をする日が多くなった。小学校の養護教諭は中学校の養護教諭へこれまでの経過と対応方法を知らせ、必要に応じて相談に乗ることにした。その後も非行傾向のある友達と親しくなり非行に走った時期もあったが、養護教諭に支えられ何とか無事に中学校を卒業し、現在はこれといった問題もなく元気に高校生活を送っている。

(3) まとめ

以上の小学校での取り組みを通して、さまざまなことが考えられる。

第一に、事例からも明らかなように、問題に取り組むにはB先生のような中心となるべきコーディネーター*が必要である。B先生は在職中に学会に入会してカウンセリングを学び、現在も研鑽を積んでいる優秀な教師である。さらに、B先生は人間的にも優れていて、他の教師からの信頼も厚い四〇代後半のベテランの教師である。このような教師が存在しないと、チームを組んで問題解決に当たることは非常に難しい。

第二に、六年生の学級担任のようにCさんを抱え込んで他の教師の援助を拒否するといった学級王国*的な考え方が、今でも小学校の現場では根強く残っている。他の教師から自分の学級経営や子どもの指導に関して指摘されたり、介入されることを極端に嫌う傾向が、小学校においては非常に強い。このような場合、教育相談係の力では何ともしがたい。管理職が無理やり学級担任に従わせたとしても、心から学級担任が納得しなければ事をうまく運ぶことは困難である。一番大切なことは、一人一人の子どもを学校全体で見守り、育てていくものであるという意識改革をすることである。その一つの方法として、これまでのような強固な学級担任制を緩め、教科担任制を部分的に取り入れることである。その際、それぞれの先生が比較的得意とする教科を分担することにより、各教師の長所を生かすことである。これによって教師も生き生きと授業に取り組めるようになり、多くの教師の目が子どもたちに注がれることになる。あるいは教科によって二クラス合同あるいは小さな

コーディネーター
学校においては、問題となる子どもや保護者に関わる可能性のある人、物、機会などの社会資源を適切に関連づけたり調整したりする人のことである。問題の解決には一人の教師の努力だけでは難しく、関係する可能性のある教師や外部の相談機関などの協力が必要であると共に、これらを有機的に動かすことのできる中心となるべきコーディネータの存在は非常に重要である。

学級王国
小学校では学級担任制がとられているため、一人の担任がその学級の子どもたちの学習面はもとより、生活面を含めたほとんどすべての対応をしている。そのため、管理職や他の学級の教師の介入が難しく、その学級は他と切り離された、学級担任が王様のような立場にある、独立国のような状況を表現した言葉である。

学校であれば学年全体、時には学年を越えて縦割り学級で授業を行い、担当の教師全員で子どもたちを指導するといった試みも有効であると考えられる。また、学校における子どもの問題行動は、学級担任の指導力不足だけではなく、子どもを取り巻く家庭環境や地域環境さらには社会環境それに生育歴*などが複雑に絡み合って生じてくるものであるといったトータルな視点で子どもを見ていくことも大切なことである。

第三に、小学校においては、前に触れたように問題が生ずると学級担任は学年主任に伝え、学年主任は教務主任へ、さらに問題が大きいときは教頭、校長へと伝えられる。このように縦系列の情報伝達は行われるが横への伝達はあまりなされない。教育相談に関することであれば、まず教育相談係に伝えられ、教育相談係を中心に、関係する教師が集まり対応策を検討し、その情報を教頭、校長といった管理職に伝えるべきであるが、教育相談係は名目だけで、ほとんど機能していないのが現状である。その原因のひとつは教育相談係に力量がないためである。相談しても意味がなければ、誰も相談してこないのも当然である。しかし、B先生のように力量も人間性も優れた教師であれば、他の教師からの信頼も徐々に増し、相談する教師も増えてくる。事実B先生の努力が実り、信頼を寄せてくれる教師が増えてきた。しかし、教育相談係の教師の努力だけでは難しく、管理職が教育相談係の能力を発揮できるようなシステムづくりに努力することも大切なことである。

第四に、B先生が中学校のスクールカウンセラーに相談したり、市役所に出かけて行って要保護の申請について助言をもらいに行ったりと外部の社会資源を活用している。これまでの学校は、学校内の問題は外部に漏らさず学校内で対処しようとしてきた。まるで鎖国時代の日本のような状況であった。しかし、現在においては子どもたちの抱える問題は深刻化し複雑化してきたので、学校だけでは対応しきれなくなった。教育相談係の教師は

生育歴

問題行動や不適応行動あるいはパーソナリティーの歪みなどを形成するに至った状況を明らかにするために、個人の胎生期にまでさかのぼって、成長・発達の様子や、そこに影響を与えた家族を中心とした環境上の諸条件を聴取したり記述した資料のことである。そして生育歴などをもとに、問題の本質を把握し、その後の援助の方法や方針を決めることが大切である。

日頃から外部の諸機関、例えば児童相談所、警察署、保健所、福祉事務所、精神科の病院、大学の相談室などとの連携を深め、必要なときに即座に協力を仰げるよう準備しておかなければならない。また、地域の主任児童委員[*]、保護司[*]、少年補導員[*]らとの関係も密にしておく必要がある。さらには関係する幼稚園、保育園および中学校との情報交換を頻繁に行い、必要に応じて協力してもらえる体制を整えておくことも大切なことである。できればこれらの機関や人々との定期的な情報交換会を持つことも重要である。しかし、このような会があっても形式的なものであれば意味をなさないので、実効性ある会にするための工夫が必要である。

第五に、地域社会の活用が大切である。現在、都市部では地域社会は崩壊してしまったが、もう一度地域社会を活性化させ、地域社会全体で子どもたちを見守り育てていくといった体制を作り上げる必要がある。とは言っても昔のような強固に人々の行動を拘束するような地域社会ではなく、自由度の高いしなやかな地域社会である。地域社会の人々も、子どもたちのためならば行動を起こしてくれるであろう。特に小学校区ぐらいの狭い範囲の人々であれば、日常的な接触もあり、比較的容易に協力を得られるのではないかと思われる。そのためには学校は積極的に地域社会の人々との接触を深め、学校のことをよく理解してもらう必要がある。例えば学芸会、展覧会、運動会に地域の人々を招待することである。ある学校では地域の運動会と小学校の運動会を合同で行い、学校と地域社会との交流を深めている。逆に地域の行事に小学生を参加させるという方法もある。地域のお祭りや清掃活動に学校が協力して小学生が全員参加する学校もある。このような活動を通して、地域社会の人々に学校をよく理解してもらうことにより、学校への協力を要請することが可能になる。

主任児童委員

児童委員は、いじめや不登校などの子どもの発見と対応、児童虐待への対応と相談、育児不安の母親の相談などに携わるため、児童福祉法に基づいて各市町村におかれている。児童委員は、各都道府県知事の推薦を受け、各市町村の規模に応じて一～三人を委嘱されることとなっている。

保護司

保護司は、「社会奉仕の精神を以て犯罪をした者の改善及び構成を助けるとともに、個人及び公共の福祉に寄付すること」（保護司法第1条）と規定されている。保護司は地域に密着した民間人であるため、非行少年の日常生活を把握でき、地域の社会資源を活用した敏速な対応が可能である。

少年補導員

警察が行う少年補導活動のほかに、少年補導員というボランティアによってなされる補導活動がある。少年このような活動は、もちろん教育相談係ひとりの力では不可能であり、学校全体として取り組んでいかなければならないことは当然である。

（花井正樹）

補導員は、地方自治体の首長から任命され、非行少年の補導を行ったり、PTA、町内会、老人会などが行う地域の非行化防止のための少年健全育成活動にも関わっている。

第2節　中学校

1　はじめに

思春期は幼児期の再現、特に幼児期における未解決の問題が再現することが多くある。また、児童期まで比較的順調に成長・発達を遂げてきた子どもでも、思春期に入ると急激な身体的・精神的な変化により、非常に不安定になり、不登校をはじめさまざまな問題や症状を示しがちになる。

(1)　身体的な変化

男子は中学校へ入ったころから、女子は小学校の五、六年生のころから思春期に入り始め、第二次性徴*が発現してくる。男子では声変わり、精通、恥毛、腋毛、髭、筋肉の隆起など、女子では月経、腋毛、乳房隆起、皮下脂肪の発達などの身体的な変化が生じてくる。子どもたちはこのような急激な身体的変化をどう受け止めてよいのか、大なり小なり戸惑うのも当然のことである。

男子は恥毛、腋毛、髭、筋肉隆起などの身体的変化は、多少の戸惑いはあっても比較的受け入れられやすい。男子にとって扱いにくいのは性的欲求の高まりである。自分の意思とは無関係に、女性の裸身やヌード写真が見たくなったり、マスタベーションをしたいと

第二次性徴
男性および女性の持つ形態的、生理的特徴を性徴といい、生殖器自体の構造上の特徴を第一次性徴というが、思春期以降に発現する生殖器以外の生理的特徴を第二次性徴という。例えば、男子では声変わり、精通、陰毛や髭の発生などである。第二次性徴の発現に続いて、男女間に心理的、行動的差異、つまり男らしさ・女らしさが顕著になるが、これを第三次性徴という。

いう欲求が生じてくる。他方でこのような欲求を抑え込もうという気持ちもあるが、なかなかこれらの欲求を自分でコントロールできなくて困惑することも多い。女子も性的な欲求が生じてくるが、むしろ女性的な身体をうまく受け入れられなくて悩むことのほうが多い。その極端なものが思春期やせ症*（神経性食欲不振症）である。彼女らは過度な食事制限をするために、丸みを帯びた女性的な身体は中性化し、月経も止まってしまう。そこまでいかなくても乳房の膨らみを隠そうとしたりスカートを拒否してスラックスばかりはいている子どももいる。どちらにしても第二次性徴による身体的な変化を受け入れることは、中学生にとってはなかなか大変なことである。

(2) 精神的な変化

児童期は親や教師の価値観を素直に受け入れ、これに基づいて行動するため精神的には安定している。また、この時期の子どもの興味・関心は外界に向けられ知的好奇心旺盛な時期でもある。ところが思春期を迎えると、子どもの興味・関心は外界から内界に向き変わり、本当の自分を見出そうという欲求が高まる。また、これまで素直に受け入れてきた親や教師の価値観を否定し、自分の意思で物事を決定したいという欲求が高まってくる。このような行動は子ども側からすれば自己主張であり自立の試みであるが、大人側からすれば反抗と映るのである。ところがこの時期の子どもの自我は未熟で、親や教師に反抗しながらも、彼らから見捨てられはしないかという不安を同時に感じている。さらに価値観が多様化し情報過多の状況の中で、子どもは何を頼りに生きていけばよいのかわからない。このような非常に難しい時代を生きているだけに、その不安はより一層大きい。それだけに同じ悩み・苦しみを共有できる友人の存在は、中学生にとっては非常に重要なのである。

思春期やせ症
名前のとおり思春期にある女子に多い症状である。彼らは食事を拒否し、たとえ食べても少量である。ところが、家族の目を盗んで大量に食べることもある。しかし、食べた後、自ら指を喉に突っ込んで嘔吐したり、下剤を使って排便したりしてしまうので、外見上はやせている。また、やせていても活動的で、過剰な運動をしたり活発に仕事をしたりしている。

(3) 小学校と中学校のギャップ

中学校期は前述したように身体的・精神的な変化の急激な思春期に当たり、子どもの心は大きく揺れがちである。それに加えて、小学校と中学校では制度上の大きな差異があり、この点でも子どもたちは戸惑うことが多い。例えば、服装は私服から制服へ、学級担任制から教科担任制へと変化する。校則も厳しくなり、服装についてはもちろんのこと髪形や持ち物まで規制される。先輩・後輩といった上下関係も厳しくなり、特に部活動においてより顕著になり、さらには教科内容も急に難しくなり、予習をして授業に出ないとついていけない教科もでてくる。中学生になったばかりの子どもにとって、このような急激な環境の変化に適応していくのはなかなか大変なことである。

以上のように小学校から中学校へと進級した子どもにとって、急激な内的・外的な変化に対応し適応していくのは非常な困難がともない、これに失敗して不適応に陥ってしまう子どもたちも多い。**図1**からも明らかなように、不登校の子どもも小学校六年生から中学校一年生になる段階で急に増加し、その後も学年が上がるにつれ増加していく。このような傾向に中学校としてはどのようにして歯止めをかけたらよいのか、事例を通して考えてみたい。

2 中学校での取り組み

ここではM中学校の教育相談係のN先生（大学院で臨床心理学を学んだ三〇代後半の男性教師）の取り組みを紹介し、これを基に中学校における課題について考えてみたい。

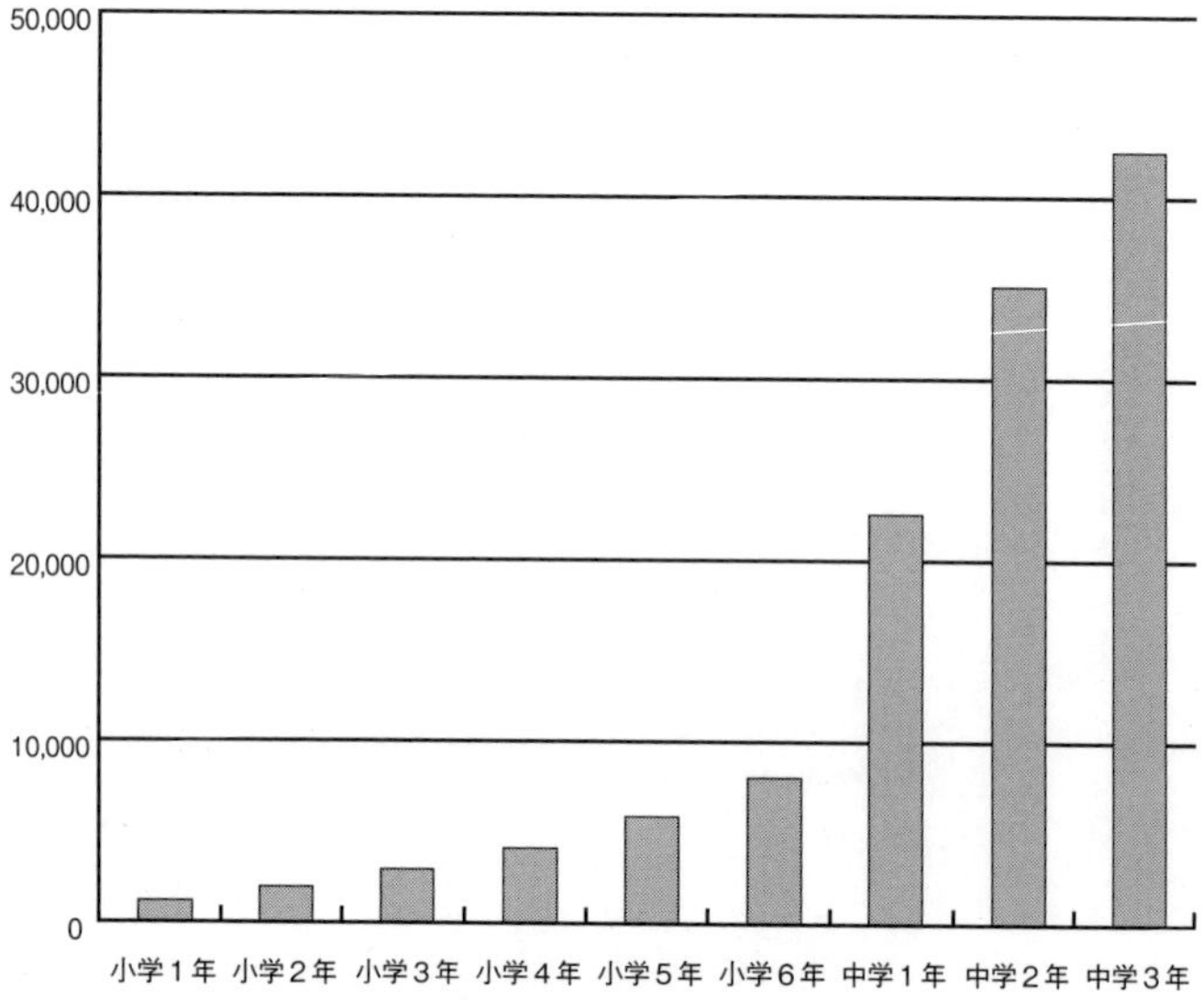

図１　学年別不登校児童生徒数[文科省、2007]

(1) 相談体制作り

大学院を終了後N先生が赴任した中学校は、郊外の緑の多い落ち着いた中規模の中学校であった。M中学校は表面上は落ち着いていたこともあり、教育相談活動は重要視されていなかった。赴任早々N先生は専門的な知識を見込まれ、生徒指導主事と教育相談係を兼任するよう要請された。そこでN先生はこれまで教育相談係は一名でほとんど何も活動していなかった状況を改革するために、各学年一名（N先生を含む）の教育相談担当者を選出し、さらに養護教諭を含めた四名で教育相談部を編成した。生徒指導部は各学年一名の生徒指導担当者と教務主任を含めた五名で編成した。そしてこの年から配置されたスクールカウンセラーにも必要に応じて加わってもらう相談体制*を整えた。

次にN先生は、従来からある相談室とは別に、放置されていた音楽準備室を借り受け、カウンセリング・ルームを開設した。部屋の中は毛氈《もうせん》を敷き水彩画を架けたりポスターを貼ったりして、心を落ち着けることのできる環境を整えた。さらに各種心理検査用紙と箱庭を用意した。カウンセリング・ルームを新たに設置した理由は、今までの相談室が「叱られる部屋」といったマイナス・イメージが強く、生徒が安心して入ってきて時を過ごしたり、面接できる場ではなかったからである。また、新たに配置されたスクールカウンセラーにとって活動しやすい場を提供するためでもあった。

N先生は子どもに対する援助活動を円滑に進めるためには、他の教師および保護者に、思春期にある中学生の心理や精神障害に関する理解を深めてもらうことが大切だと考えた。そこで、他の教師に対しては空き時間を利用して、雑談の中でこのようなことを話題にしたり、現職教育の時間を利用して、スクールカウンセラーや精神科医による講演を聞く機

相談体制

相談体制にはハード面とソフト面がある。ハード面としては、相談室とそこに置かれる机、椅子、各種検査用具、箱庭などがあり、ソフト面としては、相談を必要とする子どもが現れた場合、どのような経路で伝達され、対応をするのかといった校内の組織作りや各種の相談機関、警察、保健所などの外部との連携作りがあげられる。しかし最も重要なことは、教育相談に関わる教師の子どもに対する深い理解と愛情である。

会を何度も設定した。また、学級担任から子どもの面接の依頼を受けた場合、相談部が全面的に背負い込むことなく、学級担任と協力して子どもに対する援助活動をするよう心がけた。その過程を通して学級担任が体験的に教育相談のあり方を身につけてもらうことを重視した。また、保護者に対しては、入学説明会、保護者会のおりに、N先生は講演をしたり、PTA新聞に「相談室だより」を連載し、子どもの心や子どもにとっての家族の意義などについての理解を深めてもらうよう心がけた。そして時にはスクールカウンセラーにも力を貸してもらって教師および保護者に対する啓発活動を実施した。

教育相談を行う上で一番大事なことは、教師の理解と協力である。そこでN先生は、日頃から同僚とのより良い人間関係を形成するよう努めた。また専門知識を使わず、できる限り日常用語でわかりやすく同僚には説明し、教育相談活動が功を奏した場合は必ず学級担任の努力を評価し、N先生は黒子に徹するよう心がけた。

(2) 一過性の不登校の事例

【事例の概要】

Kさん（中学校一年生）はおとなしく素直であるが、知的にやや低く、明るさに欠けるため友人も少なかった。中学校入学当時、クラスの中には同じ小学校出身のTさんと仲良く話す程度であった。このTさんとも一学期の中ごろからは疎遠になり孤立してしまった。それでもKさんは休むことなく登校していた。

夏休みに入ると、他県にある母親の実家に行き、夏休みのほとんどをそこで過ごした。そのためまったく夏休みの宿題をしないまま二学期を迎えた。また、これまでKさんにやさしく接してくれていた学級担任のO先生（四〇代の女性教師）が病気入院のため急に九月のはじめより休むことになってしまった。心の支えを失ったKさんは九月以降断続的に休むようになり、一〇月の半ばよりまったく登校しなくなった。O先生の休職により、担任のない学年主任のP先生が急遽Kさんのクラスの学級担任を引き受けることになった。このP先生が休み始めたKさんのことで、同じ学年担当のN先生に相談した。N先生は相談部会を招集し対応策を話し合った。

家族状況

Kさんの家族は会社員の父親、専業主婦の母親、家事手伝いの長女（二二歳）、会社員の長男（二〇歳）、中学三年生の二男（一四歳）、中学一年生のKさん（一二歳）の六人家族であった。裕福な家族ではあったが、両親共に子どもの教育には不熱心で放任状態であった。四人きょうだいのうちKさん以外は中学校時代から非行に走り、Kさんの家は一時非行生徒の溜まり場になっていたこともあった。

指導および援助の過程

一〇月中旬の相談部会で今後の方針を話し合った。Kさんが登校した時は、いきなり教室は無理であるから保健室で養護教諭が対応する。母親に関してはスクールカウンセラーに面接をしてもらいたいが、子どもに無関心な母親が面接に来てくれることは期待できない。そこで事務的な連絡は学年主任のP先生が担当し、N先生はもし可能であれば訪問面接*を実施し、Kさんと面接するが不可能であれば母親と面接することにした。

X年一〇月二二日に学年主任のP先生とN先生は挨拶を兼ねてKさんの家を訪問した。挨拶が終わるや否や、母親は、学校はKさんに対し何もしてくれないという話から始まり、

訪問面接
一般に面接は、決められた面接室と時間帯で行われるものである。つまり日常性から離れた非日常の世界で行われるのが原則である。しかし、面接の場に出てこられない不登校の子どもの場合、カウンセラーが子どもの家を訪問し、そこで面接を行うという方法を採用せざるをえない。したがって治療構造があいまいになるので、十分に注意して面接を行わなくてはならない。

延々と学校批判を続けた。それに長男も加わりすごい剣幕でまくしたてた。しばらく二人の話に真剣に耳を傾けているうちに、徐々に母親の態度も軟化し、家のことや子どもの養育の大変さについて話すようになった。「いつも子どものことで学校に呼び出され嫌になりました。子どものことではずっと苦労させられてきましたから」と母親はしみじみと語った。母親が落ち着いてきた頃合いをみて、N先生が毎週一回家庭訪問をしたいと切り出すと、母子共に快く承諾してくれた。

第一回（X年一一月一日）

Kさんとの面接

母親に案内されて二階のKさんの部屋に入ると、Kさんは部屋にいなかった。母親に呼ばれるとKさんはそっと戸を開けて入ってきた。Kさんは自分の方からは話そうとせず、N先生の質問に簡単に答える程度であった。Kさんはかなり緊張していて鼻の頭に汗をかきながら板の間に正座したままであった。N先生はこれ以上は無理と判断し一五分ぐらいで面接を打ち切り母親との面接に切り変えた。

母親との面接

母親の態度は前回とは異なりN先生に何とかしてほしいという真剣な態度が見受けられた。そして「不登校のきっかけになるようなことは思い当たりません。担任の先生が入院されたこととかいじめにでもあったのではないかと思います」、「四人子どもがいますが、どの子にも手を焼かされました。でもK子はおとなしくまじめなので大丈夫と思っていたんですが」と心の内を吐露した。

第二回面接（X年一一月一五日）

Kさんとの面接

N先生が訪問すると、台所にいたKさんは二階の自分の部屋に上がり、正座してN先生を待っていた。この日も沈黙しがちであったが、初回のときのように鼻の頭に汗をかくほどの緊張は見られなかった。N先生の問いかけに「テレビは時々見ている」、「バトミントン部に入っている」、「時々絵を描いている」と簡単に答えるだけであった。

母親との面接

母親はKさんが登校しない理由がわからず困惑していた。友達がいないことが最大の理由ではないかと話した。また、母親は学習の遅れることを心配し、学校がどうしてプリントなどを持ってきてくれないのかと不満をもらした。さらに、Kさんは小さい頃から手のかからないおとなしい子で、第一反抗期*もなかった。今回のこと（不登校）は生まれて始めてのKさんの反抗のように思われると母親は話した。

第三回面接（X年一二月六日）

この回はKさんが風邪で寝ていたため母親のみの面接となった。

母親との面接

Kさんの不登校の原因は母親が甘いからだと、Kさんの兄・姉から責められ、まったく立つ瀬がないと母親は嘆いていた。そう言いながらも母親はKさんに積極的に関わり始め、父親も加わってくるようになった。そして休日に父親、母親、Kさんの三人で、Kさんの服を買いにデパートに出かけた。このような両親の態度に安心したのか、Kさんは両親に本音をぶつけるようになったと母親は語った。

第一反抗期

二～四歳の幼児が、芽ばえてきた自我意識に根ざして、親のしつけに対し反抗したりこれを拒否したり、時には悪意の仕返しをしながら、自己主張を繰り返す時期を第一反抗期と呼ぶ。幼児の自我が育っていくためには、その前の段階で母子の間に良好な関係が形成され、幼児のなかに基本的信頼感が培われなくてはならない。これが育っていないと自我が芽ばえず自己主張も顕著に現れない。

第四回面接（一二月二二日）

母親との面接

母親から、Kさんが N 先生に会いたがらないのでしばらく様子を見てみたいとの話があった。家の方でもできる限りのことはするので、しばらく面接は中断したいとの申し出があった。Kさんの不登校をきっかけに、最初は母親そして父親もKさんに関心を向け始め、やがては三人の兄・姉までもが加わり、家族がまとまり始めた様子が感じられたので、N 先生はこれを受け入れることにした。

その後の経過

一二月末にO先生は一月より学校へ復帰することをKさんに伝えてあったせいか、一月八日の始業式には、母親にともなわれてKさんは登校してきた。その後は休みながらも学級担任のO先生に支えられながら登校を続けた。二年生の学級編成に際しては、Kさんと仲の良いUさんと同じクラスにしてもらうことにした。Uさんが演劇クラブに所属していることもあって、二年生になるとKさんはバトミントン部から演劇部へ移った。やがてUさんだけでなく、演劇部の友人を中心に友達関係も広がり、表情も明るく豊かになった。そして二年生の一一月に行われた演劇部の発表会では、日頃のKさんとは対照的な明るく活発な役を生き生きと演じていた。二年生以降は風邪で一、二度休んだだけで元気に登校し希望の高校へ進学していった。

(3)　まとめ

以上の中学校での取り組みを通してさまざまなことが考えられる。

第一に、M中学校は落ち着いた学校であったこともあり、Kさんのような不登校の生徒に対しても、N先生の働きかけもあって、学校は真剣に取り組んでいた。しかし、荒れている学校では、学校に来て問題を起こす非行生徒に振り回され、登校してこない生徒は無視されがちである。早急に適切な対応がなされれば早期に解決できるケースもあることを考えると非常に残念である。

第二に、N先生のように生徒指導主事と教育相談主任を兼ねることはまれで、生徒指導部と教育相談部の意見が異なり対立しがちである。両部が互いに補い合いながら車の両輪のように回転させることが大切である。

第三に、教育とカウンセリングとの微妙な相違故に、学校現場にカウンセリングを導入することの難しさがある。N先生に対しても「対応がてぬるい。無理やりにでも引っ張ってくればK子は登校できる」と批判する教師もいた。これは外からの人間形成と内からの洞察、外から与えられる価値と内からの価値形成、集団重視と個人尊重などの教育とカウンセリングとのアプローチの相違*からくる矛盾・対立が存在しているからである。これらの矛盾・対立を克服し統合していくことがこれからの大きな課題である。

第四に、一九九五年度から導入されたスクールカウンセラーの活用である。N先生は前述のケースに関しても必要に応じてスクールカウンセラーのアドバイスを受けながら対応するなど、積極的に活用していた。N先生は難しいケースに関しては、スクールカウンセラーの意見を聞きながら、誰が対応するのが適切か、学級担任か相談係かスクールカウンセラーか、あるいは外部の専門機関に任すか、さらにはどのようなプロジェクトチームを編成すべきかを決定してきた。また、ケースに応じてN先生か、あるいはスクールカウンセラーがコーディネーターを務めるようにしていた。

教育とカウンセリングの相違

教育もカウンセリングも子どもの成長・発達をうながすという点に関しては共通しているが、以下のような相違点もある。教育はどちらかと言えば、子ども一人一人の気持ちよりも集団の維持・安定に重きをおく傾向がある。また、子ども自身の気づきを待ったり、自発性を尊重するよりも、教師のほうからの働きかけによる価値形成、人間形成が行われることが多い。

またN先生は一般教員とスクールカウンセラーとの仲介役を重要な仕事と位置づけていた。つまり、教師とスクールカウンセラーの基本的な考え方や見方のギャップを埋め、相互理解を深め協力して子どもに対する援助ができるよう努力していた。しかし、実際にはN先生のような教師は少なく、せっかくスクールカウンセラーが全中学校に配置されたにもかかわらず、機能していない学校が多いのは残念なことである。この問題を克服するためには、スクールカウンセラーも学校の仕組みや教師の実際の仕事や考え方についての理解を深めることが肝要である。同時に、教師もカウンセリングに関する知識を積極的に獲得し、スクールカウンセラーには何ができ何ができないかを見極め、有効に活用すべきである。

（花井正樹）

引用・参考文献

文部科学省　2007　『生徒指導上の諸問題の現状と文部科学省の施策について』
長野郁也・花井正樹・生田純子　2000　『気になる子にこんなひとこえを』ほんの森出版
定森恭司　2005　『教師とカウンセラーのための学校心理臨床講座』　昭和堂

第3節　高等学校

1　高等学校とは

日本の高等学校への進学率は、昭和三〇年代初頭に全国比率50％を超えて以来、順調に上昇してきた。昭和五〇年代に90％を超え、今年まで常に増え続け、平成一七(二〇〇五)年度には97.6％に至っている（**表1**）。つまり、義務教育とさほど変わらない数の若者が高等学校に行っていることになる。しかし、義務教育の中学までと異なり、それぞれの高校には他校と異なる特色や地域における位置づけがある。例えば、有名大学への進学率などでライバル校と競い合っている学校、スポーツをはじめとする部活動に力を入れている学校などである。高等学校も自らの存在意義を明確に把握し、それにあった特色を示し、志願者に賛同を得る教育が行われないかぎり生き残れない、厳しい時代であるとも言える。この「高等学校」という場や、そこにおける生徒支援の現状を、他の校種とも比較しながら整理する。

(1)　「教科別合衆国」

高等学校は、小学校や中学校のように職員室に全員が集合しているばかりでなく、高校では教科別に「研究室」「準備室」などの名目でその教科の教員が集まる場所があることが多い。これは多分に各教科の学習内容が幅広く、同一教科を指導するスタッフのつなが

表1　高等学校等進学率　（％）

区分	高等学校等	専修学校（高等課程）	合計
1995年度	96.7	0.5	97.2
2000年度	97.0	0.3	97.3
2001年度	96.9	0.3	97.2
2002年度	97.0	0.4	97.4
2003年度	97.3	0.3	97.6
2004年度	97.5	0.3	97.8
2005年度	97.6	0.3	97.9

りも他の校種以上に深くなり、「教科別合衆国」と言われる所以である。

(2) 高等学校の組織的枠組み

高等学校を、カリキュラムと進路の観点で見ると、普通科、実業科（商業、工業、農業、食物調理など）に類別される。これも教科でのつながりが強いことの背景となる事象である。かつては、大学などへ進学する生徒が普通科を選び、就職する生徒が実業科を選ぶものとされてきた。しかし、高校卒業後の就職難などから、現在では多様な進路選択がなされ、高校のになう役割にも変化が生じてきた。近年では特に、新構想の総合学科が設立されるなど、生徒個人が自由にカリキュラムを選択することが可能な学校も増えてきている。

また、経営母体によって類別すると、地方教育行政が直接的に運営を監督する公立の学校がある。都道府県立の高等学校、また、定時制高校などを含むいくつかの学校で見られる市立や町立の高等学校である。一方、私立高等学校では、学校法人などによるもの、宗教法人などが運営するものなどがあり、経営マネジメント機能を教育機能からより明確に分けたり、中学校など他の校種と一環して運営されていたりする場合もある。一方、近年多角化が進む学校経営に、企業などが参画する形態も試みられている。

(3) 発達段階をふまえた高校における教育活動のゴール

高等学校は、その教育内容が多岐にわたっている。大学・短大・専門学校への進学率が平成一八年度には一八歳人口の76％〔学校基本調査、2006〕となった。そして普通科高校のみならず、多くの場合、実業系高校を卒業しても、就職せず進学する生徒が増えている。高校は、次の教育レベルへの通過点として、また一部に社会の最前線に出て行く若者たちに対して、どのような役割を果たすべきであろうか。

義務教育を終えて高校に進学する場合、高校は一〇代後半の三年間を過ごす場である。発達段階におくと、思春期後期または青年期前期に当たり、小学校から始まった学齢期の最後の時期と考えられている。その時期にあって、若者は自分の存在に気づき主張しようとし、次に自己内省をして自分を見出そうとしながらも持て余して葛藤し、そして自分を受け入れられるようになっていく時期である［福沢・石隈・小野瀬、2004］。しかし、インターネットやモバイル機器の普及などから、対人関係に大きな影響を及ぼすコミュニケーションのあり方も変化し、生徒たちがそれぞれに自らと向き合い、葛藤を体験することのできにくい社会になっているという印象もある。一方、平均寿命が延び、思春期・青年期が長期化する傾向があると言われている。現在の生徒たちは葛藤を抱えられず、対人関係における課題が中学時代に当たる思春期前期のものに近いのではないかという実感を口にする臨床家も少なくない。そうした意味で、高校時代は、児童期後期から青年期にかけての課題をすべて含んでいると言うことができ、高校時代の果たす役割の多さを示している。

このような現状において、高等学校という場では、生徒が自己を受け入れ、それをどう高めていくかを考え、社会化する機会を得ることが必須と考えられる。

(4)　さまざまな形態の高校

次に、学校の運営も、全日制・定時制・通信制と多様である。まず、最も数の多い全日制高等学校は、平日の朝から学校が開かれ、昼過ぎまでの授業とその後の課外活動で、夕方で一日が終わるものである。それらは普通科・実業科に分けることができ、うち普通科は、ひとくくりに普通科とされている場合もあれば、それを細分化して芸術系や理系や情報系などのコース・専攻などに分けられている場合もある。また、実業科では、商業、工業などの科によって専門性を持った授業が行われている。

次に、定時制と呼ばれる夕方開講されている形態の学校がある。平日の夕方五時頃から始まり、午後九時頃を終業時刻とすることが多い。本来は社会人になった人が、仕事をやめることなく学業を続けられるようにと設置されたものである。しかし不登校などの問題を抱える若者にとっては、授業の開始が遅いことが通いやすさにつながり、近年では不登校経験のある生徒たちが入学することも増えてきている。

そして、学校として毎日授業が開講される代わりに、定期的な課題提出とスクーリングと呼ばれる講義からなる、通信制高校がある。この通信制高校は、多くの場合が月一回の課題提出でそれぞれの学期の履修教科の学習内容を確認し、最終的には学期末ごとの考査により達成度を確認する。通学で行われるスクーリングは、少なくとも年間一二日の実施が義務付けられており、各学校によってその形態も頻度も多岐にわたっている。例えば、月に一回、または週に一回ごと定期的にスクーリングを行っている場合もあれば、前期・後期に五日ずつ集中的に行う場合もある。いずれも課題提出と集団授業をかねあわせることによって、高等学校の過程を修了する。通信制高校は病気などで長期入院している場合や、運動選手などのように、特殊技能を持ち、高度なレベルで活動している場合なども、海外や遠征先からでも課題を返送することができるため、有効であると考えられている。生徒が単位を取得するための課題提出は、これまで多くの場合、家庭で行うことが基本であったが、近年では、課題の完成率と学習効果を保障するために、通級し、そこで自習学習させる形態の学校も増えてきている。しかしながら、直接的な指導ができる教科担任の数が限られることが多いため、手の空いた時間に研修室などで指導を受けることなども行われている。

平成一七年八月一日、文科省は、各校種間の規制を弾力化し、全日制でも不登校の状態にある児童生徒には、自宅でインターネットや電子メール、テレビなどIT（情報技術）を活用した学習活動を行った場合に出席とみなすようにと、初等中等教育局長名で全国の都道府県教委に通知した（**表2**）。その場合の条件とは、①保護者と学校の間に十分な連携・協力関係が保たれていること②訪問などによる対面指導が適切に行われること③当該の児童生徒の学習の理解をふまえた計画的な学習プログラムであること、の三点である。

このような動きを見れば、今後も通信制高校をはじめとするユニークな教育手段をとる高校が増え続けていくだろう。

2 不登校の生徒にとっての高校

(1) 入学時からの不登校

高校に入学してくる生徒たちのなかには、高校入学時までの学校生活において何らかの問題を抱えた経緯を持っている生徒がいる。彼らは、集団への適応に対して苦手意識を持っていることが多い。生徒たちは友人に仲間はずれにされたり、部活動で失敗したり、対人面での支障となる精神的トラブルに陥ったりと、さまざまな経緯を経て、学校へ行けない状態になっているのである。その彼らが、家族の期待、周囲の支援や自分自身の自己実現のために、もう一度学校へ足を向けようとする決意は相当に大きいものであろう。支援

表2 通知内容

不登校児童生徒が自宅においてIT等を活用した学習活動を行った場合の指導要録上の出欠の取扱い等について
不登校の児童生徒の中には、学校への復帰を望んでいるにもかかわらず、家庭にひきこもりがちであるため、十分な支援が行き届いているとは言えなかったり、不登校であることによる学習の遅れなどが、学校への復帰や中学校卒業後の進路選択の妨げになっている場合がある。このような児童生徒を支援するため、わが国の義務教育制度を前提としつつ、一定の要件を満たした上で、自宅において教育委員会、学校、学校外の公的機関又は民間事業者が提供するIT等を活用した学習活動を行った場合、校長は、指導要録上出席扱いとすること及びその成果を評価に反映することができるとする。

という観点から見ても、高校への入学は、本人が、新しい学校で心機一転して頑張りたいという強い願いの表れであり、支援する際に活用できるのが好ましい要素である。また、「新学期」という区切りは、家族をはじめとする周囲の支援者にも、気持ちを切り替えたり、新しい考え方で対応したりするタイミングとして利用しやすい。反面、緊張の強い生徒たちには、かえって新学期をそれまでの生活から抜け出すチャンスにしようと意識させないほうが良いこともある。その生徒にとって新学期をどのように利用するのが最善の方法であるかは、十人十色であり、一人一人に合った方針やペースを考える必要がある。ただ、入学に際しては生徒自身がその学校のことをよく理解し、主体的に行こうとする意思を持っているかどうかが、冷静に確認されていなければならない。本人を取り巻く制度や措置がどれほど充実していても、本人の動機づけなくしては高校生活への適応は難しいからである。

しかし、本人の努力と周囲の支援によっても適応が困難である場合、必要に応じた適応の方向づけを保護者と本人と学校で行うことが必要である。それに当たり、本人の考えや学習面、心理・社会面の力量、保護者の教育理念、家庭環境といったことへのアセスメントが適切に行われたとき、初めて適切な支援が可能になるのである。同時に、その生徒の社会性が、全日制・通信制・定時制といった学校の形態に適合しうるかどうかを確認することも必要である。

(2) 高校途中からの不登校

児童生徒は、人間関係に行き詰まったり自分に自信が持てなくなったりするなど、さまざまな出来事から、学校社会への適応に支障をきたす。文科省の示すように不登校は誰にでも起こりうるという視点で考えると、どんなに心身が健康な状態で学校に入学した生徒であっても、何らかの外的・内的なアクシデントやトラブルによって、学校生活を続ける気力を失ってしまうことがあると言っても過言ではない。例えば、いじめ問題の場合、その撲滅のためにピアサポートやソーシャルスキルトレーニングなどの取り組みが多くの学校で活発に行われているが、いじめ問題がまったくなくなったわけではない。学校適応の阻害要因は、家庭の問題、教師との人間関係、いじめをはじめとするさまざまな友人関係のこじれなど、数多くあげられる。

高校に入学してしばらくの間は通常通りの生活が送れた生徒でも、そうした出来事によって、学校に行けなくなることがある。そのことが当事者にとっては大きな打撃となり、その後周囲がどう支援してもなかなか再登校や教室忌避の克服ができないということ。

また、中学まではまったく問題なく登校できていた生徒が、高校に入学した時点で、出身中学校が同じ友人と同じクラスになれなかったり、運よく声をかけてもらえるクラスメートに恵まれなかったために、新しい人間関係を結ぶことができず孤立してしまうこともある。また、精神的な問題が顕在化して、入学の時点ではある程度順調な適応を示した生徒であっても、のちに、問題が明らかになることが少なくない。生徒が学校生活への参加に支障を感じる場合は、思春期の特性をふまえて、いくつかの仮説を立てて状況を見ることが必要である。

生徒たちが、日々の生活において抱える課題・問題を手がかりに、生徒の不登校の原因を探ると、六つの項目に整理できる（**表3**）。なかには、高校に入学してから発症した心身の問題もある。また、学級や部活動のような、学校で生徒たちが居場所とするいくつかの「場」において、社会面・学習面での課題を感じたとき、その「場」に行きにくくなる

表3　不登校の原因

A：心身の疾患の発症による日常生活への支障
B：学級や部活動などにおける人間関係のトラブル
C：部活動・学習等での挫折からくる自信喪失などによる問題
D：学力不振に起因する問題
E：家庭内の不和など、環境に起因する問題
F：経済的な問題

こともある（B・C）。人間関係に支障をきたして登校ができなくなった場合でも、それ自体が問題の本質ではない場合も多い。例えば、Eの課題があるなかで、人間関係のトラブルに出合うと、困難に立ち向かうエネルギーがなくなり、学校での日常生活に不適応をきたすようになる。不登校の契機はBであっても、原因はEであるといったことが多く起こるのである。

それぞれに状況は異なるが、その生徒にとって何が、学校への適応に最も障害になっていることか、自我の強さはどの程度か、そして周囲の支援体制はどうであるかなどを見きわめ、どう動くのがその生徒にとって効果があるかを関係者（チーム）で話し合い、行動連携をすることが大切である。いずれの場合も、登校刺激をしないままに、欠席が長引くことは、必ずしも本人に良いこととは限らないからである。

3　不登校の子どもたちを支えるシステム

(1)　入学に当たって

義務教育の小・中学校と異なり、本来、高等学校は、就学の意思のある者が入学する。高校は、中学校までの「地元」「学区」といったまとまりにしばられず、学校に行けなかった経験を持つ生徒が、決意をもって入学してくる場所でもある。彼らのなかには、幼少時からの友人関係が入れ替わることなくそのまま学年を重ねてきたため、人間関係づくりの力を育てることができず、さりとてやり直しの機会も得られなかった生徒も少なくない。彼らやその周囲の支援者に対して、入学を許可した学校側は、生徒たちが学校適応を果たすための準備をすることが重要である。

その意味で、入学前に気になることがある生徒は事前に、各自の気になることを学校と共有でき、事前に不安を軽減できるような機会をつくっておくのも一案である。

(2) 適応に必要な期間

高等学校に入ると、多くの学校で新入生向けのオリエンテーションや宿泊研修などが行われる。生徒たちは、とりあえず毎日話をする友達を獲得でき、ある程度の「現場感覚」をつかむ時期である。あわせて学校での学習内容やペースを理解し、少しずつ適応感を得ることができ始める。この一ヶ月ほどの間が、生徒たちの適応状況を見るうえで、ひとつの区切りとなるのではなかろうか。そして、一学期が終わり、夏季休業を迎える頃には、課外活動においても仲間を得たり、放課後一緒に過ごす友人がある程度固定化してくるようになる。

また、夏季休業は、補習授業の多い進学校などは例外であるが、多くの生徒が学校生活から離れる時期であり、その間に起きる人間関係や家庭環境などの要因から、休み明けに学校生活というルーティンに戻ることが難しいケースがある。夏休み明けに、それまでと異なって休みがち・ふさぎがちな状態に早期に対応できずにいると、学校生活の継続に支障をきたすことも少なくない。

高等学校に入学する生徒たちにとって、こうした課題を克服して一年間を過ごし、二年生に進級することができたという体験は、高校生活への適応という点で意味が大きい。ある高等学校の例であるが、一年次終了時までとそのあとでは、転退学の割合が三分の一以下となっていることからも、一年目の支援に注意を払うことは重要であると言える。*

＊典型的な全日制高校での、ある一年間の退学者を10とした場合、一学年時中の退学が6.5、二学年時では2.5、三学年時では1となっている。

(3) 支援システムの例

ここでは、A校を取り上げて、学校への適応をシステムとして支援する例をあげる。前述の通り、高等学校への適応は、一年間を経過するとかなり落ち着いてくる。よって、いかに一年間を乗り切るかを高校初期の最重点課題であると考えると、多様な背景をもって入学してくる生徒たちに、A校は必要に応じて一年間の高校生活への適応を目指して、猶予期間を与えることが妥当であるとの結論を出した。

そこで、段階的に生徒の適応状況を支援する方策が検討された。A校では、入学時から、教室への出席や学校への登校に困難を感じている生徒に対して、相談室を一時的な居場所として学習面・心理社会面での支援を行い、教室への復帰がなされるよう支援されている。それを背景に、最初の3ヶ月程度の適応段階を超えても出席のペースが定着しない生徒に関して、「個別教育プラン（IEP）*」という名称で、対象となる生徒を絞り、期限を決めて彼らの状況やニーズに合った支援を行うことを制度化した。

4 Sさんの事例

このA校独自のIEPを取り入れて、実際に支援が必要であった事例を紹介する。各学年で課題を抱えたケースをそれぞれに示している（当事者のプライバシーに配慮し、当事者たちの了解のうえで、複数の事例を合わせた人物像を記述する）。

個別教育プラン（IEP：Individual Education Plan）
元はアメリカで特別支援教育に導入された方式。発達障害などのために一般学級での学習に困難をきたすケースで、その状況に合わせて個別教育計画をたて、本人の適応を援助するもの。

(1) 入学時

Sさんは、中学校二年の一学期に不登校になり、それ以降およそ八割以上を欠席していた。それまではクラスの上位であったが、不登校状態になってからは定期考査が受験できないことや学習の遅れのため、成績不振の状態が続いた。中学三年の半ばから保健室に通い始め、改善の意志が見られている。

不安を抱えながら入学した高等学校で、当初は教室に入りほかの生徒と関わり、ある程度話ができていた。しかし新入生のオリエンテーションのための宿泊研修を前にして、班分けで同じ班の仲間から、少し強引に班長にさせられたことから、宿泊研修を欠席した。それが契機となって、仲間への恐怖心が膨らみ、研修終了後も学校に来られなくなった。

(2) IEP適用

それ以降欠席が続き、家庭と学校関係者が支援の声をかけるが、登校刺激は成功せず、その挫折感から、周囲からも心を閉ざしてしまった。関係者で支援策を検討したが、Sさん自身にとって小さな達成を積み上げて、自信を回復するしかないと考えた。A校独自のIEPの説明を行うため、負担の少ない時間帯に保護者とともに登校してもらえるよう提案した。

Sさんが到着すると、相談室には一時的に教室に行けない生徒、教室忌避傾向から、IEPを認められている生徒などが、すでに登校して自習している様子がまず目に入る。Sさんに高校卒業の意志を確認すると、「やはり高校を出ないといけないと思う」と言った。学校に来て相談室で勉強できるかを確認すると、それも不可能ではないとのこと。

そこでSさんは保護者と共にIEP利用者の義務・期間の制限について説明を受けた後に申し込みを決意し、校内の認定会議で許可を受けた。* それ以降は相談室に来ることに関するさまざまな同級生の反応を気にしながらも、Sさんは順調に相談室への登校ができるようになった。相談室を利用する他の生徒たちとも馴染み、授業の進度を教科担任に聞きに行ったり、プリント提出をしたりするために職員室に出向くなど、少しずつ学校内での行動半径を広げられた。単位取得に向け、定期考査の準備に力を入れ、学級復帰の際、授業についていけないことが挫折にならないように配慮した。年度末には、定期考査で平均以上の点数をとり進級した。

*初めの三ヶ月は始業から三〇分のちをSさんの定時登校時刻とする。学習は相談室中心であるが、少しずつ校内を動けるようにする。心理面では、本人との定期的な面談をスクールカウンセラーから受ける。社会的には個人的にやりとりができるクラスの友人との関わりを絶たないように援助する。一年次から自分に対する理解を深め、進路について少しずつ明確できるように話をしていく。

(3) 二・三年次

年度初めのクラス替えでは、ある程度話の合う生徒と同じクラスになるように振り分け、相談室では新学期直前から学級に戻ることに焦点を当てて支援した。Sさんは、二年生になった初日から教室に行き、四月当初は週に一、二時間疑心暗鬼になって休みに来たものの、その後は授業中に利用することはない。二年生の前半は昼休みに弁当を食べに相談室に来ていたが、夏休み明けからは仲間と教室で食べることができるようになった。そして放課後には、相談室に立ち寄ってひとしきり話をした後、少し時間をずらした電車で帰途につく生活であった。

Sさんは、それからも何かあるごとに相談には来るものの、教室で不安を感じることは少なくなり、三年になって三者懇談で進路を確定した頃から、教室での生活に集中していられるようになり、卒業時には問題なく高校の卒業単位を無事修めることができた。

(4) 考察

不登校傾向の見られた生徒の支援を、A校で導入しているIEPを用いて行った事例を示した。一年間という限られた期間にのみ、学校適応のための「スロートラック」を設定し、その間に相談室を足がかりに居場所を広げ、学校という場に慣れていくというものである。それをどう有効に活用できるかは、保護者との連携、校内での共通認識と同時に、その生徒の適応の可能性のアセスメントなどが鍵となる。相談室のスタッフが対象の生徒に行っていることは次のようになる。

・生徒の居場所を確保すること
・生徒が校則や時間割になじめるよう指導すること
・生徒の自尊感情や進路への意識を高めるために、面談・日誌などを通じて前向きに関わること
・生徒が学習面で取り残されないように、定期考査や自習の援助をすること
・クラス復帰の準備となるよう、生徒が他のIEPの生徒との間で抱えた対人葛藤を手がかりに、彼らの社会性を高めるようなアドバイスをすること

まとめると、これらのことは適応援助、つまり生徒を高校からドロップアウトさせないために、彼らが落ちつける場所を用意し、学習面、心理社会面、進路面から包括的な支援をすることである。それはまた通常の学級集団へ対応するための模擬体験であるとも言える。彼らが安心感を得られる準備をして送り出すことが、このIEPの意義なのである。

加えて、特に高校生という発達段階にあっては、周囲の支援者のアドバイスをふまえながら、その生徒の人格を尊重し、自らが納得して選んだ方針でなければ、自己一致した状

態で学校という場に向かうことはできないのである。

5　おわりに

不登校は、高校生活にも起こる生徒たちの日常生活の危機である。高等学校は、学齢期の最後にあり、最も自我ができあがっている時期である。それだけに、周囲の支援を受け入れるにも自尊心などからの抵抗感が他の年代より強いように感じられる。生徒たちが社会に出ていくまでに身につけなければならないさまざまな環境への適応のためのスキルは、高校という守られた場にいるうちに身につけられることが好ましい。彼らの学校適応は、ひいては社会への適応の第一歩であり、高校の段階を終えたときに、社会人として、大きな成長が遂げられているように支援することが必要だと考える。「不登校」は若者にとっての自己主張のひとつのかたちであるとも言われている。不登校の状態を示すことで、伝えたい何かがあるという考え方もある。高校生を支援する立場にいる者は、常に生徒の現状を把握することと同時に、その生徒が社会に出たときに苦戦しそうなことは何であるかを把握し、そのことを学んで高校を巣立つことができるようにしていくのが良いと思われる。

（西山久子）

引用・参考文献

福沢周亮・石隈利紀・小野瀬雅人　2004　『学校心理学ハンドブック』教育出版
毎日新聞　2005　六月一日朝刊
文部科学省　2006　『学校基本調査』

第4節　チーム援助による不登校対応

1　チーム援助の必要性とチーム援助プロセス

(1)　チーム援助の今日的な必要性

不登校の要因や背景は、多様化しており対応はますます難しくなっている［不登校問題に関する調査研究協力者会議、2003］。例えば、発達障害をともなう子どもに対する教職員の不適切な指導から不登校になったケース、友人たちからのいじめが原因となって不登校になったケース、有職・無職少年や非合法集団に属する大人との付き合いから不登校になったケース、家庭内の不和・家庭内暴力・児童虐待など家庭的問題から不登校になったケースなどは、学級担任やスクールカウンセラーによる単独対応では解決は困難である。

学校内の複数の教職員の協力や学校外の病院、精神保健福祉センター、警察、児童相談所などの関係機関との連携や、医師、大学教員、カウンセラー、ソーシャルワーカー、保護司などの専門家と協力した組織対応が必要となる。チーム援助は、このように非常に困難な状況にある不登校の子どもへの有力な組織対応の方法として実践されつつある［国立教育政策研究所生徒指導研究センター、2004］。他方、チーム援助研究は、学校心理学や生徒指導（教育相談）分野で多くの研究がなされている［八並、2006］。そこでの研究を基礎として、チーム援助による不登校対応を概観する。

(2) チーム援助の三つの特色

不登校対応におけるチーム援助の特色は、第一に、個に対する組織対応であるということ。第二に、総合的な発達援助であるということ。第三に、計画的・系統的な援助プロセスを持つ、ということの三点に集約される。

①個に対する組織対応

大きな問題を抱えた不登校の子ども一人ひとりに対して、学校内の複数の教職員や関係機関の専門家が援助チームを編成して、組織的に問題解決をはかる。援助チームには、スタッフ間の連絡・調整役としてコーディネーターがいる。援助チームのタイプは、保護者・学級担任・コーディネーターから構成されるコア援助チーム、学校内の複数の教職員から構成される拡大援助チーム、学校外の関係機関と連携したネットワーク型援助チームがある［石隈・田村、2003／石隈・山口・田村（編）、2005］。ネットワーク型援助チームは、文部科学省では「サポートチーム*」と呼称している。

②総合的な発達援助

チーム援助は、不登校の子どもが抱えている学習面（学習意欲や学力の低下など）、心理・社会面（情緒的不安や人間関係の悩みなど）、進路面（将来の不安や進路先に関する悩みなど）、健康面（身体に関する悩みなど）での悩みや問題の早期解決を目指している。同時に保護者への援助も行う。その意味において、チーム援助は、不登校の子どもへの総合的な発達援助であると言える。

③計画的・系統的な援助プロセス

サポートチーム

国立教育政策研究所生徒指導研究センター［2002］のモデルプランでは、サポートチームを「個々の児童生徒の状況に応じ、問題行動等の具体的な問題解決に向けて、学校、教育委員会、権限を有する関係機関、その他関係団体などが連携して対応するチーム」と定義している。

チーム援助は、多くの人が援助者として不登校の子どもに関わるということだけでなく、計画的・系統的な援助プロセスを有しているという点に最大の特色がある。チーム援助は、チーム援助の要請・開始→アセスメントによる生徒理解→問題解決のための個別援助計画*の作成→チーム援助の実践→チーム援助の終結・評価→フォローアップ、というプロセスで実践される。チーム援助プロセスを理解しやすいように、不登校の中学三年生Mさんの事例を取り上げる。

(3) チーム援助プロセスの概観

公立中学校三年のMさんは、二年の三学期頃から頻繁に休むようになった。その後、三年生の一学期の中間テスト以降欠席が続いた。学級担任から不登校対策担当を兼ねる教育相談担当に、Mさんの不登校にどのように対応すればよいか相談があった。教育相談担当によるMさんの親友からの聞き取り情報と母親との面談情報から、次の三つのことがわかった。第一に、Mさんは年上の有職少年と付き合っており、その周囲に非行傾向の少年たちや非合法集団に属する大人がいること。第二に、保護者の夫婦関係は険悪でケンカが絶えないこと。また、父親が大きな負債を抱え、生活が不安定であること。第三に、父親は酔うとMさんを激しく叱責し、時には暴力を振るうこともあった。Mさんは「あんなひどい家にいたくない。私が何でこんな目に合うのか。学校を休んでいるから勉強や将来が心配だ。」と友人たちにもらしていたこと。

Mさんの場合、家庭内の問題（家庭内暴力・児童虐待の疑い）や学校外の少年や大人が絡んでおり、犯罪に巻き込まれないためにも早急にチーム援助を開始しなくていけない状況にあった。学校単独でのチーム援助は無理と思われたので、教育相談担当は生徒指導主

個別援助計画

アセスメントに基づき作成される個別の教育計画（個別の指導計画ともいう）のことである。実践的ツールとして、①石隈・田村式援助チームシート（標準版・自由版・五領域版）、②田村・石隈式援助資源チェックシート、③援助シート記入プログラムSSPS（Student Support Planning System）CD-ROM版がある［石隈・田村、2003／石隈・山口・田村（編）、2005］。

事に相談し、学校と関係機関が連携したサポートチームを編成した。サポートチームによるチーム援助は、三年生の二学期から開始し、三学期の二月末に終結した。終結後、Mさんは公立高校に進学をした。以下で、サポートチームによるチーム援助プロセスの各段階について見てみよう。

2　アセスメントによる生徒理解と個別援助計画の作成

(1)　アセスメントによる生徒理解

チーム援助の実践前までのプロセスは、**図1**の通りである。学級担任のMさんに対するチーム援助要請を受けて、生徒指導部会でチーム援助の可否について検討会議を開催した。チーム援助の必要性と実施が合意されたので、教育相談担当を中心に学級担任、学年の生徒指導担当、学年主任、教頭、二年生時の学級担任、数名の教科担任、養護教諭、スクールカウンセラーが集まり、Mさんに関するさまざまな情報交換やデータ分析から実態の把握に努めた。このような生徒理解を、アセスメントという。アセスメントは、次の段階で作成する個別援助計画の基礎となるため、アセスメント会議として公式に開催し、十分な時間をかけて実施することが大切である。アセスメントは、Mさん自身と彼女を取り巻く環境に関して行う［石隈、1999］。アセスメントでは、次の三点に留意する。

①個人と環境の総合的なアセスメント

過去と現在の学習記録や行動記録、遅刻・早退・欠席記録、教職員の観察や面接情報、各種調査や心理検査情報、作文や作品など成果物情報、友人・保護者・地域・関係機関な

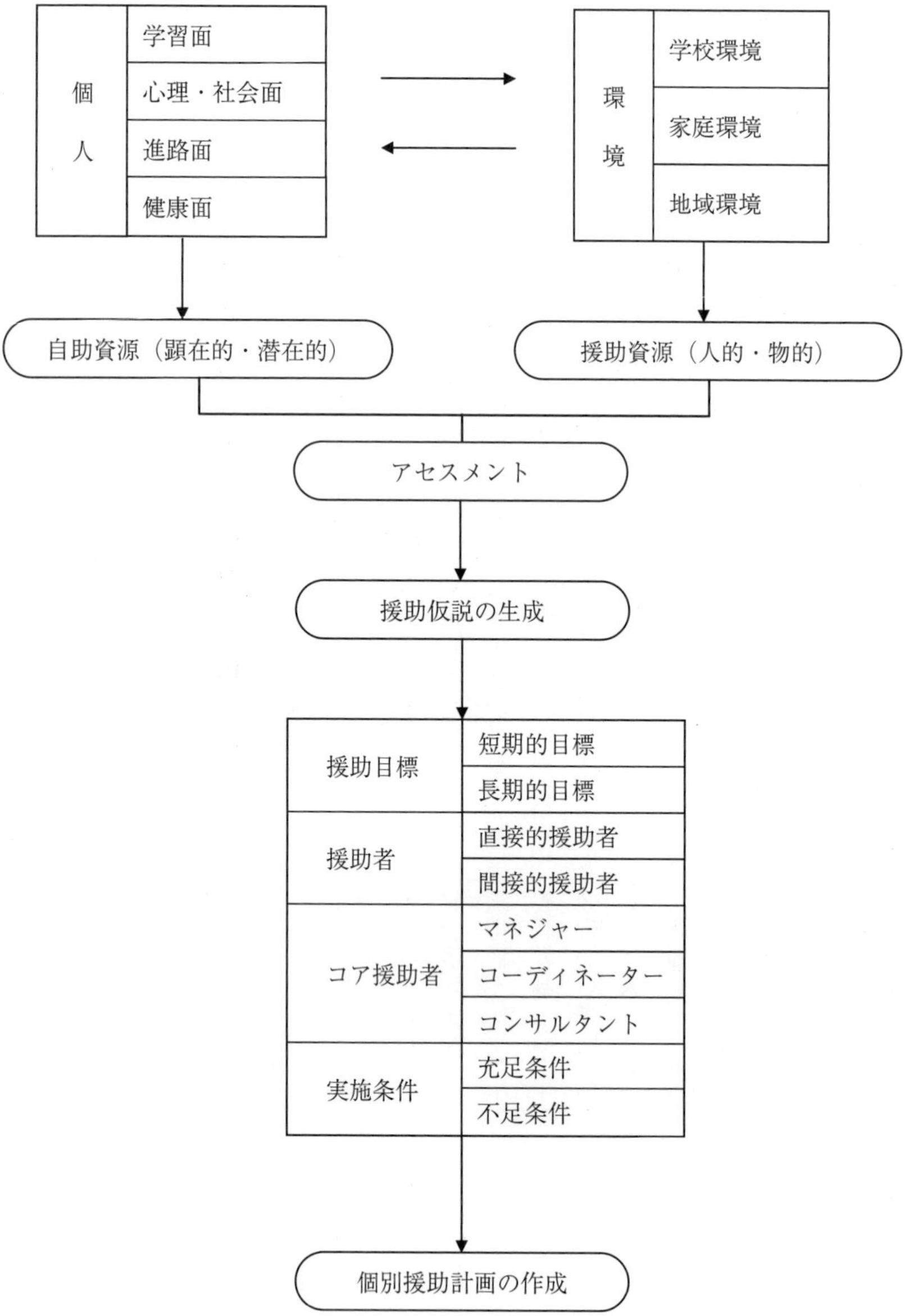

図１　アセスメントから個別援助計画までの流れ

どの情報を収集し、Mさん個人の学習面、心理・社会面、進路面、健康面の状態と、Mさんを取り巻く学校・家庭・地域の環境状態について総合的に把握する。

②自助資源と援助資源の検討

①より、Mさんの現時点での長所や能力は何か（顕在的自助資源）、今後のチーム援助で伸長可能な長所や能力は何か（潜在的自助資源）、など自助資源の検討を行う。また、Mさんを取り巻く環境の中で、誰が力になってくれそうか、あるいはどの機関や団体が力になってくれそうかなど活用可能な援助資源を検討する。

③援助仮説の生成

①・②より、Mさんの個別援助計画を作成するための暫定的な援助仮説を立てる。Mさんの場合、「家庭環境から強い影響を受けていると考えられる自己疎外感を低減し、なおかつ両親のMさんへの関わり方を支持的（サポーティブ）に変えることによって、自分自身や物事に前向きな姿勢となり、不登校の改善をはかることが可能ではないか。」という仮説を立てた。

(2) チーム援助の見通し

次に、アセスメントと援助仮説からチーム援助の見通しを立てる。見通しを立てる観点としては、次の四点が考えられる。

①援助目標の設定

短期的援助目標と長期的援助目標を設定する。Mさんのチーム援助の短期的目標は、第一に、Mさんに対してカウンセリングや個別学習を行い、自己疎外感や学習不安を低減すること。第二に、母親に対して家庭訪問やカウンセリングを通してMさんへの関わり方を支持的なものに変えること。第三に、有職少年や非合法集団の大人との付き合いを遮断すること、とした。長期的目標は、「保健室登校もしくは別室登校から学校復帰を図り、高校進学を達成すること」とした。

②援助チーム

Mさんの援助目標から、援助チームは中学校、教育支援センター、警察、地域住民、大学から構成されるサポートチームがよいと判断した。直接的援助者は、学級担任、教育相談担当、スクールカウンセラー、養護教諭、教育支援センター職員、学生サポーター、少年サポートセンター*職員とした。間接的援助者としては、教科担任・進路指導担当・主任児童委員*、PTA会長、自治会長、警察とした。前者は、主にMさんへの教育相談やカウンセリングによる心理的援助や訪問指導・個別指導による学習援助を行う。後者は、Mさんと直接関わらないが学習資料や進路情報の提供、有職少年や非合法集団の大人の接触阻止や犯罪被害防止を主に担う。また、保護者の地域での相談相手となり、生活面での助言を行う。

③コア援助者

チーム援助を円滑にすすめるには、チームリーダーが必要となる。Mさんの場合、チーム援助全体を統括するマネジャー役を教育相談担当が、学校や関係機関などとの連絡・調整をするコーディネーター役を生徒指導主事が、チーム援助の実施上の助言をするコンサルタント役を大学教員がそれぞれ担った。

④実施条件

チーム援助を開始する上で、何が充足されていて、何が不足しているのかを検討する。Mさんの場合、人的・物的な条件は充足されていた。しかし、サポートチームによるチー

少年サポートセンター

少年サポートセンターは、警察に設置されており、少年補導職員・少年相談専門職員などの非行対策などに関して専門的知識を有する人がいる。主な活動としては、少年非行や犯罪被害に関する相談や助言、街頭補導活動、非行防止活動を行っている。なお、学校や家庭が活用できる相談機関については、小林・嶋崎[2001]が参考になる。

主任児童委員

主任児童委員とは、市町村の地域において、児童福祉に関する事項を専門的に担当している児童委員のことである。児童委員は、子育て支援や生活支援をはじめ、非行や不登校などの児童の健全育成に関する相談・助言を行う。場合によっては関係行政などへ連絡や働きかけをする。知事が推薦し、それを受けて厚生労働大臣が指名する。

ム援助は初めての試みであったため、スタッフに経験がなく、何をどうするのかという実践面の不安があった。そこで、チーム援助に精通している大学教員による校内研修とチーム援助体制づくりが行われた。

(3) 連携重視の個別援助計画の作成

アセスメントに基づいて、「どの関係機関の、誰が、どのような援助目標の下に、どこで、どのような援助を行うのか」という個別援助計画を作成する。学校と関係機関などは、国立教育政策研究所生徒指導研究センター［2002］が六つに分類している。

①学校・教育委員会・教育支援センター（適応指導教室）などの教育関係
②保健所・精神保健福祉センター・病院などの保健・医療関係
③児童相談所・福祉事務所・民生委員会などの福祉関係
④警察や少年サポートセンターなどの警察関係
⑤家庭裁判所・少年鑑別所・保護司・人権擁護委員などの司法・矯正・保護関係など
⑥少年補導センター・児童自立支援施設・青少年育成団体・弁護士会・民間団体などのその他

各機関別の援助者・援助場所・援助内容、**図2**のような個別援助計画シートに整理する［八並、2004 a／2004 b］。個別援助計画シートを活用して保護者や関係機関などのスタッフと共通理解をはかる。また、個別援助計画シートはセキュリティを施したＰＤＦ形式の電子文書*として保管する。

ＰＤＦ形式の電子文書
ＰＤＦ（Portable Document Format）は、アドビ（Adobe）社が開発した電子文書形式である。ＰＤＦ形式の電子文書の特徴は、パスワードや電子署名による強力なセキュリティ機能と柔軟な編集や検索機能を有している点にある。個人情報の漏洩防止の観点から、電子文書で保存・管理するのが望ましい。また、電子文書保存専用の外付けハードディスクを準備し、業務後は施錠付きのロッカーなどに収納し、盗難防止に配慮する。

福祉関係	代表者名				
	所属機関				
	援助目標				
	援助者	援助場所	援助の具体的内容		
警察関係	代表者名				
	所属機関				
	援助目標				
	援助者	援助場所	援助の具体的内容		
司法・矯正・保護関係等	代表者名				
	所属機関				
	援助目標				
	援助者	援助場所	援助の具体的内容		
その他	代表者名				
	所属機関				
	援助目標				
	援助者	援助場所	援助の具体的内容		

<table>
<tr><td colspan="2">個別援助計画シート</td><td>整理番号</td><td>日時
場所</td><td></td><td>作成者</td></tr>
<tr><td>第○回</td><td>参加者</td><td>学内</td><td></td><td>学外</td><td></td></tr>
<tr><td rowspan="2">援助目標</td><td>短期的目標</td><td colspan="4"></td></tr>
<tr><td>長期的目標</td><td colspan="4"></td></tr>
<tr><td rowspan="10">教育関係</td><td>代表者名</td><td>（ふりがな）</td><td></td><td></td><td></td></tr>
<tr><td>所属機関</td><td></td><td></td><td></td><td></td></tr>
<tr><td>援助目標</td><td colspan="4"></td></tr>
<tr><td>援助領域</td><td>援助者</td><td>援助場所</td><td colspan="2">援助の具体的内容</td></tr>
<tr><td>学習面</td><td></td><td></td><td colspan="2"></td></tr>
<tr><td>心理面</td><td></td><td></td><td colspan="2"></td></tr>
<tr><td>社会面</td><td></td><td></td><td colspan="2"></td></tr>
<tr><td>進路面</td><td></td><td></td><td colspan="2"></td></tr>
<tr><td>健康面</td><td></td><td></td><td colspan="2"></td></tr>
<tr><td colspan="5"></td></tr>
<tr><td rowspan="6">保健・医療関係</td><td>代表者名</td><td></td><td></td><td></td><td></td></tr>
<tr><td>所属機関</td><td></td><td></td><td></td><td></td></tr>
<tr><td>援助目標</td><td colspan="4"></td></tr>
<tr><td>援助者</td><td>援助場所</td><td colspan="3">援助の具体的内容</td></tr>
<tr><td></td><td></td><td colspan="3"></td></tr>
<tr><td></td><td></td><td colspan="3"></td></tr>
</table>

図2　個別援助計画のフォーマット

3　モニタリング重視のチーム援助の実践

(1)　チーム援助会議によるモニタリング

サポートチームによるチーム援助では、「学校や関係機関などのスタッフのそれぞれが、どのような援助を行い、それに対してMさんがどのような応答をしているか」というモニタリング情報*の共有が最も大切となる。そのため、校内でのチーム援助会議を週一回定期的に開催した。チーム援助会議での報告事項や検討事項は、大きく次の三点である。

①経過報告　チーム援助の経過について報告をする。

②改善事項　援助行為であまり効果的でないものについては改善策を検討する。また、新たに効果的であると思われる援助方法について検討する。

③援助目標の継続・変更　現行のチーム援助を継続するのか、あるいは新たな援助目標を設定してチーム援助を開始するのかを検討し、援助計画の微調整や修正を行う。

校内のチーム援助会議情報は、コーディネーターを通じて各機関の代表者に通知される。また、月一回程度各機関の代表者参加のサポートチーム会議を開催し、全スタッフの共通理解をはかる。Mさんのモニタリング情報は、ノートパソコンにチーム援助データベースを作成し、すべてのデータをそこに蓄積し、管理する。校内チーム援助会議やサポートチーム会議では、チーム援助データベースに蓄積されたモニタリング情報を、議題に応じて

モニタリング情報
モニタリング情報とは、チーム援助が援助目標に照らしてうまく実践されているか、あるいは不都合が生じたり、予期せぬ事態に陥っていないかを知るための監視（動静把握）情報を意味する。チーム援助を円滑に展開するには、スタッフの援助行為と子どもの応答行為に関する情報を共有することが重要である。モニタリング情報は、チーム援助の向上と改善の基礎となる情報を提供する。

検索・抽出し、基礎データとして提供される。

(2) チーム援助データベースの基本構造

チーム援助データベース［八並、2003－2004／2004 a］の構造とデータ検索の具体例は、**図3**の通りである。図右上の「チーム援助データベース（SST）」の括弧内SSTは、データベース名である。この名称は、任意である。チーム援助データベースの中核となる情報は、「誰に（target）に対して、いつ（sst_date）、どこで（place）、誰が（supporter）、どの援助領域に対して（aspect）、どのような援助を行い（support）、生徒はどのような応答をしたのか（reaction）、その時の援助行為の効果は主観的判断でどの程度だったのか（effect）」ということである。

括弧内のアルファベットは、データベース内での項目名である。target項目に関しては、「西暦年四桁＋二桁の連番」でコード化されている。Mさんの個人識別コードは、200401である。effect項目は、援助者の援助行為に関する主観的な自己評価点である。自己評価は四段階（4・3・2・1）で、コード4は「非常に効果的であった」、逆に1は「効果的でなかった」ことを示す。チーム援助データベースには、複数の不登校生徒の情報が格納されている。

今回のチーム援助データベースのデータベース管理システム（DBMS）*は、日本オラクル社の商用データベースOracleを使用している。モニタリング情報の入力・検索・更新・削除は、OracleのiSQL Plusという標準ツール*を使用して行っている。この標準ツールの特徴は、図の下部に示しているように、マイクロソフト社が提供している代表的なブラウザであるIE（Internet Explorer）から操作できる点にある。例えば、Mさんに対する

データベース管理システム（DBMS）

DBMSは、Data Base Management Systemの略。現在商用ソフトと同等の無償のDBMSが利用できる。代表的なものとして、MySQLやPostgreSQLがある。これらを活用して、学校の実態に応じた安価で強固かつ高速な検索機能を有するチーム援助データベースシステムを構築可能である。ただし、自由に操作するためには、データベース言語（SQL）の基本を習得しなければならない。参考書も多数あり、短期間の系統的トレーニングで習得できる。

＊Oracleの無償版

Oracle Database 10 g XEには、Application Express（APEX）というWebアプリケーションが付属している。それを使用すると、容易にデータベースの作成や検索などが行える。

九月二二日から一〇月二二日までのチーム援助情報の検索は、**図3**中央にある検索文（検索スクリプト例）を実行させればよい。検索結果は、ブラウザ画面に即座に表示される。実際のチーム援助会議では、ノートパソコン・液晶プロジェクタを準備し、ホワイトボードやスクリーンに投影して行う。ブラウザベースで操作ができ、その場で必要に応じた検索も行えるので効率的に会議を行うことが可能である。

4 チーム援助の評価とチーム援助の今後の課題

(1) チーム援助の終結と評価

チーム援助の終結に関しては、援助目標の達成度を考慮して、終結か継続かの判定会議を開催して決定する。その後、チーム援助の評価を行う。この評価には、Mさんの問題解決がどの程度達成できたのかという生徒評価と、サポートチームによるチーム援助の成果と課題に関する組織評価を含む。Mさんの場合、約半年にわたるチーム援助により、学校復帰を達成した。学校外の少年たちや非合法集団の大人との関係も消失した。それにともない家族関係も好転したため、終結の判定会議を経て終結となった。通常は終結後、再度不登校になっていないか、フォローアップ（追跡調査）を実施する。

(2) チーム援助の今後の課題

以上、サポートチームによるチーム援助を中心にチーム援助プロセスを概観した。チーム援助は、現在各地で実践され研究も進んでいるが、弱点としては一度に多くの子どもを

チーム援助情報の入力

チーム援助データベース（SST）		
入力項目	入力内容	入力内容のポイント
target	対象生徒	誰に対して
sst_date	援助時期	いつ
place	援助場所	どこで
supporter	援助者	誰が
aspect	援助領域	どの援助領域に対して
support	援助行為	どのような援助を行い
reaction	応答行為	生徒はどう応答したか
effect	援助効果	その時の援助効果

チーム援助情報の検索

● 検索スクリプト例

```
SELECT * FROM sst
WHERE target='200401'
    AND sst_date BETWEEN '2004-09-22' AND '2004-10-22'
    ORDER BY sst_date ASC
```

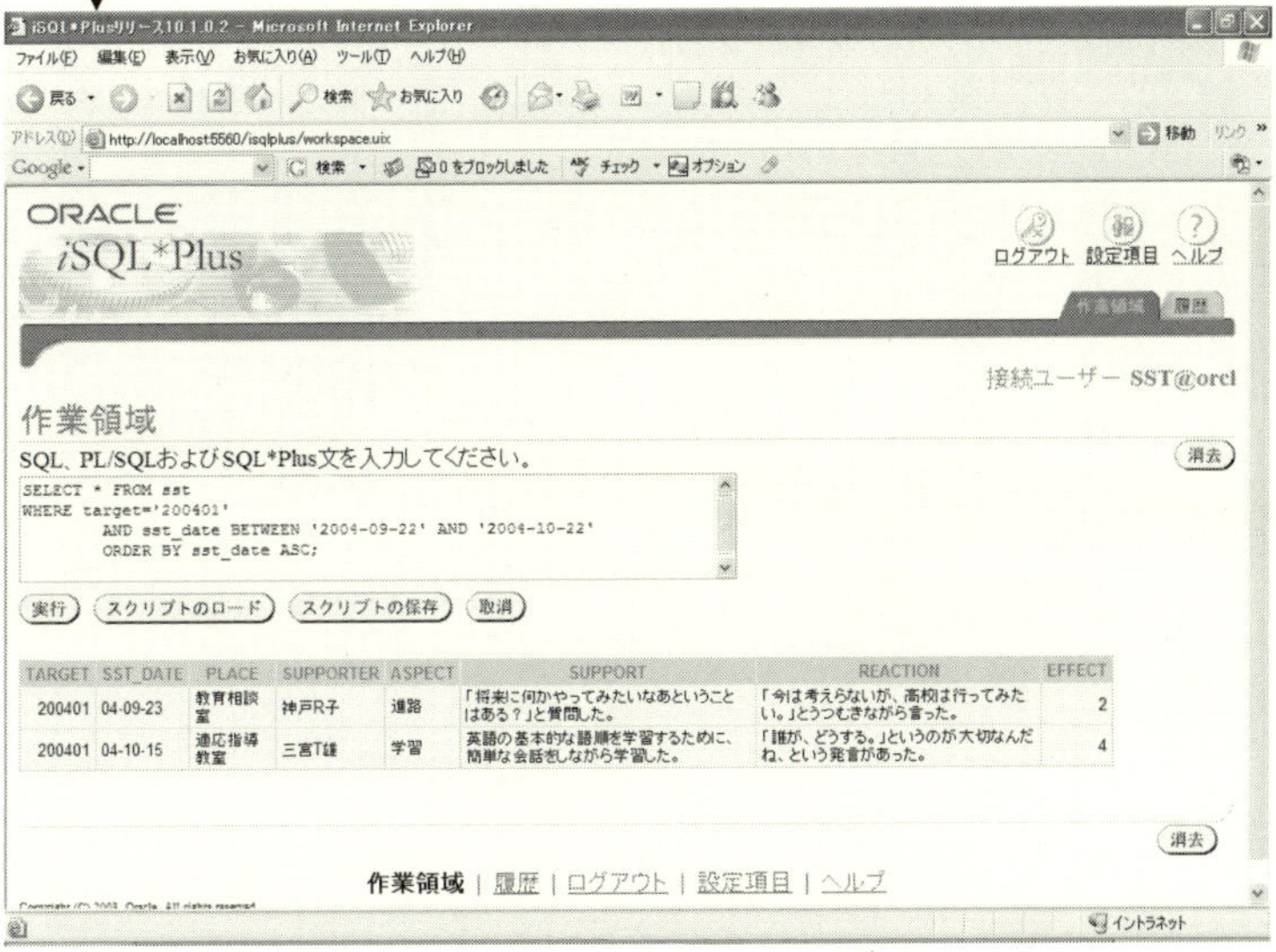

図３　チーム援助データベースの構造と検索例

対象にできないこと、あくまでも介入型の組織対応であるためタイミングを逃すと問題解決に多大な時間とエネルギーを必要とする。したがって、なるべく不登校の初期の段階で、予防的な対応ができる体制を教育委員会が中心となって、地域レベルで構築することが望ましい。この先駆的な参考事例として、小林・小野［2005］の地域支援システムを活用した不登校半減計画や不登校ゼロ計画がある。

また、保健室登校や別室登校、あるいは教育支援センターでの援助が難しい場合やひきこもり状態に近い不登校の子どもに対しては、インターネットを活用した学習援助システムやカウンセリングシステム［小林、2003］の開発や、学校関係者が自宅に行き学習援助を行う訪問指導［藤岡、2005］など多様な援助方法の開発・研究が必要であろう。

（八並光俊）

引用・参考文献

藤岡孝志　2005『不登校臨床の心理学』　誠信書房

不登校問題に関する調査研究協力者会議　2003　『今後の不登校への対応の在り方について（報告）』

学校と関係機関等との行動連携に関する研究会　2004　『学校と関係機関等との行動連携を一層推進するために』

国立教育政策研究所生徒指導研究センター　2002　『問題行動等への地域における支援システムについて』（調査研究報告書）

国立教育政策研究所生徒指導研究センター　2004　『不登校への対応と学校の取組について―小学

校・中学校編―』　生徒指導資料第2集　ぎょうせい
小林正幸　2003　『不登校児の理解と援助　問題解決と予防のコツ』　金剛出版
小林正幸・小野昌彦　2005　『教師のための不登校サポートマニュアル～不登校ゼロへの挑戦～』　明治図書
小林正幸・嶋崎政男（編）　2001　『もうひとりで悩まないで！教師・親のための子ども相談機関利用ガイド』　ぎょうせい
石隈利紀　1999　『学校心理学―教師・スクールカウンセラー・保護者のチームによる心理教育的援助サービス』誠心書房
石隈利紀・田村節子　2003　『石隈・田村式援助シートによるチーム援助入門―学校心理学・実践編―』　図書文化
石隈利紀・山口豊一・田村節子（編）　2005　『チーム援助で子どもとのかかわりが変わる―学校心理学にもとづく実践事例集―』　ほんの森出版
八並光俊　2003-2004「連載　チームサポートの理論と実際」　『月刊生徒指導』　（二〇〇三年四月号～二〇〇四年三月号まで一年間連載）　学事出版
八並光俊　2004a　「学校の荒れを立て直す諸機関とのネットワーク」諸富祥彦（編集代表）　今田里佳・土田雄一（編）『クラスの荒れを防ぐカウンセリング』　ぎょうせい　207-220p.
八並光俊　2004b　「サポートチーム等地域支援システムとの連携」『学校教育相談の理論・実践事例集　いじめの解明』　I-12　第一法規
八並光俊　2006　「学校心理学部門　応用実践期におけるチーム援助研究の動向と課題―チーム援助の社会的ニーズと生徒指導との関連から」『教育心理学年報』第45集　125-133p.

第5節　不登校と特別支援教育

1　特別支援教育とは

二〇〇五年一二月八日、中央教育審議会から特別支援教育を推進するための制度のあり方について（答申）が出された。二〇〇六年六月に学校教育法などの一部を改正する法律案が可決され、特別支援教育への転換が決まった。これまで特殊教育は盲・聾・養護学校、特殊学級それに通級による指導が行われ、対象とされてきた障害のある子どもたちは、盲、弱視、聾、難聴、知的障害、肢体不自由、病弱・虚弱、情緒障害のある幼児児童生徒であった。特別支援教育は、これらの子どもたちの教育に加えて、学習障害（ＬＤ：Learning Disabilities）、注意欠陥多動性障害（ＡＤＨＤ：Attention Deficit Hyper Activity Disorder）、高機能自閉症（Higher Functioning Autism）それにアスペルガー症候群を含む障害のある幼児児童生徒についての教育的支援を行うこととした。二〇〇六年度には、通級指導教室において、ＬＤ、ＡＤＨＤや高機能自閉症などの子どもたちに対して教育的支援が始まり、二〇〇七年度から特別支援教育体制が実施された。特別支援教育の基本的な考え方は、特別な場で手厚い教育を行う従来の「特殊教育」から、一人一人のニーズに応じた適切な指導および必要な支援に転換することである。盲・聾・養護学校は、障害種別を超えた学校制度「特別支援学校」に転換され、小中学校などに対する支援を行う、地域のセンターとしての機能を明確に位置付けられた。小中学校においては、特別支援学級を設け、小中学校における総合的な体制整備を行い、学習障害、注意欠陥多動性障害やアスペルガー症候群の子どもたちの教育的支援を開始する。また、教員免許制度の見直しについては、盲・聾・養護学校の免許状を障害の種類に対応した専門性を確保しつつ、重複障害や学習障害、注意欠陥多動性障害、高機能自閉症などを含めた総合的な専門性を担保する特別支援学校教諭免許状に転換することになった。

答申において、子どもたちの不登校や不適応について次のように述べられている。「LD・ADHD・高機能自閉症などの状態を示す幼児児童生徒が、いじめの対象となったり不適応を起こしたりする場合があり、それが不登校につながる場合があるなどの指摘もあることから、学校全体で特別支援教育を推進することにより、いじめや不登校を未然に防止する効果も期待される」としており、発達障害のある幼児児童生徒への対応を開始することによって、従来の特殊教育で言及されなかった効果について述べている。さらに、発達障害のある幼児児童生徒は、知的発達の遅れがない、あるいは少ないために、一般には通常の学級に在籍しており、これらの子どもが在籍する小中学校の通常の学級に対する影響を与えざるをえない。答申では「これらの幼児児童生徒については、障害に関する医学的診断の確定にこだわらず、常に教育的ニーズを把握しそれに対応した指導などを行う必要があるが、こうした考え方が学校全体に浸透することにより、障害の有無にかかわらず、当該学校における幼児児童生徒の確かな学力の向上や豊かな心の育成に資するとも言える。」「特別支援教育の理念と基本的考え方が普及・定着することは、現在の学校教育が抱えているさまざまな課題の解決や改革に大いに資すると考えられるなどから、積極的な意義を有するものである。」としている。

特別支援教育の対象の概念図については、**図1**に示してある。

文科省［2002］の調査では、医学的な診断によったものではないが、学習面か行動面で著しい困難を示す子どもが6.3％、学習面に著しい困難を示す子どもが4.5％、行動面で著しい困難を示すとした子どもが2.9％、学習面と行動面に著しい困難を示す子どもが1.2％いると報告され、一クラスに二名以上いても不思議ではないという結果がでている。

2　発達障害とは

発達障害のうち、学習障害、注意欠陥多動性障害、高機能自閉症のある子どもたちは、学校現場では、以下のような特徴を示す。いわゆる法的な定義ではなく、実際の様子を述べてみる。

(1)　学習障害がある児童・生徒の学校現場での様子

・学習障害のある子どもは、読むことに大変苦労することがある。自分では上手に読もうと精一杯頑張っているのに、読んでいる途中でどこの行を読んでいるかわからなくなってしまう。
・手本の文字を書き写すのに大変な苦労をしている。一生懸命手本を見ながら書くのだけれど、どうしても正しく書けない。そのうち、行をとばしたり、間違ったりしてしまう。
・「何度練習しても上手にできない」「もっと練習しなさい。一生懸命やりなさい」と繰り返し言われているうちに、意欲をなくしてしまい、ますます「なまけている、不

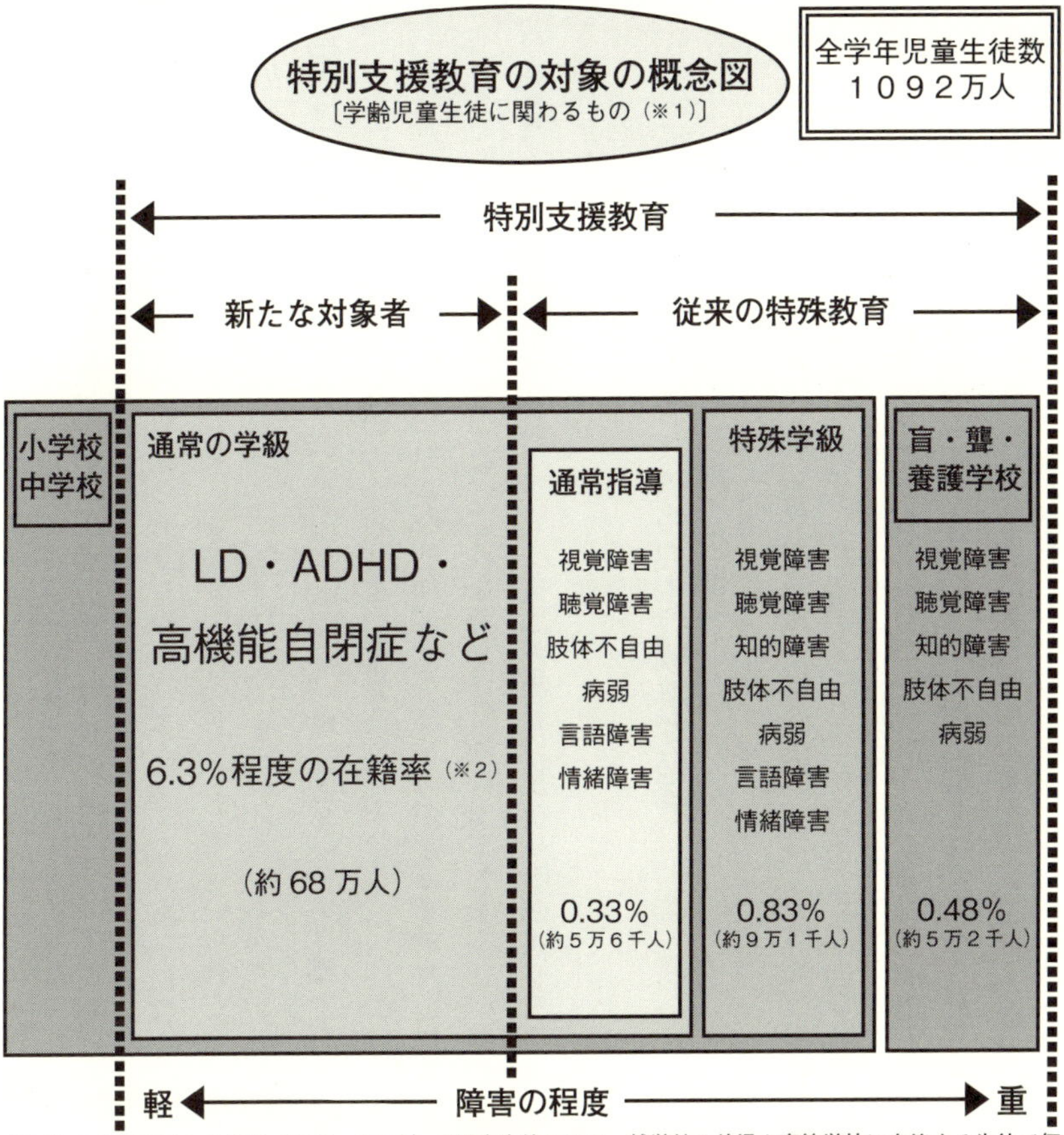

（※1）この図に示した学齢（6 才～ 15 才）の児童生徒のほか、就学前の幼児や高等学校に在籍する生徒で何らかの障害を有する者についても、特別支援教育の対象である。

（※2）この数字は、担任教師に対して行った調査に対する解答に基づくものであり、医師の判断によるものではない。

（数値は 2004 年 5 月 1 日現在）

図１　特別支援教育の概念図：特別支援教育と特殊教育の比較

真面目」と見られてしまう。

(2) 注意欠陥多動性障害がある児童・生徒の学校現場での様子

・とにかく気が散りやすく、興味のあるものが見えるとすぐそちらに行ってしまう。面白そうなことが「気になる」というより、「気にしないではいられない」と言ったほうがよい状態を示す。
・「喋りたい」と思ったとたん、喋ってしまう。喋った後で、「今喋ったらいけない時だった」と気づくが、周りの人から注意や叱責をうける。
・「やりたい」と思った時に、やらなければ気が落ちつかない。それを無理に止められるとカッとなり、思ってもいないような激しい行動に出てしまう。いつも叱られてばかりでだんだん自信をなくしていく。最悪の場合、反抗挑戦障害や行為障害を発症する場合がある。

(3) 高機能自閉症とアスペルガー症候群がある児童・生徒の学校現場での様子

・話す内容はしっかりしているのに、話の内容や周囲で起こっていることが理解できないことがある。
・ゲームをしても「面白さ」を友だちと共有できないことが多く、自分だけでゲームをしているかのように楽しんでしまう。「ルールが守れない」とよく言われる。
・することをいつもとがめられて、不満が蓄積してしまう。
・アスペルガー症候群の子どもは、発話の障害がない。

表1　二次障害で見られる問題（症状）の主なもの

1.行動面	破壊的行動：多動、徘徊、興奮・パニック 攻撃的行動：反抗、挑発、器物破壊、他傷、自傷 回避行動：緘黙、不登校、引きこもり 食行動異常：習癖、常同行動、弄便（ろうべん）、強迫行為 反社会的行動：非行
2.精神面	不安、抑うつ、対人恐怖、強迫観念、自殺念慮、被害念慮、被害妄想、幻聴
3.身体面	不安愁訴、腹痛、食欲不振、嘔吐、下痢、頻尿、遺尿、遺糞、チック、偽発作、肥満

特に高機能自閉症やアスペルガー症候群の場合は「心の理論」、つまり相手の気持ちに立って自分の気持ちや行動を切り替えることが難しいと言われている。

3　発達障害の二次障害とは

宮本［2004］は、二次障害の背景の要因と二次障害で見られる問題（症状）の主なものをあげている（**表1**）。症状選択に関連する要因とは、発生する二次障害の内容に影響を与える要因のことであり、発達障害の有無にかかわらず、同じストレッサーでもその子どもに出てくる問題や症状は異なる（**表2**）。

（1）二次障害の予防

発達障害児における二次障害は、中学生以降に顕著になりやすいという特徴がある。これは、不登校が中学生になると著しく増加することからもわかる。そして、宮本［2004］は、二次障害の予防として、以下のことに留意した関わりを指摘している。ストレッサーへの対処、健全な心の発達支援、支援体制への整備をあげている（**表3**）。

4　学校現場でどうするか
——ある小学校の「学級担任サポートガイド」から——

（1）わかりやすい授業の創造をしよう！

自尊感情を高めよう！　気になる児童をプラスのエネルギーにして授業を組み立てよう！

表2　二次障害と関連する要因

1．発症に関連する要因（ストレッサー）	（1）対人関係	友人：無理解な言動、けんか、いじめ、無視 教師：無理解な言動、過剰な要求、一方的な叱責、体罰、いじめ、無視 家族：無理解な言動、過剰な要求、一方的な叱責、体罰、虐待、ネグレクト
	（2）環境要因	課題・作業：本人の発達段階、理解段階、障害の特性に合わない課題・作業 生活環境の変化：転居、転校、両親の離婚、家族の死去
2．症状選択に関連する要因（個人の特性）	脳障害、発達障害の素因、気質、生活、身体的ぜい弱性	

(2) 小さな授業の工夫からはじめよう

・学校生活のルールは、絵や文字で表し視覚的な指示を出す。

(例) 学習のために準備するものは、黒板に毎回書く(貼る)。書くと時間がかかるので、前もってポスターを準備する。授業も切り絵や挿絵を多く使い視覚的な授業をする。音声の指示は少なめにし、はっきり短く、わかりやすくする。事前にどうすればいいか指示を出しておく。

(例)「朝会が休育館であるよ。みんなと一緒に行こうね」「時計の長い針が8になるまでお話を聞こうね。」「~しようね」という言い方をする。「どうする?」という言い方は、子どもたちを、ますますどうしたらよいかわからなくさせてしまう。難しいことから始めない。できそうなことからはじめて、できたら必ずほめる。

(3) スモールステップ*が大切です

・二〇題の計画問題が書いてあるドリルなら、五題ずつハサミで切って四回に分ける。あるいは偶数番号のみ行う。

・文章題ができない子どもには、文章の区切りごとに立式して確かめながら進んでいく。

・作文も苦手なことがある。箇条書きから徐々に文章を作っていく。

・当たり前のことと思えることでも認めてほめる。

(例) きちんと準備できているね。いい姿勢だね。鉛筆の持ち方がいいね。三問も計算ができたね。

「これくらいできて当たり前」と思わないこと。自信がない子どもたちは、ほめられたこ

表3 二次障害の予防に向けて

1. ストレッサーへの対処	他者からの理解の促進 子どもの特性理解のための啓発 子どもへの対処方法の教示
2. 健全な心の発達支援	自尊心の回復・維持 発達課題の体験機会の提供 トラブルに対する対処方法の教示・訓練
3. 支援体制の整備	発達障害に関する保護者・教師の理解促進、相談機関の確保

とだけが心に残ります。

「良いことボックス」を黒板につくり、良いことやほめるべきことがあったらメモを入れておく。そのようにして一時間目から良いことを貯めていく。帰りの会に皆で見て、ほめあう。嫌なことを消すためにはこのような工夫も必要です。

(4) 授業方法の工夫

授業は一〇～一五分で区切り、書く・読む・話す・考える・動く(操作活動・動作化)・この五パターンを入れ替えて組み立てる。机上の学習から動きのある学習への転換が必要となる。前もって授業を計画し、教材をそろえておくことも必要となるが、放課後の時間を有効に使ったり、学年の先生と分担したり、他学年からも借りられるものは借りて利用する。課題や作業が早く終わる児童のために、別の課題や作業を準備しておく。つまずきが予想される児童にも、別の課題や作業を準備しておく(他の児童より課題を少なくする)。他の学年のプリントなど借りられるものは借りて利用する（学年で共通のポスターなどを作っておくと便利)。特別支援学級の先生と連携し、個別学習のプリントやアドバイスをもらう。離席が多く集中できないときは、操作的な課題の指名をしたり、担任の助手をさせたりする。「座っていなさい」とだけ言葉で何回言っても効果はないことが多い。担任の助手をさせて、役に立っていると感じることは、自己肯定感を高め不安の解消になる。うまく助手をさせるよう工夫すること。どうしても立ち歩くときは、離席カードを数枚作り、離席カードを使って落ち着く場所へ行く。四月は一日五枚、五月は四枚というように、徐々に枚数を減らしていく。落ち着く場所をまず見つけること。行き先と帰ってくる時間を児童と相談して必ず決めておくこと。授業中教室から出たいときには、必ず一定の約束

スモールステップ

長い文章であれば、短く区切り、意味を確認しながら進むなど、小さな手順をふんで、物事にとりくむこと。算数の文章題であれば、文章と演算決定を確認しながら解いていく、などといったこと。

を決めておき、先生に理由を伝えるようにする。自由放任ではなく、約束の下に行動させること。落ち着く場所に保健室を選ぶ児童が多くいる。養護教諭の先生と連携をして、約束の時間がきたら上手に教室へ返してもらう。校内の連絡体制をつくる。携帯電話による校内連絡網を準備しておく。

(5) 教科学習での工夫

国語では、文字の習得*に工夫をする（言語化と図式化）。LD児への支援のノウハウを参考にすると良い。障害児学級の先生の力を借りる。学校全体で取り組む。算数はブロックなどを使って操作活動を十分にさせる。動きを取り入れることにもチャレンジする。またパソコンによるビデオプロジェクター、OHPなどの情報機器を視覚的に使うなど、視覚的な授業が有効である。算数障害について専門的なことを少し学ぶと適切な対応ができる。生活科や総合的な学習は体験活動を多くする。困難を抱える児童にとってグループ学習は、何をしたらよいかまったくわからない時間となってしまうことが多い。何をしたらよいかはっきり教えること。すると、いきいきと活動でき「できた」という達成感を感じることができる。体験学習の中で、自然にソーシャルスキル*を学んでいくことがある。どんな体験学習をするのか事前に知らせておくことが大切です。予期できない、見通しがつかないことには、拒否を示すことがある。体育ではゲーム感覚を取り入れた「体づくり運動」をする。ゲーム感覚でできる「体づくり運動」がたくさんある。そして自然にソーシャルスキルを学んでいく。運動能力によってグループを分けて「体づくり運動」をすることや、少しずつルールを増やしながらすることが大切である。道徳ではソーシャルスキルを身につけるためにロールプレイを取り入れた授業をする。道徳資料をわかりやすく提示

文字の習得
文字カードや絵カードを使用するなどして、文字の部首の合成、形が似ている文字の区別、拗音と促音の弁別などの学習をする。

ソーシャルスキル
人間関係をうまくいかせるための技能、あいさつ、規則、コミュニケーション技術など。

し、ロールプレイ*を組んでみよう。まずは教師が相手役になりロールプレイをしてみよう。

優れていることを見つけて、自信を持たせるようにする。得意なことを必ず見つけて、みんなから認められる場をたくさんつくること。優れていることとは、天才的な才能のことではなく、皆よりちょっと優れていることや自分で優れていると感じていることでも良い。授業の前半で「解説役」「模範演奏」「模範演技」などの役割を持たせることもできる。自信を持つと子どもは大きく変わっていく。

(6) 落ちつけ体操
——衝撃性が強い、パニックになりやすい子どもへの「おまじない」——

①何か楽しいことを思おう。②椅子にしっかり深く腰掛ける。③深呼吸して目を閉じる。④楽しいことを思い浮かべる。⑤手をグーにして腕を胸の前で組む。⑥力を入れてパッと緩めて離す。同時に膝もぎゅっとつけてパッと緩める。⑦ぎゅっと力を入れたとき、「落ち着け、落ち着け」と小さい声で自分に言う。

(7) 学級集団づくりが大切です

「先生は君のことが大好きだよ」というメッセージを常に送り続ける。みんなそれぞれ困難をかかえているんだ。「うれしかったこと」「がんばったこと」をたくさん見つけるクラスを心掛ける。一日の日課（スケジュール）は、細かく書き、了解を取って変更する。なるべく変更しない。日常生活と違うスケジュールのとき（集会・練習・見学・参観日など）は、事前にどうしたらよいか考えさせて簡単な目標を持たせておく。少しでもできたらほめる。望ましくない行動をとっていても、いちいち注意・指摘・指示をせず、さりげ

ロールプレイ
ある事態や役割に対して、事前に疑似体験を通して、対応方法を身につける教育方法。

なく見守る（いわゆる、積極的無視をする。もちろん危険なことをしたら止める）。他の児童に影響が出てきたときには、側に行って軽く肩をたたいて注意を促しながら、優しく「やめたほうがいいよ」と声をかける。友だちとトラブルになり興奮状態になったときは、タイムアウトをとって、別の部屋に移動させ、まず言い分を聞く。興奮が治まってしばらくして、自分の行動を振り返ったり他者の気持ちを理解させたりするように話をする。その時には必ず、「先生は君のことが好きである」というメッセージを話の中に何度も入れて話す。知的に高い子どもや年長の子どもは、パニックを起こしたことに対して自己嫌悪に陥っていることも忘れずに。そして、話は必ず短時間で終わらせること。担任が仕事を頼み、働きに感謝する。「ありがとう」の言葉で役に立ったということを感じ、不安の解消になる。係や当番の仕事は、何をすればいいかよくわかるようにポスターにして貼っておく。

5　おわりに

不登校と発達障害との関係は、余り議論されなかったのではないだろうか。しかし、同じように叱っても、ある子どもはそれを糧として成長し、ある子どもは不登校や社会的ひきこもりになり、またある子どもはいじめられたり無視されやすく、何度言ってもわからない子どもがいて、すぐ手が出る子どもがいる。このような状況の中でなぜだろうと不思議に思ったことはないだろうか。発達障害児の特徴と、かなり多くの部分がオーバーラップする子どもがいる。そして、エジソンやアインシュタインのような発明王や天才と言われた人々も登校拒否をしたことでは周知の通りである［正高、2004］。この一〇年、発達障害という概念が、不登校の議論に、新しい説明・論点を加えたのではないだろうか。今、書店に行けば学習障害、注意欠陥多動性障害、高機能自閉症それにアスペルガー症候群について、かなり詳しい説明書が多く出ている。そして、発達障害のある子どもたちの特徴から、彼らが二次障害として、不登校や社会的引きこもり、さらには犯罪の被害者や加害者として、大きな課題であることがマスコミでも取り上げられている。今後数年間は議論が百出すると思われる。しかし、大切なのは、本稿で紹介した小学校が作ったサポートガイドが示すように、子どもにやさしい、わかりやすい、ていねいな授業を具体的に子どもたちに行うことであり、発達障害のみを対象とすることではない。発達障害のあると思われる児童・生徒は、小中学校の通常の学級に在籍する子どもの6.3％いるという調査結果からすれば、表面化はしていないが、潜在的にどのクラスにも在籍しているという覚悟をする必要がある。この論点はかつて、「どの子どもでも不登校になる」可能性があると言われたことを彷彿とさせることでもある。

かつて、不登校が話題となった時代は、今回のように教師や授業方法と結びつけて、具体的な問題提起がされなかったのではないか。今、特別支援教育への移行を期に、中教審答申が述べているように、「特別支援教育の理念と基本的考え方が普及・定着することは、現在の学校教育が抱えているさまざまな課題の解決や改革に大いに資する」ものにし、不登校の解決もこの中に包含されることを強く期待するものである。

（落合俊郎）

引用・参考文献

中央教育審議会　2005『特別支援教育を推進するための制度の在り方について（答申）』
広島県福山市立神村小学校　2004『学級担任へのサポートガイド』
正高信男　2004『天才はなぜ生まれるか』ちくま新書
宮本信也　2004「まず、二次障害を理解しよう」『月刊実践障害児教育』第372巻　3-5 p.
文部科学省　2004『小・中学校におけるＬＤ（学習障害）、ＡＤＨＤ（注意欠陥／多動性障害）、高機能自閉症の児童生徒への教育支援体制の整備のためのガイドライン（試案）』

おわりに——不登校の子どもたちへの支援制度確立に向けて——

終章に至っても、「不登校とは何か」、といった、いわば根本的な問いについては、いまだ不十分と考える。

第1章で述べたように、不登校は、教育行政上の問題なのか、第2章、第3章で述べたように本人や保護者の「悩み・苦しむ」心理的な問題なのか、第4章で述べたように教育指導上の問題なのか、それとも社会背景・構造の社会的問題なのか、といった根本的な問いかけである。

これまでも不登校については、さまざまな研究者の立場から、さまざまな課題が提起されている。どのような切り口からもとらえられるのが「不登校の問題」であろう。

しかし、本書では、日本の教育問題や社会問題を論じるつもりはない。執筆者らは不登校に対する実践的研究者である。実践するものは、目の前の一人の子どもや保護者に、どのような支援が望ましいかを日々考え共に悩み苦しんでいる。なによりも、不登校の子どもたちや保護者への支援に何が必要なのかを明らかにすることで終章としたい。

なお、本稿は、相馬・阪内・松田［2005］の共同原稿に相馬が再度加筆修正したものである。

1 学校の責任

言うまでもなく、不登校は、学校に登校しない状態像である。そこで大事なことは、不登校問題についての学校の責任である。不登校の誘因を「本人の責任」、「家庭の責任」に求め、学校の責任を考えない例が今まだ多く見られる。不登校の責任の第一義は学校にあることを忘れてはいけない。また、不登校問題に対して、安易な「例外」作りをしてはいけないと考える。「登校できるようになるまで待ち続ける」「登校刺激は与えてはならない」と考え、何もしないで時間だけ過ぎてしまった例や、「学校に来ることは当然のことだ。保護者は無理にでも連れてきて欲しい」といって、保護者の責任にし、本人と保護者の関係が悪化し、学校に対する不信感を増した例もある。

さらに、保健室登校ということで、本来、教師が行うべき個人指導の一形態のはずであったのを、いつしか保健室が公然の居場所として定められて、養護教諭に指導をゆだねるようなかたちになっていった例もある。また別な例として、教育支援センター（適応指導教室）に通うことが学校に登校しなくても「指導要録上の出席扱い」になることから、不登校になったらすぐに教育支援センターに預けてやればいいといったことや、スクールカウンセラーの配置により、不登校児童生徒はスクールカウンセラーに任せればよいといったような雰囲気が学校内にできあがってきていることもある。このような例外の積み重ねを検討すると、「学校とは何か」、「義務教育とは何か」といった根本的な問いかけにもつながっており、まさに教育基本法そのものの問いかけになる。

つまり、児童生徒の不登校は、義務教育の制度と関わる重大な課題であり、不登校の状態が続くこと自体は、本人にとって社会的自立や進路と関わる重要な課題でもある。また、学校に行かないことは本人や保護者にとって大きな苦しみをともなうこともあり、本人・保護者にとって心理的に重大な課題にもなっている。

それにもかかわらず不登校は、学校にとっては、例えば、いじめや非行、自殺などの校内外で当面する生徒指導上の他の諸課題と比較して、不登校は例外的な対応が認められる分だけ困窮度が低く、緊急性の認識をも奪ってしまっていると考えることができる。実際、不登校が多い学校では、生徒指導上の課題も多い学校が見られるのであるが、問題は切り離されている。

また、不登校の中には、LD、ADHD、高機能自閉症による不適応や、虐待などを要因とするものなども含まれていることが明らかにされている。不登校をした子どもたちに必要な支援もせずに、社会からの無理解でそのまま埋もれていくとすれば、これは大きな社会的損失である。実際に、不登校をした子どもたちの予後のデータは良くない現状である（**表1、2**）。不登校をしている子どもも、大切な自校の子どもであることを肝に銘じ、必要な支援を学校としてどのように取り組むかを認識すべきである。その結果、安易な卒業をさせるのではなく、子どもの能力の芽、すなわち将来大きく開花する可能性を秘めた芽を、「登校しない」すなわち学校教育の制度に乗らないということのみによっ

表1　不登校生徒追跡調査[2001]報告書　中学生卒業時点での進学状況[森田ほか、2001]

あなたは中学校を卒業してすぐに（4月時点）進学しましたか

分類	項目	人数	比率1	比率2	比率3
進学した	全日制高校	418	30.0%	30.9%	45.9%
	定時制高校	229	16.4%	16.9%	25.2%
	通信制高校	100	7.2%	7.4%	11.0%
	専修学校・各種学校など	163	11.7%	12.0%	17.9%
	回答者総数	910	65.3%	67.3%	100.0%
進学せず	進学せず	443	31.8%	32.7%	
有効回答者数		1,353	97.1%	100.0%	
無回答		40	2.9%		
回答者総数		1393	100%		

表2　不登校生徒追跡調査［2001］報告書　中学生卒業時点での進学状況のその後［森田ほか、2001］

中学を卒業してすぐに（4月時点で）進学した方におうかがいします。
進学した先の学校での状況を教えて下さい。

項目	人数	比率1	比率2
卒業・終了	529	58.1%	60.5%
中退し転学	106	11.6%	12.1%
中退し就職	94	10.3%	10.7%
中退し何もしていない	146	16.0%	16.7%
有効回答者数	875	96.2%	100.0%
無回答	35	3.8%	
回答者総数	910	100.0%	

表3　「現在の状態」と「現在の課題」（要約）［森田ほか、2001］

現在の課題	高校	その他学校	大学・短大	学校と仕事	フルタイム就労	パート就労	就労就学せず
身辺自立	＋	－	－			－	＋
身体的健康							
規則的生活	＋				－		＋
経済的自立	＋			－	－	－	＋
人づきあい			＋		－		＋
自信の獲得	＋				－		＋
家族関係改善							
将来に希望			－		－		＋
情緒的安定							
くよくよしない					－		
自己主張							
孤独に克つ							
その他							

「＋」の記号は、当該「現在の状態」グループが当該項目において、選択者の比率が統計的に有意に大きいこと、「－」の記号は、それが有意に小さいことを表している。この要約から「就労就学せず」のグループに現在の課題が多くあることがわかる。

て、早期に摘み取ってしまうことがあってはならないと考える。未来を切り開く子どもの芽を摘み取ってしまうことは、いわば国家的損失ということになるのではないかと考える。

あらためて、不登校に対する学校としての責任を考えていく必要があろう。

2 不登校問題と構造改革特区

不登校児童生徒に学習などの場を提供するための取り組みとして、最近、いくつかの地方公共団体において、国の構造改革特区の制度を活用して、新たな枠組みによる施策を展開する試みが現れてきている（八王子市立高尾山学園 第6章第5節参照、京都市立洛風中学校 第6章第6節頁参照）。

構造改革特区制度とは、構造改革特別区域法に基づく制度であり、地方公共団体が作成する計画により、特定の地域（特区）を設け、特区に限って国の法令などによるさまざまな規制を緩和・弾力化する特例措置を導入するというものである。この制度を活用した不登校対策事業として、不登校児童生徒のために教育課程を弾力化した学校を設置する取り組みが始まっている。そこでは、特区制度による教育課程の弾力化により、不登校児童生徒の実態に配慮して年間授業時数を削減したり、独自の授業科目を設けるなどの取り組みが行われている。

ここで注意しなければならないのは、特区制度を活用して設置された学校は、国の定める教育課程の基準によることなく、不登校児童生徒に対し、その実態に応じて学習活動をはじめ、自立のためのさまざまな支援・指導を行うという点では教育支援センターと類似する側面があるが、これは学校外の適応指導の場ではなく、学校制度上に位置づけられた学校そのものである、ということである。

先導的な自治体やチャータースクールの学校運営ノウハウとその成果を十分に検討吟味し、今後、独自のカリキュラムと幅広い教育活動を通して、児童生徒の欠席問題に主体的に取り組む学校の設置について、一定以上の児童生徒数を持つ自治体で強力に進められるよう国の支援を期待したい。

現在セーフティネットとして機能する教育支援センターなどを、通常の学校と教育内容こそ異なろうとも、「学校」としてその教育を受けることができる分、教育支援センターに位置づける制度整備への取り組みを構造改革特区として考えられても良いのではないだろうか。

3　スクールカウンセラーなどのマンパワーの充実

スクールカウンセラーは、一九九五年度に配置されて以来、いじめ問題や不安など情緒的混乱をともなう不登校児童生徒の対応に成果をもたらしめた。現在、三学級以上の中学校約一万校に配置されており、小学校配置も含めて一層の充実が計画されている。

文科省がはじめた「スクールカウンセラー活用調査研究委託事業」は、これまで一定の効果をあげ、その配置の有効性が検証され、現在「スクールカウンセラー補助事業」として機能している。その上で、現在、生徒指導を巡る学校内体制が円滑に機能することが最も期待されることであり、そのための教師とスクールカウンセラーの分業体制、協働体制の確立が期待されるのではないかと考える。つまり、教師とスクールカウンセラーの学校における役割や機能を明確に区分するか、スクールカウンセラーの責任所在を明らかにする必要があると思われ、それは学校を所管する自治体の役割ととらえて良いのではないだろうか。

そこで、スクールカウンセラーの各学校への配置について、学校を所管する自治体の事業として推進されるとともに、スクールカウンセラーは、教師と機能を異にしながらも児童生徒の指導相談に当たって、教師と同等の責任を有し、それにより主体的な活動が保障されるように自治体の常勤職員（教育専門職）として身分が確立されることが望ましいのではないかと考える。そのための国の強力なバックアップが必要である。

4　教育支援センター（適応指導教室）のセンター化

教育支援センターは、国の制度に基づいて設置されたものでなく、いわば現実の要請から自治体や各施設が自主的に設置し、その企図するところにしたがって取り組みが行われてきたものである。国はそのあり方の調査研究を委嘱するというかたちで支援してきたが、それは個々の教室の効果的なあり方のレベルにとどまるものであり、制度的な位置づけや機能などについての本格的な研究はなされてこなかった。このため、例えば教育センター（教育相談部門）と総合的な相談指導センターが必ずしもその役割が調整されないまま「併存」するといった状況も見られるところである。言いかえれば、不登校対応のシステム化がはかられてこなかったし、不登校対応にどのような機能が必要なのかも明確にしてこなかったのである。

その意味において国が二〇〇三年四月から開始したスクーリング・サポート・ネットワーク（SSN）事業は、適応指導教室の機能について研究し不登校対応のシステム化をはかる絶好の機会であろう。二〇〇七年から開始された「問題を抱える子ども等の自立支援事業」も同様である。しかしながら、その事業の必要性を提言している二〇〇三年三月の調査研究協力者会議報告では、適応指導教室を「教育支援センター」化し広域（都道府県）レベルおよび地域（市町村）レベルでのネットワークの中核的機関となることが指摘され、活動例が列挙されたが、具体的な内容については、明確にされていない。

ここで改めて、教育支援センターの機能として考えられるものを列記すれば以下のとおりである。

・学習支援機能

教育支援センターに入所または通所する子どもに対する学習指導で、体験活動や体力・健康づくりの活動を含む。学校に準じる機能と言って良いであろう。

・訪問支援機能（ホームスクーリング）

家にいて、教育支援センターに入所や通所していない子どもに対する出張教育相談や訪問教育であり、いわば「出前による教育」である。各学校に校務分掌として「不登校対策コーディネーター」を置き、生徒の不登校情報を集中管理する組織を整え、集約された情報に基づき、不登校になる可能性の高い生徒一人一人に関わる指導プログラムを作成していきたい。その指導方策の中の一つとしてホームスクーリング制度を設置する。「ホームスクーリング」は、学校を固定して生徒が家から通う現在の姿から、生徒を固定して学校が家庭に移動して教育を行おうとするものである。具体的には、コーディネーターと管理職が必要と認めた生徒に対し、教員免許を持つ学校職員が家庭に出向き、出前による訪問指導を行うもので、その場合には「指導要録上の出席扱い」にする。

・研究機能

不登校対応に関わる基礎的・臨床的研究である。

・相談機能

不登校の子どもやその保護者に対するカウンセリング・教育相談活動である。

・コンサルテーション機能

不登校対応に関し、学校の教師やスクールカウンセラー、他の不登校対応機関に対するコンサルティングの活動である。

・家庭機能

その成長の過程で家庭に居場所を見出すことができなかったような子どもが家族関係を味わう

ことができるようにする活動である。里親のような活動と言ってよい。

・研修機能

学校の教師などに対し不登校対応についてさまざまな研修活動を行うもので、高度の内容による上級コースの場合は指導員や相談員の育成の役割も含めることができる。

・情報収集提供機能

不登校対応に関わるさまざまな情報を、学校や地域社会に収集し提供するものである。

教育支援センターはこれらの諸機能についてどのような体制・仕組みのもとに構築されるべきであろう。もちろん、すべての機能を総合的に有するセンターを単独設置することが可能であれば理想的であろうが、既に各県で総合教育センターや教員研修センターが整備されていることを考えれば、多大な予算を要する施設の設置は現実にはきわめて難しい課題であろう。したがって、この意味においても教育支援センターのセンター化と不登校対応のネットワーク化は重要な課題として検討されなければならないのである。

最後に、再度指摘したいが、不登校をしている子どもの能力の芽、すなわち将来大きく開花する可能性を秘めた芽を、「登校しない」すなわち学校教育の制度に乗らないということのみによって、早期に摘み取ってしまうことがあってはならない。

目の前の一人の子の可能性を伸ばすためにマンパワーの充実が必要であり、本書の執筆者の一人一人もそのことを肝に銘じて、さらなる実践活動を担っていくことを約束したい。また、不登校の子どもたちへの支援制度の確立のために努力をしていきたい。末筆になったが、本書をまとめる機会を与えてくださった我が師、上里一郎先生、また臨床家としての指針を与えてくださった恩師、佐藤修策先生に心より感謝したい。

（相馬誠一）

引用・参考文献

森田洋司ほか　2001　『不登校に関する実態調査』37-35p.　現代教育研究会
相馬誠一・阪内宏一・松田素行　2005　『不登校児童生徒の「適応の場」に関する総合研究』225–242 p.　不登校児童生徒の『適応の場』に関する総合研究研究会

【執筆者一覧】

◆第 1 章・第 10 章◆
相馬誠一　（そうま・せいいち　東京家政大学文学部心理教育学科）
◆第 2 章・第 4 章◆
伊藤美奈子　（いとう・みなこ　慶應義塾大学教職課程センター）
◆第 3 章◆
金子恵美子　（かねこ・えみこ　財団法人こども教育支援財団）
張替祐子　（はりがえ・ゆうこ　目白大学人間学部心理カウンセリング学科）
◆第 5 章◆
西山久子　（にしやま・ひさこ
山陽学園大学コミュニケーション学部コミュニケーション学科）
◆第 6 章◆
第 1 節　小林由美子　（こばやし・ゆみこ　名古屋市立常安小学校）
第 2 節　花井正樹　（はない・まさき　東海学院大学人間関係学部心理学科）
第 3 節　馬殿禮子　（ばでん・れいこ
関西国際大学人間科学部・兵庫県立但馬やまびこの郷）
第 4 節　金子恵美子　（かねこ・えみこ　財団法人こども教育支援財団）
第 5 節　山村幸太郎　（やまむら・こうたろう　八王子市立高尾山学園）
第 6 節　須﨑　貫　（すさき・とおる　京都市立洛風中学校）
◆第 7 章◆
第 1 節・第 2 節　花井正樹　（はない・まさき　東海学院大学人間関係学部心理学科）
第 3 節　西山久子　（にしやま・ひさこ
山陽学園大学コミュニケーション学部コミュニケーション学科）
第 4 節　八並光俊　（やつなみ・みつとし　東京理科大学大学院理学研究科）
第 5 節　落合俊郎　（おちあい・としろう　広島大学大学院教育学研究科）

◆シリーズ　こころとからだの処方箋◆ ⑬

不登校
——学校に背を向ける子どもたち

二〇〇七年八月二十五日　第一版第一刷発行

著　者　相馬《そうま》誠一《せいいち》ほか
編　者　相馬誠一（東京家政大学文学部心理教育学科教授）

発行者　荒井秀夫
発行所　株式会社ゆまに書房
〒一〇一—〇〇四七
東京都千代田区内神田二—七—六
振　替　〇〇一四〇—六—六三一六〇

印刷・製本　藤原印刷株式会社
カバーデザイン　芝山雅彦〈スパイス〉

落丁・乱丁本はお取り替え致します
定価はカバー・帯に表示してあります

ISBN978-4-8433-1825-6 C0311